AtV

Rainer Simon wurde 1941 in Hainichen/Sachsen geboren. Nach dem Regiestudium an der Hochschule für Filmkunst in Potsdam-Babelsberg und Assistenzen bei Konrad Wolf und Ralf Kirsten arbeitete er als Regisseur bei der DEFA.
Zu seinen bekanntesten Filmen zählen u.a. *Wie heiratet man einen König* (mit Eberhard Esche und Cox Habbema) und *Till Eulenspiegel*, der ein Millionenpublikum erreichte. 1980 drehte er *Jadup und Boel*, einen Film über den Verlust der Ideale in einer erstarrten Gesellschaft, der in der DDR verboten wurde. Für *Die Frau und der Fremde*, eine Liebesgeschichte aus dem Ersten Weltkrieg, erhielt er 1985 den »Goldenen Bären« der Berliner Filmfestspiele. 1987 verlieh ihm die Akademie der Künste den Konrad-Wolf-Preis. 1988 drehte er *Die Besteigung des Chimborazo*, einen Spielfilm über das Leben Alexander von Humboldts. Damit begann sein Interesse für die indianische Welt Amerikas. Seit 1989 arbeitete Simon überwiegend in Südamerika. In Ecuador, Bolivien, Chile, Argentinien, Kolumbien sowie in Panama, Guatemala und Mexiko führte er Regie-Workshops durch. In Ecuador entstanden mit den Quichua-, Zápara und Chachi-Indianern die Filme *Die Farben von Tigua*, *Mit Fischen und Vögeln reden* und *Der Ruf des Fayu Ujmu*. 1997 erschien *Bedrohungen – Skizzen, Fragmente, Erzählungen 1973 bis 1984*. 2005 erscheint Simons Roman *Regenbogenboa*.

»Simon appelliert in seinen Filmen an den einzelnen, sich nicht niederkriegen zu lassen, es immer wieder zu versuchen, Träume und Ideale durchzusetzen.« (Hannes Schmidt in »Medium«)

Rainer Simon

Fernes Land

Die DDR, die DEFA und der Ruf des Chimborazo

Aufbau Taschenbuch Verlag

Erscheint innerhalb der Schriftenreihe der

DEFA STIFTUNG

Der Autor bedankt sich bei der DEFA-Stiftung, mit deren Unterstützung dieses Buch entstehen konnte.

Mit 23 Abbildungen

ISBN 3-7466-2156-9

1. Auflage 2005

Umschlaggestaltung Preuße & Hülpüsch Grafik Design, Berlin
unter Verwendung eines Fotos von Rainer Simon:
Alejandro Santillán, Frank Sputh und Rainer Simon mit
Zápara-Indianerkindern während der Dreharbeiten zu
»Mit Fischen und Vögeln reden«
Druck und Binden Ebner & Spiegel, Ulm
Printed in Germany

www.aufbau-taschenbuch.de

Im Andenken an Ricardo Chugchilán
Gewidmet allen, mit denen ich meine Filme drehte

Wie die Welt entstand – eine Legende der Zápara-Indianer Ecuadors

Bevor die Welt entstand, als alles noch dunkel war, stritten sich zwei Schamanen.

Der eine wollte, daß Licht ward. Der andere wollte die Dunkelheit behalten.

Da raubte der eine etwas Glut und flog als wilder Truthahn davon. Dabei schrie er.

Der andere erwachte: »Mit welcher Erlaubnis trägst du das Feuer davon?«

»Ich will, daß die Kinder ins Licht geboren werden«, sagte der eine.

»Nur wenn ich das befehle, wird das geschehen«, sagte der andere.

Der eine verwandelte sich in einen Nachtvogel und versuchte erneut, das Licht wegzutragen.

Doch wieder erwischte ihn der andere: »Wenn du es nochmals wagst, werde ich dich töten!«

Da gab der eine dem anderen von einer einschläfernden Pflanze.

Er selbst aber trank den Sud der heiligen Pflanzen *huanduc* und *ayahuasca*.

Und nahm die Glut und flog davon als Specht. Auf und ab, auf und ab flog er.

Als er schon ganz weit weg war, schrie er vor Freude, und das Licht verwandelte sich in die Sonne. Alles war hell.

Der andere Schamane erwachte. Er sagte: »Was du gemacht hast, wollte ich auch. Jetzt machen wir den Rest gemeinsam.«

Sie tranken *huanduc* und *ayahuasca* und schufen die Flüsse, das Meer und die Berge. Doch als sie Mond und Sterne erschaffen wollten, stritten sie sich wieder. Denn der eine wollte den Mond so hell wie die Sonne, so daß Tag und Nacht gleich seien.

»Nein! Pflanzen, Tiere und Menschen brauchen eine Zeit zum Ausruhen«, sagte der andere.

Der eine wollte, daß die Natur das ganze Jahr Früchte reifen ließe.

»Nein! Nur einmal im Jahr soll das geschehen.«

»Aber der Mensch wird leiden, wenn du es so machst! Ich will, daß der Mensch den Speer bekommt, und wenn er ihn wirft, soll er sich in ein Kanu verwandeln«, sagte der eine.

»Nein! Wenn die Menschen das Kanu haben wollen, müssen sie arbeiten«, sagte der andere.

Und dabei blieb es. Denn sie stritten weiter, bis sie darüber starben, und deshalb blieben die Dinge, wie sie sind.

Ich war nie in Cannes …

… aber was nicht war, kann ja noch werden. Mein portugiesischer Kollege Manoel de Oliveira zeigte dort mit 90 seinen Film *Ich geh nach Hause* und ließ Michel Piccoli Abschied nehmen von Theater und Kino.

Ich aber geh auf Reisen …

Es stand da mitten in einer üppigen Wiese dieser Baum mit weit ausladenden Ästen. Ich war schon oft in ihn hinaufgestiegen, und er wuchs über mir weiter, ich stieg und stieg, kletterte vom knorrigen Stamm in die sich verjüngenden Äste, längst bewegte ich mich auf wippenden, schlanken Zweigen, doch über mir schossen immer neue Triebe und Blätter in den Himmel, die ich nie erreichen würde. Vorher müßte ich davonfliegen – oder abstürzen. Doch vor dem Aufprall würde ich aufwachen. So jedenfalls war es bisher immer gewesen …

Wäre ich doch Forschungsreisender geworden! Und hätte mir nicht – als Alternative zur Welterkundung – den Beruf Filmregisseur suchen müssen. Vasco da Gama, Cook, Magalhães, Krusenstern, Forster und Humboldt, die hatten was erlebt. Afrika, die Südsee, der Amazonas. Das konnte nichts werden, wo schon der Westen Deutschlands unerreichbar war.

Stimmt nicht. Die Mauer war noch nicht gebaut. Mit 13 war ich 1954 selbst einmal in West-Berlin. Auf der Rückreise vom FDGB-Urlaub in Plau am See in Mecklenburg besuchten wir entfernte Verwandte meiner Mutter, spazierten über den lichterglänzenden Ku'damm und badeten im Wannsee, der Mann hatte im Krieg ein Bein verloren, der nackte Stummel seines Oberschenkels lag neben mir auf dem Badelaken. Sonst blieb mir nichts in Erinnerung. Doch – ein Buch über die gerade gewonnene Fußballweltmeisterschaft rang ich meiner Mutter ab. Vor einem krächzenden Nachfolger des Volksempfängers hatte ich mit Fritz Walter und Max Morlock gefiebert …

Spätestens mit 18, nach dem Abitur, hätte ich in den Westen können. Warum tat ich's nicht? Weil ich da längst für eine gerechte Gesellschaft glühte, in der alle gleich seien.

Ricardo und Richard

Vor kurzem erhielt ich die Nachricht, daß bei meinem Freund Ricardo, dem 24 Jahre jungen indianischen Maler aus Quito in Ecuador, der innerhalb der letzten Monate erblindet ist, ein Gehirntumor festgestellt wurde, der auf den Sehnerv drückt. Eine Operation würde 15 000 Dollar kosten, teilten sie mir mit, eine astronomische Summe. Davon könnte Ricardos Familie mehr als zehn Jahre leben. Wo sollen sie eine solche Menge Geld herbekommen? Ich weiß, daß ich ihre einzige Hoffnung bin. Ricardo und seine Verwandten haben Angst vor einem solch riskanten Eingriff, doch die Ärzte sagen, es gäbe keine andere Chance. Nur Ricardo selbst kann es entscheiden. Doch wer kann den jungen Mann beraten? Vielleicht *un shamán muy sabio*, ein sehr weiser Schamane. Vielleicht könnte er Ricardo helfen, eine Entscheidung zu treffen.

Auch mein Großvater hieß Richard. Er kam um im Ersten Weltkrieg, Ostfront, Bauchschuß. Von Beruf war er Baumeister gewesen, in einem alten Fotoalbum sind all die Häuser abgebildet, die er baute, mit den stolzen Besitzern davor und ihm, dem Baumeister. Auch das Haus, in dem ich geboren wurde und bis zu meinem 18. Lebensjahr lebte, hat er gebaut.

Das Bild des toten Großvaters hing über dem Plüschsofa meiner Großmutter, die mit drei kleinen Töchtern zurückblieb, die mußte sie durch den Krieg füttern. Dann verfiel das Geld. Und dann kam Hitler und mit ihm ein neuer Krieg. Das Bild des unbekannten Großvaters verklärte sich mir, ich träumte davon, daß er zurückkäme. Als Kind wollte auch ich Baumeister werden. Nach dem Zweiten Weltkrieg gab es viel aufzubauen.

Das Bild meines Vaters hing nirgendwo, er war sogar aus den Fotoalben verbannt. Meine Mutter ließ sich scheiden, als ich zwei Jahre alt war, es war während des Krieges, doch mein Vater mußte nicht an die Front, er war als Reichsbahnangestellter freigestellt. Eine Scheidung war in diesen Jahren etwas Ungewöhnliches, und ich kam nie hinter die Gründe. Ich gab mich zeitlebens mit den einfachen Erklärungen meiner Mutter zufrieden und fragte nicht nach. Heute kommt es mir vor, als hätte ich es nicht wissen wollen. Vielleicht hielten mich Ahnungen ab, der Sache auf den Grund zu gehen. Vielleicht ist es besser, nicht alles zu wissen. Einmal, als ich noch sehr klein war, kam er mich besuchen: Wir saßen auf dem Linoleum-Fußboden der Küche, er schob mein Spielzeugauto an, es knallte gegen den Kohlenkasten des Herdes und ging kaputt.

Mit Ricardo, meinem ecuadorianischen Freund, wäre ich 1992 fast gestorben. Der geliehene, monströse Landrover, den ich die Serpentinen hinauf nach Tigua in die ecuadorianischen Anden steuerte, schoß von der Piste, ich weiß nicht, warum. Lag es an einer Unaufmerksamkeit von mir? Er holperte über eine Wasserrinne, der einzigen seitlichen Begrenzung, und würde in der nächsten Sekunde ein paar hundert Meter tief abstürzen. Die Sekunde vor dem Tod. Was geschah mit mir?

Das Auto blieb schwerelos in der Luft hängen.

Wir waren zu fünft darin: Ricardo und sein Vater Francisco, Alejandro, der Filmemacher aus Quito, Selso, der einst ein Anführer der ecuadorianischen Kommunisten war und sich nun auf dem Wege befand, Schamane zu werden.

Wir hingen schräg überm Abgrund.

Behutsam stemmte ich die Tür zur Straßenseite auf und ließ mich hinausgleiten, die anderen folgten. Das Auto war an einem Strauch hängengeblieben, dessen Zweige nicht einmal fingerstark waren.

»*Tayta* Marcu«, sagte Selso, »*Tayta* Marcu wollte nicht, daß wir schon sterben.«

Eine heilige Pflanze hatte uns gerettet.

Später kam eine *camioneta* vorbei. Auf der Ladefläche saßen ungefähr zehn Quichua-Indianer, bis über die Köpfe vermummt gegen Staub und Wind. Sie spannten ihr Auto mit einem Seil vor unseres. Ich mußte einsteigen, alle anderen bemühten sich zu schieben, soweit das der steile Hang zuließ. Die *camioneta* zog an, das Seil riß, der Landrover wippte, ich saß drin. *Tayta* Marcu hielt mich fest. Beim zweiten Versuch klappte es, das Seil hielt, und wir fuhren weiter.

Aber *la mala suerte*, das Unglück, verließ uns nicht auf dieser ersten Tour nach Tigua. Wenig später hatten wir eine Reifenpanne, der Wagen schlingerte, wir spürten es rumpeln, bergabfahrend entwich die Luft auf sanfte Weise. Eigentlich war das kein Wunder, denn die Reifen hatten kaum noch Profil. Der Wagenheber reichte nicht aus, das Auto in die für den Radwechsel nötige Höhe zu heben, wir mußten es mühsam auf Steine aufbocken.

Als wir weiterfuhren, ahnte ich, daß es noch nicht ausgestanden war. Es war wie ein Ringen mit einem unsichtbaren Widersacher, mit einer unbekannten Kraft oder mit jemandem, der dich prüft, und du kannst diesen Prüfungen nicht entgehen.

Dabei kam ich doch in guter Absicht: Ich wollte eine Ausstellung der naiven Malerei der Quichua-Indianer aus Tigua in Deutschland organisieren, vielleicht auch einen Film über sie drehen, wenn ich Geld dafür fände, wollte den Malern behilflich sein, ihre Bilder in Europa zu verkaufen. Viele von ihnen lebten jetzt in der Hauptstadt Quito. Auf dieser Reise wollte ich ihre Heimatdörfer besuchen, wollte mich kundig machen, aus welcher Landschaft und Kultur sie kamen. Damals wußte ich nur wenig über sie, kannte auch die Konflikte noch nicht, die es zwischen ihnen gab.

Wir fuhren hinauf bis zum Vulkan Quilotoa, der Krater hing voller Wolken, ich konnte nicht erkennen, was darin war, ein brodelndes Nichts verbarg den Abgrund. Maskierte Kinder, Jaguar, Fuchs, Puma, Wolf, Sonne und Mond sprangen zwischen den Wolkenfetzen am Kraterrand umher. Später rissen die Wolken auf. Aus der Tiefe leuchtete strahlend blau die Kraterlagune, es roch schweflig. Die Kinder nahmen die Masken ab und baten uns um

Kaugummis. Ein paar Maler trugen aus ihren Erdhütten kleine bunte, auf Schafsleder gemalte Bilder heran. Bald versammelte sich das ganze Dorf. Francisco und Selso erklärten auf quichua, weshalb ich gekommen war.

Auf der Rückfahrt platzte der zweite Reifen, bergauf an einem Paß in 4000 Metern Höhe, abends kurz vor sechs. Wir hatten keinen Ersatzreifen mehr. Die Kälte der Nacht griff nach uns. Wie kleine Geister huschten ein paar Kinder heran, wir wußten nicht, woher sie kamen und wohin sie wieder verschwanden. Wir konnten nichts tun, als gegen den kaputten Reifen treten. Der helle Himmelsstreifen hinter der Nase des Berges Amina verschmolz mit der Dunkelheit. Der Himmel illuminierte sich mit blinkenden Sternen. Die Kälte zwickte.

Eine in Fetzen gekleidete Frau erschien, in ihren erdfarbenen Händen hielt sie fünf gekochte Eier, für jeden von uns eins. Ein Kind wickelte aus Zeitungspapier ein Häufchen Salz. Ein kleines Mädchen brachte in einer alten Blechbüchse Quellwasser. Ricardo begann mit dem größten der Mädchen zu flirten. Ich glaubte zu verstehen, daß Francisco der Frau von *Tayta* Marcu erzählte und von den anderen Merkwürdigkeiten dieses Tages.

Wir würden das Auto hier stehenlassen müssen.

Später kam ein Taxi vorbei, es war beladen mit unzähligen Fahrgästen und fuhr in die entgegengesetzte Richtung. Der Fahrer versprach, er werde uns auf dem Rückweg mitnehmen. So geschah es nach ein paar Stunden. Die Frau brachte einen zerschlissenen Poncho, den stülpte sie ihrem ältesten Sohn über, der Junge mag zehn Jahre alt gewesen sein. Er stieg in unseren Landrover und legte sich auf die Rückbank. Kämen Diebe, sollte er hupen, um sie zu erschrecken. Wir zeigten ihm, wie er das Auto von innen verriegeln konnte. Die Frau war die einzige Erwachsene, aber die Kinder gehörten nicht alle zu ihr, die Männer arbeiteten während der Woche in der Stadt. Wie sollten sie sonst hier oben überleben?

Was konnten wir für sie tun, als sie für die Bewachung des Autos zu bezahlen?

Was aber war unser Geld wert gegen die fünf kleinen Hühnereier, die uns die Frau geschenkt hatte?

Wir drängten uns alle in das wacklige Taxi und nahmen das Reserverad mit, um in der nächsten Stadt einen Ersatzreifen aufzutreiben. Von Latacunga aus fuhren Francisco, Ricardo und Selso nach Quito zurück, nur Alejandro und ich blieben, man ließ uns mit dem Ersatzrad in kein Hotel, weil man dachte, wir hätten es geklaut.

Schließlich fanden wir gegen Mitternacht noch ein offenes Lädchen, eine *tienda*, dort zechten drei Männer, sie waren Brüder, der eine hieß Tharsis, der zweite Rommel, der dritte hieß Juri, eine internationale Familie. Sie interessierten sich für Stefanie von Monaco und Nastassja Kinski und meinten, ich müßte mindestens mit einer von beiden geschlafen haben, wenn ich schon aus Europa käme. Oder ich wäre so platt wie der Reifen, den ich mit mir herumschleppte. Für den Reifen könnten sie was tun, denn de Gaulle, ihr ältester Bruder, besäße eine Autowerkstatt. Wenn es für einen Reifen dieses Formats eines amerikanischen Landrovers Marke Chevrolet älteren Baujahres überhaupt noch Ersatz gäbe, dann wüßte de Gaulle, wo.

Sie soffen unerbittlich, und wir tranken mit ihnen, schließlich fängt dich *Tayta* Marcu nicht alle Tage auf und schaukelt dich dem Väterchen Tod aus dem Arm. Die drei Brüder hatten von einer eingemauerten Stadt gehört, die wie eine Insel in einem feindlichen Meer gelegen hatte, und diese Mauer war ein paar Jahre zuvor eingerissen worden. Dem Ereignis hatten damals alle Fernsehsender eine penetrante Aufmerksamkeit gewidmet, doch was man im Fernsehen berichtete, hatten sie nicht verstanden, nicht mal der mit dem deutschen Namen Rommel. Sie wollten, daß ich ihnen das Geheimnis dieser Stadt erklärte. Alejandro meinte schadenfroh, nun stünde ihnen ein Experte zur Verfügung, ein Eingeborener gewissermaßen, ein ostdeutscher *indígena*. Er klopfte mir auf die Schulter.

Die Augen der Brüder waren erwartungsvoll auf mich gerichtet. Meine Hand suchte den Weg zum Glas mit dem weißen Rum und fand es erst nach wiederholten Versuchen, ich lallte. Zum Kotzen, diese *gringos*, viel später dazugekommen und schon *borracho*, besoffen! Plötzlich war ein weißes Pülverchen auf dem Tisch, das man mit konzentrierter Sorgfalt in den Falz eines Tausend-Sucre-Scheins streute, um Gottes willen, kein Körnchen durfte verlorengehen, es schien wertvoller als das Gold von *El Dorado* zu sein, weißes Gold, ich war noch so naiv, daß ich es für eine Medizin hielt. Mit gleicher Akribie rollte man einen zweiten Tausend-Sucre-Schein zu einem dünnen Röhrchen. Ich bemerkte, daß die Ladenwirtin, die ansonsten nicht auffiel, nur Flaschen wegräumte und neue hinstellte, die Tür abschloß. Tharsis schnüffelte das weiße Pülverchen in seine Nase. Schließlich war ich an der Reihe. Das Zeug kitzelte wie Grassamen. Dann wurde es hell in mir, nichts weiter, und ich konnte weitertrinken, ohne daß ich vom Stuhl fiel, und war am nächsten Tag umso müder.

Im perfektesten Spanisch meines Lebens erklärte ich meinen Gastgebern alle geographischen und politischen Details jener Stadt mit der Mauer und ergänzte meine

Worte auf von der Wirtin erbetenem Papier mit detailgetreuen Skizzen.

Am nächsten Tag fanden wir mit Hilfe von Tharsis, Rommel, Juri und de Gaulle in einer der vielen *vulcanizadorus* von Latacunga in einem Berg profilloser Reifen einen von der Größe, die wir brauchten. Mit neu bereiftem Ersatzrad fuhren wir mit dem Bus zurück nach Tigua. Dort saß, am Lenkrad kurbelnd, unser kleiner Wächter und strahlte uns entgegen.

Pachacutics Taufe

Ein paar Wochen später bat mich Francisco, Pate seines jüngsten Sohnes Pachacutic zu werden. Ich freute mich sehr. *Pachacutic* ist in der Quichua-Sprache ein mythischer Begriff und bedeutet so viel wie Schnittpunkt zwischen Vergangenheit und Zukunft, Zeitenwende, Weltenwende, Umbruch, Hoffnung. Genau zu übersetzen und zu erklären ist es nicht, denn in der europäischen Welt gibt es nichts Vergleichbares.

Inzwischen hatte ich auch die anderen Kinder der Familie kennengelernt: Raúl, elf Jahre alt, sein strahlendes Lächeln fiel mir auf, bis vor kurzem war er noch als Schuhputzer unterwegs gewesen, jetzt begann er zu malen. Blanca, das einzige Mädchen, war zwei Jahre jünger, sie wich nicht von Alejandros Hand. Nach der Schule fuhr sie täglich auf Quitos Touristenstraße, die Avenida Amazonas, um Bilder zu verkaufen. Dann erschien ernst und schmal Rubén, und ich wußte nicht, ob auch der noch dazugehörte.

Sie wohnten damals nahe des Großmarktes, wo der Vater als Träger gearbeitet hatte, als sie von Tigua nach Quito gezogen waren. Vor der kleinen zweiräumigen Hütte aus alten Brettern, Plastikplanen, Pappen und einigen Steinen sielten sich Schweine im schwarzen Schlamm. Ich war vorher noch nie in einer solchen Behausung gewesen.

Mit Alejandro zogen wir in der Altstadt von Quito durch die Spezialläden für Taufbekleidung, denn der *compadre* hatte die Kleidung für den Täufling beizusteuern, aber wir hatten keine Ahnung, was, und die Verkäuferinnen wollten mir, dem weißhaarigen und sicher gut betuchten *gringo*, soviel wie möglich einreden, so teuer wie möglich sollte es sein, ein Sammelsurium aus bestickten Rüschen und gehäkelten Spitzen.

Zur Taufe kamen per *camión* aus Tigua Schwestern und Brüder von Vater und Mutter und eine Menge Kinder. Die Kirche war eines dieser Betonungetüme von Quito-Sur. Eine Menge *huahuas*, was auf quichua Baby heißt, wartete herausgeputzt auf den Armen ihrer Mütter. Pachacutic war der einzige indigene Täufling, aber indigenes Blut floß in allen, so westlich sich ihre Eltern und Verwandten auch ausstaffiert hatten.

Zwei junge Priester, von denen einer Gitarre spielte, schufen eine freundliche Atmosphäre. Die *padrinos* mußten ihre *ahijados* zum Altar tragen, wobei Pachacutic mir auf den Arm pinkelte. Ich hatte keine Ahnung, was man von mir erwartete, der Priester soufflierte mir.

Nach der Taufe, als wir uns vor der Kirche verabschiedeten, fragte er mich: »Bist du katholisch?«

»Nein, bin ich nicht.«

»Dachte ich mir. Ab heute bist du es.«

»Nein, weder katholisch, noch evangelisch.«

»Ist nicht wichtig«, sagte er, »wir alle sind Menschen.«

Zwei Jahre später, bei meinem nächsten Besuch in Ecuador, lebte Ricardo bereits mit seiner Frau Mercedes zusammen, und das erste *huahua* war schon da, Iván Édison, da waren in einem Namen zwei Imperien vereint. Auch Ricardos Mutter María hatte ein weiteres Baby zur Welt gebracht, Pachacutic hatte einen jüngeren Bruder bekommen, Hernán Vinicio, den bis heute alle Suco nennen, weil er mit helleren Haaren geboren wurde. Iván war drei Monate älter als sein Onkel Suco. Manchmal lagen sie gemeinsam an den Brüsten von Großmutter oder Schwiegertochter.

Die Familie war umgezogen in einen aus allerlei Gerümpel gebauten schlauchartigen Unterschlupf, vor dem in einem Gärtchen Kartoffeln, Gemüse, *quinua*, und alles mögliche andere wuchsen. Enten, Hühner und scheue Hunde liefen herum. Die Küche befand sich unter einer Plane im Freien. Ricardos Familie lebte daneben in einem winzigen Verschlag. So stellt man sich in Europa das Leben im Slum vor, doch die Lebensverhältnisse erzählen wenig über die Bewohner. Im gleichen Raum, wo alle schliefen, malten Francisco und die Söhne ihre bunten Bilder. An den Wänden hingen Schuldiplome, Ricardo stand mit einer Art Doktorhut auf dem Kopf neben seiner Lehrerin. Es gab auch einen Fernseher, der gegen den Staub in Plastikfolien eingehüllt war. Es lief gerade Dallas.

Für die Ausstellung *Indianische Malerei aus Ecuador*, die im Herbst 1994 im Filmmuseum Potsdam stattfinden sollte, hatten wir mit Hilfe meiner Freunde von ASOCINE, einer Organisation ecuadorianischer Filmemacher, einen Wettbewerb für alle Tigua-Maler ausgerufen. Jeder Maler konnte zwei Bilder einreichen, und wir wählten hundert für die Exposition in Deutschland aus. Bei der Versteigerung in Potsdam wurden alle Bilder verkauft. Die Preise übertrafen bei weitem die, welche sie in Ecuador erzielten konnten.

Das außergewöhnlichste Bild hatte Ricardo gemalt, es war mir sofort ins Auge gefallen. Es unterschied sich von den anderen durch die weniger bunten Farben und die surreale Komposition. Ich wollte nicht glauben, daß ein Siebzehnjähriger der Maler war. Es hatte den Titel *Tiempo Antigüedad*, Alte Zeit. Über einer ländlichen Stierkampf-Arena hing rücklings ein junger Mann, der an einem Mast hinaufgeklettert war, an dem wie an einem Maibaum Flaschen, Tücher, Hüte, eine Hose und ein an den Füßen zusammengebundenes Lamm angebracht waren. Schwebte oder stürzte er? Um die Balustrade der Arena standen wie Geister maskierte Gestalten. Am Horizont ragte ein Stier höher empor als der schneebedeckte Vulkan Cotopaxi.

In meinem Dokumentarfilm *Die Farben von Tigua* sagte Ricardo damals, daß er Kurse des bekannten ecuadorianischen Malers Guayasamín besuche, weil er in der Malerei vorankommen möchte, aber daß sein eigentlicher Traum sei, Chauffeur zu werden.

Ricardo hörte später auf zu malen, denn es gab Streit um seine Bilder. Einige warfen ihm vor, die Tradition zu mißachten, andere behaupteten, er hätte seine Bilder nicht alleine gemalt. Ricardo erzählte, die Touristen bevorzugten die bunten Bilder, und er brauche für seine Art, *más fino*, feiner, zu malen, mehr Zeit, bekäme aber nicht mehr Geld dafür. Er könnte seine Familie damit nicht ernähren, mittlerweile war ein zweites Kind geboren, Tochter Jessica. Außerdem sei er des ewigen Neides und der Anfeindungen müde. Ricardo verkaufte jetzt mit seiner Frau Kartoffeln. Doch ich hatte das Gefühl, er hatte sich die Malerei aus dem Herzen gerissen.

Der Ruf des Chimborazo

Als Ricardo meinen Film *Die Besteigung des Chimborazo* sah, den ich 1988 in Ecuador gedreht hatte, sagte er: »Dieser Alejandro Umbold ist ein guter Mensch.«

Mit dem Humboldt-Film begann meine Beziehung zu Ecuador.

1987 wurde mir das für einen DDR-Bürger unglaubliche Privileg gewährt, nach Südamerika zu reisen, auf Motivsuche für einen Film. Ich flog zum ersten Mal in ein Land der Welt, die der Westen, in Abgrenzung von seiner eigenen, die dritte nennt. Bis zuletzt wollte ich es nicht glauben. Als ich in Frankfurt am Main ins Flugzeug stieg, zerriß ein ziehender Schmerz meinen Körper, ich konnte ihn nicht orten und schon gar nicht erklären. Erst als wir in der Luft waren, weit genug über dem Atlantik, verschwanden die Schmerzen so plötzlich, wie sie gekommen waren. Jetzt war die Reise nicht mehr umkehrbar. *Tayta* Chimborazo erwartete mich. Väterchen Chimborazo.

Nach den Dreharbeiten in Ecuador begann sich mein Leben zu verändern.

Zwei Monate nach der Premiere des Films fiel die Mauer, und ich konnte früher zum Chimborazo zurückkehren, als ich in meinen kühnsten Träumen erhofft hatte.

Als 1992 Pachacutic mein Patenkind wurde, ahnte ich noch nicht, daß sich daraus eine Freundschaft mit der ganzen Familie entwickeln würde, daß ich mit den kleinen und den großen Kindern in den folgenden Jahren in Ecuador ans Meer und in die Berge und zum Schamanen fahren würde und welch unvergeßliche Abenteuer uns erwarteten.

Ich ahnte auch nicht, daß Raúl und Rubén als junge Männer mich in Deutschland würden besuchen können, eingeladen von der Batuz Foundation in Sachsen zum internationalen Sommerworkshop für junge Maler. Von Batuz hörte ich das erste Mal in Panamá vom Deutschen Botschafter Riedler. In Panamá wurden 1999 Filme von mir gezeigt, die das Goethe-Institut Mexiko zu einer Retrospektive für Lateinamerika zusammengestellt hatte.

Mein Leben, das sind auch immer meine Filme. Sowohl die Arbeit an ihnen, die Reisen, die mit ihnen verbunden waren, die Menschen, die ich kennenlernte, und die Anlässe, die sie gaben für neue Erfahrungen und Entdeckungen. Um meine Filme baut sich mein Leben auf wie ein Puzzle.

Batuz, der aus Ungarn stammende Jude, der mit seinen Eltern nach Südamerika emigriert war und später in den USA studierte und lebte, hatte in seinen Bildern immer wieder ein Motiv gemalt, den Riß zwischen den Flächen, der konnte Trennlinie sein, Grenze, aber an dieser Linie stießen auch die Flächen zusammen, standen sich gegenüber, konnten sich treffen. Den Riß zu überwinden, entwickelte er seine Idee der *Société Imaginaire*, einer menschen- und völkerverbindenden Gemeinschaft. Seine Stiftung hatte ihren Sitz im ehemaligen Kloster Altzella in Nossen bei Dresden, keine zwanzig Kilometer entfernt von meiner Heimatstadt.

Raúl hatte sich zu einem der talentiertesten Tigua-Maler entwickelt, selbst Neider und Feinde der Familie, die einst heftig gegen Ricardo intrigiert hatten, kamen nicht umhin, sein Talent zu loben. Im Jahre 2000 konnte er das erste Mal nach Deutschland kommen. Aufgewachsen in der eingemauerten DDR, konnte ich mir gut vorstellen, was diese Reise für ihn bedeutete. Raúl machte seine Sache so gut, daß Batuz ihn erneut einlud und noch einen weiteren Maler dazu. Bruder Rubén hatte ein Jahr davor an der Universidad Central in Quito ein Jurastudium begonnen, als einziger *indígena* in seinem Kurs, und malte weiter, um das Studium mit den Verkauf seiner Bilder zu finanzieren, denn alle Bewerbungen für ein Stipendium, auch bei deutschen Stiftungen, waren abgelehnt worden.

Die jungen Maler aus Sachsen, Polen, der Slowakei, aus Brandenburg, Mecklenburg, Israel, Panamá, Argentinien und Brasilien waren nach vielen Jahren Kunsterziehung als die künstlerisch Begabtesten ihrer Schulen nach Altzella geschickt worden. Raúl und Rubén hatten vorher noch nie etwas von da Vinci, Rembrandt oder Dürer gehört, doch sie hielten mühelos mit. Ihre Arbeiten zeigten, daß sich ihr Talent nicht nur auf traditionelle Weise entfalten kann, sondern ebenso in abstrakten, surrealistischen und realistischen Formen. Picasso, Magritte, Gauguin wurden ihre neuen Vorbilder.

Der Mond schien nachts ins Zimmer, ich wachte auf und konnte nicht wieder einschlafen.

Ich dachte an Ricardo, ich versuchte mir vorzustellen, wie es ist, blind zu sein. Doch aus der Schwärze in mir tauchten immer von neuem Bilder auf. Ich überließ mich den Spielen meiner Phantasie und glitt allmählich in einen Traum: Man hatte mich auf einer Palmeninsel zu einer Art Überlebenstraining ausgesetzt, Lebensmittel und Wasser reichten für eine Woche, dann sollte ich wieder abgeholt werden. Doch niemand kam. Nach Tagen sah ich ein Kanu mit einem jungen *indígena*, der herausgepaddelt kam, um zu fischen und Kokosnüsse zu ernten. Er staunte, einen weißhaarigen *gringo* anzutreffen, doch wir gewöhnten uns schnell aneinander, wir schwammen und spielten Boule mit den ausgetrunkenen Kokosnüssen, wir angelten und aßen die Fische roh, wir fingen Regenwasser auf zum Trinken und drehten uns Zigaretten aus trockenem Tang, die wir mit gebündeltem Sonnenlicht anzündeten.

Am liebsten aber taten wir nichts, als uns im Sand zu rekeln.

Eines Nachmittags verdunkelte sich der Himmel, hinter schwarzen Wolkengardinen leuchtete es auf wie von einem Blitzlicht- oder Flakgewitter, bis der Vorhang von grellen Blitzen zerrissen wurde. Schwarze Wolkenfetzen senkten sich herab und verformten sich wie spiralenförmige Geister. Darunter schoß, lautlos noch, der Wind heran, die Sintflut vor sich her treibend. Wir verkrochen uns in dem behelfsmäßigen Unterstand mit dem Dach aus Palmblättern, in dem wir schliefen. Plötzlich packte der Sturm die Palmen, durchzischte sie, trug unser Dach davon und knickte die Pfähle um, die es gehalten hatten. Wir hielten uns aneinandergeklammert auf der Matte, die als Schlafunterlage diente und sich jeden Moment in einen fliegenden Teppich verwandeln konnte. Der Regen peitschte auf uns, und wir wußten nicht, ob er vom Himmel kam oder ob es die Meereswellen waren. Salz ließ unsere Augen tränen, und die Lippen trockneten. Der Sturm wütete gegen die Palmen, doch sie widerstanden. Nur die Nüsse knallten mit tödlicher Gewalt herunter.

Ein hellroter Streif blieb hinter den Wolken, ein Glühen und Brennen, das sich golden in den Wedeln der Palmen fing, sie wisperten und zischelten, sie sahen aus wie frisch geputzt. Das Kanu war gegen den Stamm einer Palme geschleudert und zerschmettert worden. Über den feuchten Sand floh eine kleine Schlange ins Meer. »Ich kann nichts sehen!« schrie Ricardo.

Durch die Fürsprache des Berliner Anwalts Kressin, des Vorsitzenden der Deutsch-Ecuadorianischen Gesellschaft, bekommen wir von der Hildegard-Haube-Stiftung eine beträchtliche Summe für Ricardos Operation, das ist ein Anfang. Auch Freunde, Bekannte und Verwandte haben gespendet. Aus Bayern unterstützt uns die Schickedanz-Stiftung. Dann ruft mich der Dortmunder Fußballer Heiko Herrlich an, dem ich geschrieben hatte, weil er selbst an einem Hirntumor operiert worden war. Er fragt, wieviel Geld wir noch brauchen, es ist eine ganze Menge, er kennt mich nicht, er vertraut dem, was ich ihm erzähle, und überweist die fehlende Summe.

Aber wie kommt das Geld, ohne daß Banken daran gewinnen, nach Quito und in die Hände der Mediziner, und wie kann man sichern, daß diese die »armen Indios« nicht über den Tisch ziehen? Frank Sputh, mit dem ich in Ecuador bei den Zápara- und Chachi-Indianern gedreht hatte, bietet sich an, hinzufliegen.

Eigentlich sollte dieses Buch ganz anders beginnen, kehren wir also dahin zurück, wo ich herkomme. Hainichen heißt die kleine Stadt in Sachsen, Gellertstadt nennt sie sich gern. Das Denkmal des Fabeldichters Christian Fürchtegott Gellert steht auf dem Marktplatz. Es gibt eine Gellertstraße und seit der Wende ein Gellertgymnasium.

Gellert hat neben Fabeln auch geistliche Lieder geschrieben, Lustspiele und einen Roman, doch ehrlich gesagt, mir machten seine Werke keinen großen Eindruck. Während des Siebenjährigen Krieges soll er vom Preußenkönig Friedrich empfangen worden sein, der Gellerts Werke bewunderte. Von der Begegnung ist folgender Satz des Dichters überliefert: »Ich wünsche ruhige Zeiten. Geben Sie uns nur Frieden, Sire.«

Im Parkschlößchen des Stadtparks befindet sich das Gellertmuseum, wo im Jahr 2000 meine Fotos aus Ecuador und mein mit den Zápara-Indianern gedrehter Film *Mit Fischen und Vögeln reden* gezeigt wurden. Raúl stellte in der Schule *Die Farben von Tigua* vor.

Hainichen hatte sich trotz einiger neu angestrichener Fassaden und der austauschbaren Reklamen wenig verändert. Nur die Barkas-Autowerke gab es nicht mehr, wo meine Mutter gearbeitet hatte, und auch die kleinen Textilfabriken nicht, sie hatten die politischen Veränderungen nicht überlebt. Aber sonst fand ich fast alles wieder, was permanent in meinen Träumen auftaucht, denn noch immer durchschreite oder durchfliege ich in vielen Nächten die Straßen meiner Heimatstadt, und zur Personnage meiner Kindheit gesellen sich viele hinzu, die dort nie gewesen sind.

Im Sommer 2001 zeigte ich Raúl und Rubén das Haus, in dem ich geboren wurde, das Haus, welches mein Großvater Richard gebaut hatte. Seit über zwanzig Jahren, als die letzten Verwandten ausgezogen waren, hatte ich es nicht mehr betreten. Im ersten Stock, wo wir gewohnt hatten, war auf Teufel komm raus modernisiert worden, aber die Parterrewohnung katapultierte mich zurück in Kindheitstage. Meine Großmutter hatte das Haus in den sechziger Jahren verkaufen müssen, die Reparaturen, die notwendig waren, überstiegen die finanziellen Möglichkeiten, außerdem bekam man weder Baumaterial noch Handwerker. Und der einzige Mann im Haus – ich – war ausgeflogen, um in Babelsberg Film zu studieren.

Es war ein schönes Haus. Die Bleiglasfenster mit Jugendstilornamenten im Treppenhaus, die dreiflügeligen, mit Glasgravuren versehenen Türen, welche die Wohnungen abschließen, der langgezogene Vorsaal dahinter, von dem dunkelbraune Türen mit grünen Oberlichtern zu den Zimmern führen und der Platz genug bot, darin Fußball zu spielen, zum Schaukeln und allen möglichen anderen Spielen, und die lichte Veranda mit Blick zum Stadtpark wecken noch immer sehnsüchtige Erinnerungen.

Ich lebte dort, als Bomben fielen und als die Russen kamen. Doch meine Kindheit scheint mir trotz allem nicht von Sorgen überschattet. Wie erlebte ein Vierjähriger den Bombenterror der letzten Kriegsmonate? Ich erinnere mich, daß allabendlich verdunkelt wurde, schwarze Rollos wurden vor die Fenster gezogen, ich erinnere mich auch, daß Mutter und Großmutter sich jeden Abend wieder über unvorsichtige Nachbarn aufregten, aus deren Fenstern schwaches Licht nach draußen drang, was die amerikanischen und englischen Bomber anlocken konnte.

Im Schlaf hörte ich die Sirenen und spürte, wie man mich in den Keller trug, dort schlief ich, eng an meine Mutter gepreßt, weiter. Ihre Angst muß sich mir mitgeteilt haben, aber ihren Wunsch, mich zu beschützen, habe ich stärker gefühlt.

Eines schönen Frühlingsmorgens heulten die Sirenen, als wir gerade im Garten frühstückten, es gab Pflaumenkompott, und ich trug das Glasschälchen vorsichtig in den Keller. Ich hörte das Dröhnen der Bomberstaffeln, die wahrscheinlich aus Chemnitz kamen und, was sie an Bomben noch an Bord hatten, über den Kleinstädten auskippten. Wir hörten ein paar Detonationen und hielten uns aneinander fest. Dann kam Entwarnung, und ich balancierte das Pflaumenschälchen wieder in den Garten. Bevor wir zum Essen kamen, ertönten erneut die Sirenen, wieder ging's in den Keller, und es brummten die Bomber.

Eines Tages ging ich an der Hand meiner Mutter am Kino vorbei die Bahnhofstraße hinauf, als ein Mann uns, den Hut ziehend, »Guten Tag« wünschte.

Meine Mutter blieb überrascht stehen.

»Hast du das gehört?« fragte sie mich, den Vierjährigen, als könnte sie es nicht glauben.

»Es ist vorbei mit ›Heil Hitler‹! Ich hab's immer gewußt, du mußt kein Hitlerjunge werden.«

Ob sie es hätte verhindern können, wenn ich ein paar Jahre früher geboren worden wäre?

Ulle Bam und das Leben nach dem Krieg

Ich wuchs in das Leben nach dem Krieg ganz selbstverständlich hinein. Wir Kinder kannten ja nicht, was vorher war. Wir wußten nicht, daß es normalerweise Milch statt Molke gab und Leberwurst statt selbstgemachtem Leberaufstrich ohne Leber und ohne Wurst, daß aus Unkräutern gekochte »Fitzfädelsuppe«, Maistöcke und Brennesseln eigentlich nicht auf dem Speisezettel unserer Familie standen, daß man Brot kaufen konnte und nicht übriggebliebene Ähren auf den Feldern nachlesen mußte, um aus dem Mehl Brot gebacken zu bekommen. Kartoffelstoppeln gehörte genauso zum Leben wie Reisigschleppen, damit wenigstens ein Zimmer der Wohnung geheizt werden konnte.

Doch allmählich wurde es besser, statt selbstgebastelter Talglichter gab es Kerzen, und auch die brauchte man kaum noch, denn der Strom wurde immer seltener abgeschaltet, man bekam wieder Kohlen zu kaufen und immer mehr Lebensmittel ohne Karten, und in der HO gab es Schuhe und Kleidung ohne Bezugsscheine. Trotzdem kaufte meine Mutter mir meine Hosen und Jacken immer zu groß, damit ich hineinwachsen konnte, weil sie ein paar Jahre halten mußten. Was zur Folge hatte, daß ich immer ein Modemuffel blieb.

Die Erwachsenen kochten sich an den Feiertagen wieder Bohnen- statt Malzkaffee, und einmal im Jahr, zu Weihnachten, tranken sie Apfelwein. Es ging aufwärts.

Eines der ersten Bücher, das ich geschenkt bekam, hieß *Ulle Bams wundersame Reise um die Welt*, geschrieben von Georg Willroda und Frau Evmari, erschienen 1950 in Dresden.

Ein eigenartiger, etwas verschrobener Menschenfreund brauchte nur in sein Hütchen zu blasen, und schon konnte er von einem Erdteil zum anderen fliegen. Auf jedem Kontinent traf er Kinder und nahm sie mit auf die

Reise. So wurden sie Freunde und konnten sich ein Bild von der Welt machen. Sie erfuhren, welche Tiere auf Grönland oder in Afrika lebten, welche Pflanzen in China oder Brasilien wuchsen und daß man dort den Kaffee ins Meer schüttete, daß in Amerika die Neger unterdrückt wurden und in Indien Kinder auf der Straße starben. Das Buch endete mit einer Reise durch die Sowjetunion, und Ulle Bam verabschiedete sich mit folgenden Worten von seinen jungen Reisekameraden:

»L i e b e – das ist das Band, das die alte Mutter Erde zusammenhält. Fehlt die Liebe, dann fällt auch die Erde auseinander. Liebet euch und lernt euch verstehen, ihr braunen, weißen, gelben und schwarzen Kinder! Wenn ihr groß seid, dann kämpft, aber nicht mit Waffen und Gewalt, sondern mit eurem Können und Wissen, mit eurem Herzen und eurem Verstande gegen die furchtbarste Krankheit der Menschen, gegen den Krieg. Habt ihr dann gesiegt, so seid ihr die größten Sieger aller Zeiten, denn dann habt ihr Hunger und Elend, Not und Schrecken besiegt. Dann bricht eine neue Zeit an.«

In der Schule wurde oft das Wort Kapitalismus verwendet, es war eine Art Schimpfwort für die westliche Welt. Ich erinnere mich, daß ich als Kind trotzdem für den kapitalistischen Westen schwärmte, wohl unter dem Einfluß meiner beiden Nachbarsfreunde, deren Oma in Nürnberg lebte und ihnen Lederhosen und Lebkuchen schickte. Ein anderer Freund, der Sohn des Apothekers, bekam aus dem Westen gar einen luftbereiften Roller. Mit Rad und Roller fuhren wir über die Dörfer, wo die Russen Probebohrungen nach Uran machten. Mein Freund lieh den Roller gegen Barzahlung den russischen Arbeitern. Sie waren wie versessen darauf, Roller zu fahren, und zahlten gut, so daß es für uns alle für zuckersüße Fondants oder Eis reichte. Ich verstand nicht, warum die Russen, obwohl sie den Krieg gewonnen hatten, keine Luftroller besaßen. Das liegt am Kapitalismus, den sie nicht haben, gab jemand zu bedenken, und weil der Kommunismus gegen den Luxus ist. Wenn der Kommunismus aber erst mal da wäre, dann gäbe es alles, wandte ein anderer ein. Jeder nach seinen Bedürfnissen! Wie im Schlaraffenland. Doch erst mal hieß es: Arbeiten, arbeiten und nochmals arbeiten. Lernen, lernen und nochmals lernen. Die das sagten, hießen Adolf Hennecke, Lenin, Stalin, Wilhelm Pieck und Frieda Hockauf.

Einmal erwiderte meine Großmutter auf meine Schwärmereien für den Westen: »Wir sind aber keine Kapitalisten, und für die kleinen Leute ist der Kapitalismus kein Zuckerlecken. Kapitalismus bedeutet Existenzkampf. Da hilft dir keiner. Ich habe das erlebt.« Solche Weisheiten beeindruckten mich wenig, aber gemerkt habe ich mir die Sätze.

An den Wochenenden ging ich zum Fußball oder Handball auf den mit Pappeln umsäumten Sportplatz der BSG Motor Hainichen. Die Fußballer bemühten sich all die Jahre, der Kreisklasse zu entkommen. Doch wenn sie mal den Sprung in die Bezirksklasse schafften, konnten sie diese nie lange halten. Ich mochte die eitle Wichtigtuerei der Schiedsrichter nicht, und oft pfiffen sie »ungerecht«. Ich war ein Gerechtigkeitsfanatiker.

Höhepunkte des Jahres waren die FDGB-Urlaube mit meiner Mutter, da fuhren wir in die Sächsische Schweiz, in den Harz, nach Thüringen, an die Mecklenburger Seen und an die Ostsee, in die uns erreichbare Welt.

Alle Jahre fand auch Kultur statt, im Stadtpark wurden die Parkfeste gefeiert, und auf der Freilichtbühne traten

Stars wie Fips Fleischer, Bärbel Wachholz oder die »Vier Brummers« auf. Auf dieser Bühne habe ich in den *Bremer Stadtmusikanten* das erste Mal Theater gespielt, leider durfte ich kein Tier spielen, sondern mußte die undankbare Rolle des jugendlichen Liebhabers übernehmen.

Im kleinen Tiergehege des Parks hab ich die Rehe gefüttert und sehnsüchtig das Rad des Pfaus bewundert. Purpurn aus strahlenförmigem Grün leuchtende Augen von Pfauenrädern waren mir später in den Hütten ecuadorianischer Schamanen in nächtlichen Visionen erschienen und hatten sich in die Tentakel von Polypen und in sprühend glühendes Feuerwerk verwandelt. Auch in jenen Visionen tauchten plötzlich traumverloren Orte meiner Kindheit auf.

Später habe ich im Parkcafé meine erste Hochzeit gefeiert.

Erste Kinoerlebnisse

Mein erster Kinobesuch fiel aus. Ein Feuerwehrfilm sollte gespielt werden. Es kam der Blinddarm dazwischen. Nun fuhren rote Feuerwehren durch meinen Ätherrausch.

Einen Feuerwehrfilm drehte ich 30 Jahre später selber.

So wurde ein anderer Film mein erster, aber ich zweifle, ob es stimmt oder meine Erinnerung mir einen Streich spielt: Es war Eisensteins *Panzerkreuzer Potemkin*. Ich erinnere mich an rebellierende Matrosen. Ich erinnere mich, daß die Matrosen von Ärzten und Offizieren gezwungen wurden, Maden zu essen, und daß man sie unter ein großes Tuch steckte, um sie zu erschießen. An einen Kinderwagen, der eine Treppe hinabrollte. An Stiefel im Marschschritt und Bajonette und an einen berstenden Löwen. Doch ich erinnere mich auch, daß am Schluß des Films die Offiziere von den aufständischen Matrosen aus den Kanonen des Panzerkreuzers wie Würste ins Meer geschossen wurden. Immer, wenn ich den Film wiedersehe, bin ich enttäuscht, daß es diese Szene nicht gibt.

Aber sonst machte Kino keinen großen Eindruck auf mich. Filme konnten zwar spannend sein, ich erinnere mich an tschechische Kriminalfilme, *Es geschah im Nürnberg-Expreß*, *Der Zirkus spielt doch*, an Schauspieler wie Jaroslav Marvan und Rudolf Deyl, an Violetta Ferrari und Iván Darvas in dem ungarischen Film *Der Fall Judith B.*, an *Sturm in der Ostwand* mit Hans Albers, an die italienischen Filme *Am Rande der Großstadt* und den unheimlichen *Prozeß in Neapel* mit Amadeo Nazzari. Aber es war Schwindel. Zwei Filme, wo der gleiche Schauspieler in ganz verschiedenen Rollen auftrat und die ich beide blöd fand, hatten mir die Augen geöffnet, *Kleider machen Leute* und *Keine Angst vor großen Tieren* mit Heinz Rühmann. Ich brauchte lange, um mich von dieser Ernüchterung zu erholen. Kino war keinen Deut besser als Kasperletheater. Auch daß immer wieder der gleiche Gérard Philipe als strahlender Held mitspielte, in Geschichten mit voraussehbarem Ausgang, förderte mein Interesse an Filmen nicht. In der Regel langweilte ich mich im Kino: *Schwarzwaldmädel*, *Amphitryon*, *Frau Luna*, *Das Bad auf der Tenne*, wo immerhin eine nackte Frau zu sehen war, die in einen Badezuber stieg. Der Vorkriegskitsch ging in den Nachkriegskitsch über, als wäre nichts geschehen. Ich geriet wohl mit meiner Mutter in solche Filme. Willi Fritsch und Lilian Harvey, Magda Schneider, Wolf Albach-Retty, Gustav Fröhlich, der Moser, der Lingen und der Rühmann waren die Idole ihrer Generation. Die Filme erinnerten sie an ihre Jugend in den zwanziger Jahren, als die Welt noch in Ordnung schien.

Ich führte Tagebuch über die Filme, und es machte mir Spaß, ihnen Zensuren zu geben, es hagelte Fünfen. Die erste Eins erhielt der französische Film *Wenn alle Menschen der Welt* von Christian-Jacque, den sah ich, als ich vierzehn war. Durch eine weltumspannende Hilfsaktion wurde ein heilendes Serum herbeigeschafft, welches das Leben von Seeleuten rettete, die auf ihrem Schiff an einer Fleischvergiftung erkrankt waren. Ich glaube, das war der erste Film, der in mir den Wunsch weckte, selbst Drehbücher zu schreiben.

Es gefiel mir, wenn die Wirklichkeit ins Kino eindrang, sei es in einem Film über die Besteigung des Nanga Parbat oder über die Fußballweltmeisterschaft oder in Cousteaus Unterwasserfilm *Die Welt des Schweigens* oder in den Filmen über das Wunderkind Roberto Benzi, immerhin dirigierte der wirklich. Auch der französische Film *Schienenschlacht* beeindruckte mich, weil ich hier vergessen konnte, daß es sich um Spiel handelte. Die Meisterwerke des Neorealismus sah ich erst Jahre später an der Filmhochschule.

Es begann nun auch die Zeit, wo Filme mich, unabhängig von ihren Inhalten, wegen ihrer Aktricen anzogen, Gina Lollobrigida gehörte dazu, Mari Töröczik, vor allem aber die gleichaltrige Romy Schneider in den Filmen *Wenn der weiße Flieder wieder blüht* und *Feuerwerk*. Als ich 2003 zu einer DEFA-Retrospektive in Wien weilte, glaubte ich zu träumen, als ich aus dem Fernseher im Hotelzimmer »O mein Papa« hörte, Lili Palmer als Zirkusreiterin wiedersah und eben die junge Romy. Ich hatte vergessen, daß es diesen Film wirklich gab und nicht nur in meiner Phantasie.

In jenen Kindheitsjahren sah ich auch die ersten DEFA-Filme, *Die blauen Schwerter*, über den Erfinder des Meißner Porzellans, dürfte der erste gewesen sein. Ostdeutsche Lustspiele, *Der Ochse von Kulm*, *Ein Polterabend* oder *Star mit fremden Federn* waren genauso blöd wie die westdeutschen. Schauspieler, die in solchen Filmen mitspielten, sanken beträchtlich in meiner Gunst. Die *Thälmann*-Filme und *Du und mancher Kamerad* mußten wir uns ansehen. Da fiel Schule aus. Sonst machten sie mir wenig Eindruck. Und auch von den vielen revolutionären sowjetischen Filmen blieben mir nur die Titel in Erinnerung, *Feuertaufe*, *Der fünfzehnjährige Kapitän*, *Schüsse an der Grenze* ...

Gott

Eine der langweiligsten Einrichtungen meiner Kindheit war der Religionsunterricht, er fand nicht in der Schule, sondern im Pfarrhaus statt. Die Religionslehrer und Pfarrer verstanden es, mein erwachendes naturwissenschaftliches Interesse aufs ärgste zu provozieren. Das begann mit Adam und Eva und Kain und Abel. Gerade als ich dahintergekommen war, wo die Kinder herkamen, tischte man mir nun eine Schöpfungsgeschichte auf, die schon im zweiten Glied total unglaubwürdig war. Wenn Kain Abel erschlagen hatte, wie ging's dann weiter mit der Menschheit, ohne Frau? Auch die Sache mit der unbefleckten Empfängnis machte mir zu schaffen, und was war an ihr rühmenswert? Wenn alle es taten und es ihnen offensichtlich Spaß machte, wenn nur so die Menschheit fortbestehen konnte, was konnte dann schlecht an dieser Vereinigung von Mann und Frau sein?

Und dann ließ dieser Gottvater den auf solch vorbildliche Weise gezeugten Sohn im Stich, ließ ihn am Kreuze sterben, kam ihm nicht zu Hilfe. Ich ahnte, daß dieser Jesus ein Rebell gewesen sein könnte und deshalb sterben mußte, doch die Pharisäer hatten längst alles Subversive unkenntlich gemacht. Am haarsträubendsten aber war die Geschichte von Abraham und Isaak. Um Gott zu dienen, war der Vater bereit, den eigenen Sohn abzuschlachten. Das sollte wohl Disziplin lehren. Ich haßte diese Geschichte.

Gleichzeitig traktierten sie uns mit ihren weltfremden Geboten. »Du sollst nicht töten!« Überall aber wurde von Christen getötet, in den Weltkriegen, in Korea, in den Kolonien, die Amerikaner hatten die Atombombe abgeworfen, und in deutschen Konzentrationslagern waren Juden vergast worden, und Kommunisten, Sozialdemokraten und alle, die gegen Hitler waren, hatte man umgebracht. Wir waren in der Schule ausführlich über die Naziverbrechen unterrichtet worden. Es hieß damals: Wer jemals wieder ein Gewehr anfaßt, dem soll der Arm abfaulen.

Die Religionslehrer schickten mich in die hinterste Sitzreihe und dann vor die Tür, wenn ich ihre Dogmen in Frage stellte. Der Pfarrer, den wir Erdbeernase nannten, versuchte mir, als ich schon vierzehn war, noch weiszumachen, die Sterne seien blinkende Laternen am Himmelszelt. Klar, daß ich ihn verachtete.

Ich interessierte mich in jenen Jahren für Astronomie. Wo ist dieser Gott? Im Himmel konnte er ja nicht sein, der Himmel war ein Universum, und die Sterne waren ferne Sonnen. War das Weltall unendlich oder endlich, diese Frage beschäftigte mich enorm, wenn endlich, was aber war dahinter?

Im Jahr, als ich konfirmiert werden sollte, fand zum zweiten Mal die Jugendweihe statt, ich wollte daran teilnehmen, die naturwissenschaftlichen Vorträge, die in den Jugendstunden gehalten wurden, und was in dem Buch *Weltall Erde Mensch* geschrieben stand, interessierten mich. Doch die Kirchenvertreter hatten beschlossen: Wer zur Jugendweihe geht, wird nicht konfirmiert. Pfarrer und Kirchenvorstände liefen uns die Türen ein. Im ersten Jahr hatten an der Jugendweihe nur Kinder aus traditionell atheistischen, sprich kommunistischen Familien teilgenommen. Nun sollte verhindert werden, daß ich ein Beispiel würde für die anderen. Ich bestand aber darauf, und weder meine Mutter, noch andere Verwandte fielen mir in den Rücken. Als ich sechzehn war, trat ich aus der Kirche aus.

Menschwerdungen

Ich hatte im Alter von elf Jahren mit dem Schreiben begonnen, kindlich unbeholfene Versuche waren es, Kriminalgeschichten, die an fernen Orten spielten, welche ich im Atlas suchte, Cochabamba und Oruro in Bolivien empfand ich als außerordentlich exotisch. Ich habe Freunde in Cochabamba, irgendwann werde ich dorthin fahren.

Es war ein erster Impuls, mich auszudrücken.

Während meiner Oberschulzeit in Frankenberg, wohin ich von der Grundschule in Hainichen nach der achten Klasse übergewechselt war, begann ich Darwin zu lesen, Ernst Haeckel und Oparin, der über die Entstehung des

Lebens aus anorganischer Materie theoretisierte, was mich zur *Dialektik der Natur* führte und zum *Kapital*, das verstand ich allerdings nicht und gab es ungelesen an die Bibliothek zurück. Aus intellektueller Überzeugung näherte ich mich über die Naturwissenschaften den kommunistischen Ideen, vor allem auch, weil es atheistische Ideen waren, die nicht auf ein Jenseits vertrösteten. Auf Erden Gleichheit für alle, Gerechtigkeit, keine Armen, keine Reichen, jeder nach seinen Fähigkeiten, jeder nach seinen Bedürfnissen – das gefiel mir. Und gefällt mir bis heute.

Rolf, der Sohn des Schuldirektors, war der erste Gleichaltrige, mit dem ich über diese Probleme reden konnte. Aber wir konnten uns nicht erklären, worum es eigentlich beim Aufstand in Ungarn ging oder bei dem Krieg am Suezkanal. Wir hatten nicht die geringste Ahnung, was unter Stalins Herrschaft in der Sowjetunion geschehen war, auch nach dem XX. Parteitag erfuhren wir darüber nichts. Wir erfuhren nur, was in unseren Zeitungen stand. Wir diskutierten über die Zukunft der Menschheit und über unsere weltverändernden Träume im Ernteeinsatz in Mecklenburg und in den Ferien im Zeltlager an der Ostsee, wir diskutierten, ohne zu bemerken, daß wir angezogen den FKK-Strand durchquerten, was uns einen Überfall der Nudisten einbrachte, und wir diskutierten nackt weiter, ohne zu bemerken, daß wir wieder unter die Bekleideten gerieten und nun von denen als Sittenstrolche beschimpft wurden. Zwischen den Fronten.

Mit siebzehn baten wir um Aufnahme in die SED und wurden als Kandidaten aufgenommen.

Rolf hat sich während seines Studiums ein paar Jahre später umgebracht, wir hatten uns zu dieser Zeit schon aus den Augen verloren, und ich weiß nicht warum.

In der zehnten Klasse nahm ich in Leipzig an einer Aufnahmeprüfung für ein Studium in der Sowjetunion teil und bestand. Astronomie gab es nicht als Studienfach, aber man bot mir ein Mathematik- oder Physikstudium an. Meine Lehrer wären sehr stolz gewesen, wenn ich es angenommen hätte, am besten Atomphysik. Doch ich war nicht mehr sicher, ob Naturwissenschaften das Richtige wären.

Ich suchte nach einem Beruf, mit dem ich direkter Einfluß nehmen könnte.

Mein Hobby, das Schreiben, begann ernsthafter zu werden. Ich schrieb das Drehbuch für einen Kriminalfilm, schickte es an die DEFA und bekam eine freundliche Ablehnung, worauf ich es ans Barrandov-Studio nach Prag schickte, dessen Filme mir ohnehin besser gefielen. Die Ablehnung war weniger höflich. Aber das hielt mich nicht ab weiterzumachen.

Als Fortsetzungsroman las ich in der Zeitung *Nackt unter Wölfen* und fieberte jeder neuen Folge entgegen. Später lernte ich das Buchenwaldkind kennen, Juschu Zweig studierte auch an der Babelsberger Filmhochschule.

Ich kannte mittlerweile die DEFA-Filme *Stärker als die Nacht*, *Der Rat der Götter*, *Lissy*, *Betrogen bis zum jüngsten Tag*, *Mich dürstet*, *Zwischenfall in Benderath*, *Der Hauptmann von Köln*. In all diesen Filmen ging es um Faschismus oder seine Auswirkungen. Die Helden dieser Filme beeindruckten mich, doch mich interessierten auch die Leute von nebenan, ich wollte wissen, wie sie sich während der Nazizeit verhalten hatten. Wir hatten herausgefunden, daß einer unserer Lehrer NSDAP-Mitglied gewesen war, inzwischen war er in der SED. Wir wehrten uns, von einem Altnazi unterrichtet zu werden. Er mußte gehen – und wurde an eine Dorfschule versetzt.

Dann sah ich die sowjetischen Filme *Die Kraniche ziehen* von Michail Kalatosow und *Das Haus, in dem ich wohne* von Lew Kulidshanow und Jakow Segel, die mir den Blick öffneten für das, was Kino kann. Bisher hatte ich in Filmen zwar die Bebilderung der von mir favorisierten kommunistischen Ideen gefunden, aber diese Filme konnten in mir zu meiner eigenen Verwunderung keine starken Emotionen auslösen. Vieles, was ich richtig fand, ließ mich trotzdem kalt. Den vielgepriesenen Film *Ein Kommunist* fand ich widerwärtig, besonders jene heroische Schlußszene, wo der Kommunist von Kugeln durchsiebt wird und wie ein Übermensch trotzdem weiterkämpft.

Erregt wurde ich von antifaschistischen Filmen und von kritischen Filmen, die aus dem Westen kamen und die dortigen Verhältnisse anprangerten. Nun gab es endlich auch Filme aus der Sowjetunion, die Emotionen in mir hervorriefen, und in der DDR war ein Film des jungen Regisseurs Konrad Wolf angekündigt, der schon vorab mein größtes Interesse beanspruchte, *Sonnensucher* sollte er heißen und bei der Wismut im Erzgebirge spielen, von dort erzählte man, als ich Kind war, die wüstesten Geschichten. Aber der Film kam nicht ins Kino. Ich schrieb an den »Filmspiegel«, um mich zu erkundigen, bekam aber keine Antwort.

Nachdem ich *Die Kraniche ziehen* gesehen hatte, verstand ich, daß es nicht darauf ankam, Filme zu *schreiben*, sondern daß der *Regisseur* dem Film das Gesicht gibt.

Ich wollte Filmregisseur werden.

Im Abiturjahr schrieb ich für die Laienspielgruppe der Oberschule mein erstes Theaterstück, *Der Schönredner*, es ging um Heuchelei in Schule und FDJ. Es war gut gemeint, aber schrecklich agitatorisch. Doch meine Schreibversuche waren in der Realität angekommen. Das Stück reichte ich mit meiner Bewerbung an der Filmhochschule ein und wurde zur Aufnahmeprüfung eingeladen. Doch da war ich schon bei der Nationalen Volksarmee und um einige Erfahrungen reicher.

Im Abiturjahr wurde ich von unerklärlichen Krankheiten befallen, vieles in mir ging durcheinander. Im Herbst sollte ein Kartoffelernteeinsatz in Mecklenburg stattfinden, ich wollte nicht mit meiner Klasse fahren, denn seit ich in die SED eingetreten war und wohl auch entsprechend auftrat, fühlte ich mich isoliert, ich wollte mich der Parallelklasse anschließen, um die Zeit zu nutzen, mit meinem Freund Rolf über die wahrlich nicht einfachen Probleme des menschlichen Daseins zu debattieren. Das konnte man gut, wenn man die schwere Kartoffelkiepe über den Acker schleppte, oder abends beim Bier im Dorfkrug.

Es kam die Gelbsucht dazwischen, und ich wurde für ein paar Wochen aus dem Verkehr gezogen, lag in Burgstädt in Quarantäne und durfte nur Apfelsaft trinken. Ein anderer Patient, vielleicht zehn Jahre älter als ich, erzählte von den Qualen von Buchenwald. Aber der war doch viel zu jung, als daß die Nazis ihn dort eingesperrt haben konnten! Die Russen hatten den Vierzehnjährigen als Werwolf aufgegriffen, er wurde *nach 45* in Buchenwald interniert, ehemalige Häftlinge waren seine Wärter. Ich wollte es nicht glauben, ich verkroch mich unter der Bettdecke und hielt mir die Ohren zu.

Auch im Alltag verunsicherte mich vieles, was nicht mit meinem hehren Traum vom Kommunismus übereinstimmte. Die Bevorteilung von Arbeiterkindern nur ihrer Herkunft wegen, die Drangsalierung, mit der man jene, die studieren wollten, in die Nationale Volksarmee preßte. Es gab noch keine Wehrpflicht, aber einen zweijährigen »Ehrendienst«, doch noch besser war es, wenn man sich für vier Jahre als Unteroffizier verpflichtete oder gar für zehn Jahre, als Offizier. Und natürlich hatte ich als SED-Kandidat mit gutem Beispiel voranzugehen. Das konnte man doch nicht verlangen, dann war ja das Leben schon vorbei. Doch wenn ich studieren wollte, kam ich um die zwei Jahre nicht herum und schalt mich selbst, daß ich diese Jahre, die mir wie ein unersetzlicher Verlust an Lebenszeit vorkamen, nicht als Ehrenpflicht für mein sozialistisches Vaterland empfinden konnte.

Der XX. Parteitag hatte in der Sowjetunion längst stattgefunden, aber bis zu uns war immer noch nichts durchgedrungen. Und doch muß ich in jener Zeit, meiner emphatischsten kommunistischen Phase, den Konflikt in mir gespürt und mit aller Kraft verdrängt haben.

Kalenderblätter

Ich habe detaillierte Tagebücher aus meiner Schulzeit gefunden. Zwischen 1954 und 1959 war ich besonders eifrig, für diese Zeit kann ich den Verlauf beinahe jedes Tages verfolgen.

Der erste Eintrag ist vom 28. 3. 1952, da war ich elf Jahre alt: Schulfilmveranstaltung *Mit Büchse und Kamera durch Ostafrika und Indien* 20 Pfennige.

Auch miskroskopische Beobachtungen, die Sonnenfinsternis vom 30. Juni 1954, eine Mondfinsternis, Kometen- und Sternbeobachtungen und das Hochwasser jenes Jahres werden erwähnt. Mit der Mutter holte ich aus den Framowerken Holzabfälle zum Heizen, sogenannte »Späne«, und mit der Oma Hühnerfutter.

Zwei Lottogewinne: Einmal 3,50 Mark, einmal 5,00 Mark.

Ab 1956 werden Ausgaben und Einnahmen vermerkt. Daraus geht hervor, daß ich monatlich 25 Mark Schulgeld bekam. Eine Schülermonatskarte von Hainichen zur Schule nach Frankenberg kostete 4,40 Mark, ein Bier zwischen 33 und 51 Pfennigen, eine Limonade 28 Pfennige, eine Bockwurst 1,40 Mark, die Kinokarte etwa 1 Mark, die »Junge Welt« kostete einen Groschen, die Eintrittskarte zum Fußballänderspiel DDR – Indonesien, das die DDR 3:1 gewann, kostete 75 Pfennige. Am Jahresende hatte ich 122,40 Mark gespart.

In jenem Jahr schrieb ich ein Kriminalfilm-Manuskript nach dem anderen, aber ich las auch regelmäßig die astronomische Fachzeitschrift »Die Sterne«, die von der Buchhandlung extra für mich bestellt wurde. Ich nahm an einem Radrennen teil und belegte den 7. Platz.

Zum Thema Ungarn finde ich nur den Eintrag: Sammelaktion Ungarn 0,50 Mark.

1957 war ich das erste Mal am Meer, in Rerik an der Ostsee, FDGB-Urlaub.

Anfang August ist der Besuch eines Cousins meiner Mutter eingetragen, der als Komponist und Arrangeur für ein Leipziger Rundfunkorchester arbeitete. Nicht vermerkt ist, daß er von einem Gastspiel in Brüssel schwärmte, aber ich erinnere mich sehr gut daran, weil ich nicht glauben wollte, daß das kapitalistische Brüssel unvergleichlich schöner sei als Moskau, die Hauptstadt des Kommunismus, wo er auch schon gewesen war. Ich rebellierte gegen diesen Bericht: Was nicht sein durfte, konnte nicht sein. Aber er hakte sich in mir fest.

Ich kaufte für die horrende Summe von 169,30 Mark ein Zelt, denn ich wollte mit einem Freund in die Sächsische Schweiz fahren. Wir probierten es beim Sachsenringrennen zum ersten Mal aus. Um einen guten Platz in der langgeschwungenen MTS-Kurve zu bekommen, mußte man schon am Vortag zum Training anreisen und über Nacht seine »Loge« verteidigen. Der Eintritt kostete 2,50 Mark + 50 Pfennige für den Trainingstag, das Programm 1 Mark, die Fahrkarte nach Hohenstein-Ernstthal 7,60 Mark. Die Rennfahrer aus dem Westen gewannen, nur bei den 125ern siegte Degner auf MZ.

Aus dem Zelturlaub wurde nichts, ein Brechdurchfall zwang mich ins Bett.

Ich las *Kakao* von Amado. Es war anders als alles, was ich bisher gelesen hatte. Die Brutalität der Haziendabesitzer versetzte mich in eine solche Wut, daß ich nachts hilflos Rachepläne schmiedete. Auch *Die verlorene Welt* von Conan Doyle beeindruckte mich.

1958 ging ich zur Tanzstunde und erinnere mich, daß der Höflichkeitsdrill eine Qual war. Ich schrieb Briefe gegen die Remilitarisierung Westdeutschlands an die Bundestagsabgeordneten Konrad und Dr. Jäger, wofür ich Unterschriften sammelte. Ich las *SS im Einsatz*, *Tom Sawyer*, *Von der Filmidee zum Drehbuch* und *Magie Sternen-*

glaube Spiritismus von Gerhard Zwerenz sowie *Ist die Religion für das Volk nötig?* und *Jesuiten Gott Materie* von Georg Klauß. Ich spielte Federball und hörte Jazz. Außerdem benötigte ich eine Brille, die ich aber nur in der Schule und im Kino aufsetzte. Mein Schulgeld war auf 45 Mark erhöht worden, wegen guter Leistungen. Zu Weihnachten bekam ich *Der Streit um den Sergeanten Grischa* geschenkt.

Im Abiturjahr 1959 kaufte ich mir einen Photoapparat »Exa« für 296 Mark, meine größte Ausgabe. In den Tagen, als die Abiturprüfungen stattfanden, fuhr ich zur Etappenankunft der Friedensfahrer nach Karl-Marx-Stadt. Der Italiener Venturelli gewann. Ich las *Die Stunde der toten Augen*, lernte meine Rolle fürs Laienspiel und guckte mir beinahe jeden Tag einen Film an, spielte Tischtennis und Federball und traf mich mit Freunden, woraus ich entnehme, daß mich das Abitur nicht sehr in Anspruch nahm. Ich bestand es mit »sehr gut«, und am Abend nach der Urteilsverkündung wurde im Volkshaus Frankenberg mein Stück *Der Schönredner* aufgeführt. Danach wurde gefeiert, was zu der außergewöhnlichen Bierrechnung von 7,20 Mark führte.

Bevor ich zur Armee abreiste, traf ich mich mit ehemaligen Schulkameraden, mit einigen war ich von der ersten Klasse an zusammen. Jetzt würde es uns in alle Winde verstreuen. Ich konnte mir es noch nicht richtig vorstellen: Etwas war für immer vorbei.

Ich wuchtete eine schwere, steinerne Platte so weit zur Seite, daß ich in den darunterliegenden Raum gelangen konnte, einem großen Raum mit Resten halbhoher schwarzer Mauern darin, was mich an ein Labyrinth erinnerte. Ich fand eine Luke, von der eine Treppe sehr steil nach unten in eine schwarze Tiefe führte. Auf glitschigen Stufen stieg ich hinab und ging durch schmale dunkle Gänge. Dann sah ich in einem Lichtschein einen spitzen Kirchturm, den Kirchturm meiner Heimatstadt, und ich befand mich in dem kleinen Park neben der Kirche, angekettet an das Denkmal des barmherigen Samariters. Ich versuchte mich loszureißen, denn hier würden mich die rotgesichtigen Religionslehrer finden und in ihren Himmel holen, lieber die Hölle! Ich ging in die Stadt hinunter, alles war, wie es immer gewesen war. Ich kam an Gellerthaus und Luthereiche vorbei zur Schule. Ich setzte mich in die letzte Bank in meinem ehemaligen Klassenzimmer. Dann bog ich an der Post in die Heinrich-Heine-Straße ein. Mein Herz klopfte, als ich in unser Haus eintrat und die Treppe hinaufstieg zu unserer Wohnung im ersten Stock, als wäre ich nie woanders gewesen. Ich klingelte und fragte eine fremde Frau, ob sie Zimmer vermiete. Ja, eins, das sei aber schon belegt. Ich nahm es trotzdem. Die Frau, die dort wohnte, war meine Mutter. Ich legte mich auf unser Sofa und fühlte den Plüsch an meiner Haut, als wäre ich nackt. Ich setzte mich an die Schreibvitrine, klappte die Schreibplatte herunter, klemmte den geschliffenen Berbersdorfer Granitstein darunter, der sie waagerecht hielt, nachdem das Scharnier herausgebrochen wurde, als die Russen unser Haus besetzt hatten, alles war seit meiner Kindheit unverändert, die Fotos von Gina Lollobrigida, von dem Filmkind *Serjosha* und einem Denkmal von Karl Marx klebten noch in der Vitrine. Ich schaute aus dem Fenster. Da war der Kirschbaum mit Staren darin, Boskop, Edelapfel, Goldparmäne, die Teppichklopfstange, hinterm Zaun standen die dunkelgrünen Baracken einer Reichsbahnschule.

Ich klappte die Schreibplatte so weit hoch, daß ich meine nackten Füße auf das Leerfach darunter stemmen konnte, wo die Brettspiele verstaut waren, Halma, Dame/Mühle, Mensch ärgere dich nicht. Ich öffnete die Schubladen unter dem Leerfach, auch hier war alles wie früher. Mir fiel eine Calcipot-Schachtel ins Auge, in der sich Zigarettenbildchen von Rom befanden. Die Kolonnaden des Petersplatzes. Die Ruinen des Forum Romanum. Auch ein Schächtelchen mit den Fotos von Schauspielern fand ich wieder, Willi Fritsch, Mia May, Fern Andra, Hans Albers, Lil Dagover ... Und eine Blechbüchse, die mein Spielgeld enthielt. Ich kroch in das Schränkchen hinein und zog von innen die Tür zu. Ich wartete, aber nichts geschah, bis ich erwachte.

Ertüchtigung zur Verteidigung des Vaterlandes

Als ich zum Wehrdienst einrückte, weinte meine Mutter. Es war mir peinlich. Zum Glück hatte ich verhindert, daß sie mit zum Bahnhof kam, der Abschied fand ohne Zuschauer am Gartentor statt, und ich eilte davon, ohne mich umzuschauen.

Die Reise führte auf umständlichen Wegen um West-Berlin herum nach Oranienburg. Zum Grundwehrdienst waren wir im Schloß stationiert. Hier verbrachte ich die schrecklichste Zeit meines Lebens. Aus meiner beschaulichen Kleinstadtoase war ich in den feindlichen Ozean des Lebens geschleudert worden. Alles lief auf Demütigung hinaus, mir war, als ob man in mir zerstören wollte, was den Mensch zum Menschen macht.

Wir verbrachten die Zeit mit Exerzierübungen, rannten Dutzende Male über die Sturmbahn, nachts rissen uns Probealarme aus dem Schlaf, und die Unteroffiziere fanden immer etwas auszusetzen an mir. Nie war mein Rucksack richtig gepackt, nie war der Mantel richtig gerollt, das Kochgeschirr hing schief, immer vergaß ich etwas oder war zu langsam. Jedenfalls ist es mir so in Erinnerung.

Im Politunterricht erzählte man uns von der Aggressivität des US-Imperialismus, dessen Ziel es sei, das sozialistische Lager zu vernichten und dem dazu alle Mittel recht seien: Erst hatten Amerikaner und »Bonner Ultras« Kartoffelkäfer über unseren Feldern abgeworfen, nun drohten sie mit chemischen und bakteriologischen Waffen. Deshalb und gegen die Atombombe erhielten wir Abdeckplanen und mußten üben, uns in der richtigen Richtung in Deckung zu legen, daß die Strahlung von hinten über uns strich. Kontaminierter Arsch war kontaminiertem Kopf vorzuziehen.

Zu den komplexeren Übungen marschierten wir nach Sachsenhausen, links zwo drei vier, Spaniens Himmel breitet seine Sterne ... Lied aus! Ich höre nichts! Links zwo drei vier, Spa-niens Him-mel breitet seine Ster-ne über uns-re Schützen-grä-ben aus ... grölten wir. Am Rande des ehemaligen KZs buddelten wir uns in den märkischen Sand, Schützenlöcher ausheben, zum Angriff vorwärts, robben, Handgranatenattrappen schmeißen. Sturmangriff! Mit Gebrüll. Mein Schützenloch entsprach nie den Vorstellungen des Feldwebels: Die Birne werden sie dir abschießen!

Am 7. Oktober, dem Tag der Republik, wurden wir vereidigt, und danach besichtigten wir das Konzentrationslager. Ausflug ins KZ war besser, als nebenan durch den Sand zu robben.

Was hat das Leben für einen Sinn? Warum bringst du dich nicht um?

Bei einer Übung hatte ich mir einen winzigen Stachel in den kleinen Finger eingezogen, der Finger schwoll blau an und schmerzte wahnsinnig. Ein roter Striemen lief den Unterarm hinauf. Es mußte geschnitten werden, und ich war für ein paar Tage dem Drill entronnen.

In Oranienburg geschah nichts Außerordentliches, nichts Ungewöhnliches, meine Vorgesetzten waren keine Ungeheuer, es waren ganz normale Unteroffiziere, Feldwebel und Offiziere. Es geschah, was überall auf der Welt mit jungen Leuten beim Militär geschieht. Es brachte meine Vorstellung von der Welt beträchtlich durcheinander. Ich ärgerte mich darüber, daß es mich so mitnahm. Ich mußte es überleben.

Als ich gemustert worden war, hatte ich mich für den Dienst auf einer Wetterwarte beworben und es damit begründet, daß ich mich für Astronomie (!) interessiere und etwas in der Art studieren möchte. Das entsprach zwar nicht mehr der Wahrheit, bezeugt aber, daß mir in dieser Zeit meines ideologischen Fanatismus der Realitätssinn nicht ganz und gar abhanden gekommen war. Man sagte zwar, daß solche Wünsche nur in seltenen Fällen berücksichtigt werden könnten, aber als man mich zu den Luftstreitkräften zog, bestand Hoffnung. Denn Wetterwarten gab es nur an Flugplätzen.

Nach dem Grundwehrdienst wurde ich nach Jänschwalde-Ost bei Cottbus verlegt. Bevor ich zur Wetterwarte kam, mußte ich Wache schieben. Es gab den Flugplatz mit den vielen MIGs zu bewachen, das Tanklager, das

Bombenlager und den Wachdienst am Eingangstor. Als eine Art Selbstverpflichtung hatten die Soldaten einen »Persönlichen Kompaß« zu erstellen.
Meiner lautete so:

1. Aufbau einer Laienspielgruppe
2. Verbindungsaufnahme mit einer Komsomolgruppe
3. Vorbildliche Dienstdurchführung
4. Abzeichen »Gutes Wissen« in Silber
5. Sozialistische Presse regelmäßig lesen
6. 5 Stunden NAW *(Nationales Aufbauwerk)*
7. Jeden Monat ein gutes Buch lesen.

Diese anspruchsvolle Variante scheint aber nicht auf Wohlwollen gestoßen zu sein, denn ich fand noch eine zweite, prosaischere:

1. Gute Dienstdurchführung
2. Gute innere Ordnung
3. Erlernen des Pistolenschießens
4. Gutes Waffenreinigen
5. Gute Wachdurchführung
6. Gewehrgriffe exakt durchgehen.

Der Winter 1959/60 war eisig kalt und lang. Ich sehe mich dick vermummt in Filzstiefeln durch hohen Schnee um das hell erleuchtete Tanklager stapfen, die Finger zu klamm in den Handschuhen, um bei Gefahr die Kalaschnikow zu bedienen. Ich dachte bei so manchem einsamen Postengang darüber nach, was wohl geschähe, wenn einer dieser amerikanischen oder westdeutschen Agenten käme, von dem im Polituntericht immer die Rede war, wie ich reagieren würde, ob ich ihn umbringen könnte, ob ich überhaupt Zeit hätte dazu, wenn er mir hinterrücks das Messer an die Kehle setzte.

Die Silvesternacht verbrachten wir bei mehr als 20 Grad

Frost in der Bretterbude am Bombenlager. Es war so kalt, daß selbst der Deutsche Schäferhund, der den Postenführer auf Patrouille begleitete, nicht draußen bleiben wollte. Vor dem Frost flohen die Mäuse und huschten, wenn wir schliefen, über unsere Gesichter. Wir heizten den eisernen Ofen, bis er glühte, besoffen uns und vergaßen, was wohl passieren würde, wenn gerade in dieser Nacht der Feind käme.

Allmählich gewöhnte ich mich an den Stumpfsinn des Armeedienstes, an den morgendlichen Frühsport, die Probealarme, das Strafexerzieren und den Zweistunden-Schlaf-Rhythmus auf stinkenden Matratzen während des Wachdienstes. Das Frühjahr kam und die Gefahr der Manöver, wo man irgendwohin ausrückte und Krieg spielte. Manchen gefielen solche Abenteuer, mir nicht.

Ich erinnerte mich der Gelbsucht, die ich ein reichliches Jahr davor gehabt hatte, und gab vor, bei körperlicher Anstrengung Leberschmerzen zu bekommen. Man schickte mich nach Cottbus ins Armeelazarett, wo man allerhand Untersuchungen durchführte, die zu keinem Befund führten, aber da ich weiterhin meine Leberschmerzen beteuerte, kam ich um die schlimmsten Kriegsspiele herum.

Die Dienstreisen in die Freiheit nutzte ich, in Cottbus ins Kino oder Theater zu gehen. Ich erinnere mich, daß ich dort Sergej Bondartschuks *Ein Menschenschicksal* sah und mich nicht aus dem Kino traute, denn die Tränen liefen mir noch über die Wangen. Auch Frank Beyers *Fünf Patronenhülsen* und *Lohn der Angst* mit Yves Montand beeindruckten mich, und verzaubert war ich von der jungen Karin Schröder in *Silvesterpunsch*.

Am Theater lernte ich einen Dramaturgen kennen, dem ich von der Idee erzählte, eine Laienspielgruppe zu gründen. Ich lechzte nach einer sinnvollen Betätigung, die noch dazu meiner Bewerbung an der Filmhochschule förderlich sein könnte. Die Idee gefiel schließlich auch unserem Kulturoffizier, damit konnte er bei seinen Vorgesetzten renommieren. Anderen Offizieren gefiel sie weniger und den Unteroffizieren schon gar nicht, denn sie checkten, daß wir »Schauspieler«, wie sie uns verächtlich nannten, uns auf diese Weise Freiräume schaffen konnten, die normalerweise im Befehlsbetrieb nicht vorgesehen waren.

Soldatentheater

Da keine Frauen als Mitwirkende zur Verfügung standen, waren meinem Vorhaben Grenzen gezogen. Ich mußte ein reines Männerstück finden. *Der Keller* hieß es, geschrieben von dem Schauspieler und Dramatiker Hans Lucke, es war auf redliche, aber agitatorische Weise antifaschistisch. Ich führte Regie und spielte selbst einen faschistischen Fahnenjunker-Unteroffizier. Die Premiere fand im Mai 1960 im Klubhaus Jänschwalde-Ost statt.

Wie die »Lausitzer Rundschau« schrieb, gestaltete sich unser Auftritt zum Höhepunkt einer Kulturkonferenz der SED und des Deutschen Kulturbunds in Guben.

Es wurde uns der Titel »Soldatentheater« verliehen, und ich schrieb in mein Tagebuch: »Wir sind damit die erste Gruppe in der DDR, die mit diesem Titel ausgezeichnet wird.«

Unser Soldatentheater brachte noch ein zweites Stück zur Aufführung, das ich selbst geschrieben hatte. Es hieß *Lotos III blüht nicht mehr*, ein Agententhriller, es ging darin um den Mord an einem Wachsoldaten, um Munitionsdiebstahl und Sabotage an Jagdflugzeugen. Was mir aber viel wichtiger war als die krude Story, waren die realistischen Szenen des Soldatenalltags und die Abrechnung mit der Primitivität der Unteroffiziere. Bei diesen Szenen gab es von den hinteren Rängen Szenenapplaus, die Soldaten johlten, während den Kommandeuren in der ersten Reihe die Gesichter einfroren.

Nach der Vorstellung fand eine Aussprache mit Offizieren und aus Cottbus angereisten Gästen statt, einer »Fachmethodikerin für Laienspiel« und einem Schriftsteller. Es wurde »konstruktive Kritik« geübt.

Im Tagebuch schrieb ich: »Mein Stück erregte besonders bei der Jugendabteilung *(des Bataillons)* großes Aufsehen. Eine ganze Reihe Offiziere kennt das Leben der Soldaten überhaupt nicht, das entnehme ich ihren Äußerungen. Ich hoffe, daß niemand von mir verlangt, ein Märchen über die Soldaten zu schreiben. Damit kann ich nicht dienen. Unsere Gruppe werde ich zusammenhalten, wir sind ein prima Kollektiv. Durch die schon so oft kritisierte mangelnde Unterstützung und Anerkennung lassen wir uns nicht entmutigen. Es kommt wie erwartet zu einer heftigen Diskussion um den Satz ›Der Horizont der Unteroffiziere reicht gerade vom Rand eines Bierglases bis zur Bettkante eines Puffs.‹ Das Wort ›Puff‹ erregte den meisten Anstoß. ›Aber Genosse Simon, wo gibt es denn Puffs in unserer Deutschen Demokratischen Republik?‹ Ich bestehe nicht auf diesen Ausdruck, obwohl ich nicht einsehe, daß dieser Satz falsch ist, da er symbolisch gemeint ist. Genausowenig stimmt Hauptmann P.s *(Kulturoffizier)* Kritik, daß wir real mit realistisch verwechseln und daß das Stück naturalistisch ist. ›Löffel‹ *(Gefreiter, Darsteller)* und Hauptmann P.

liefern sich darüber ein heftiges Rededuell, wobei es P. nicht gelingt, Löfflers Argumente zu entkräften.

Sehr interessant finde ich die Äußerung Oberstleutnants A.s *(Politoffizier)*, daß das Stück eine Parteiinformation ist, die nirgends in den Akten steht. Ich empfinde das als eine der wichtigsten Stimmen, die zu unserem Stück fielen.«

Wir durften nur einmal spielen.

Babelsberg – die Filmhochschule

Als ich studierte, gab es eine Menge Ausländer in Babelsberg, sie kamen aus Afrika und Lateinamerika, aus Vietnam, Indien und den arabischen Ländern, aber auch aus anderen Teilen Europas. Im gleichen Studienjahr wie ich begannen Luay El Kahdi aus dem Irak und der Spanier oder besser Katalane Marcel Plans Regie zu studieren. Marcel wurde später von seiner Kommunistischen Partei zurückgerufen. Die Gründe erfuhren wir nicht. Beide waren für mich wichtige Partner. Sie waren älter als wir deutschen Studenten und wußten mehr oder vielleicht auch nur anderes von der Welt. Oftmals waren es nur Beiläufigkeiten, Kleinigkeiten ihrer Weltbetrachtung, die mich aufhorchen ließen und mich anregten, meinen Standpunkt zu überdenken.

Ich war aufgewachsen in einer sächsischen Kleinstadt, in einer Familie, die nichts mit Kunst zu tun hatte, aber meine merkwürdigen Träumereien, die sich im Laufe der Jugendjahre zu ernsthaften Interessen entwickelten, immer tolerierte. »Schuster bleib bei deinem Leisten«, solchen Schwachsinn bekam ich von niemandem zu hören.

Das Studium begann mit einem dreiwöchigen Kartoffelernteeinsatz in der Gegend von Kyritz. Es war eine Gelegenheit, sich kennenzulernen, Regie- und Kamerastudenten, zukünftige Dramaturgen, Produktionsleiter und Schnittmeisterinnen. Schon in diesen ersten Wochen entwickelte sich eine eigenartige Konkurrenzsituation. Man versuchte herauszufinden, wer mit wem könne. Bevor das Studium überhaupt begann, versuchten die Regiestudenten sich schon »ihren« Kameramann, Produktionsleiter, Autor zu sichern. Das Interesse an den Schnittstudentinnen ging über die schnöde Arbeit hinaus, im Laufe der jährlichen Ernteeinsätze bahnte sich eine beträchtliche Zahl von Ehen an, aber kaum eine von ihnen hielt. Wir schliefen in einfachen Gemeinschaftsunterkünften. Bei den nächtlichen Diskussionen stritten die Belesensten über Böll, Kafka und Hesse. Das waren Namen, die ich noch nie gehört hatte, ich schwieg und schämte mich meiner Unwissenheit. Besonders die Dramaturgiestudenten zeichneten sich als Intelligenzbestien aus.

Wir waren nach Babelsberg gekommen, zwei Wochen nachdem die Mauer gebaut wurde. Auf West-Berliner Seite des Griebnitzsees gegenüber der Filmhochschule standen Lautsprecherbatterien und ließen die Parolen eines »Studios am Stacheldraht« herübertönen. Ich kann mich nicht erinnern, wozu sie uns aufforderten, zum Überlaufen, zum Sturz des kommunistischen Systems? Mein Kommilitone Dieter Roth konnte prächtig das vermaledeite Sächsisch des Walter Ulbricht imitieren. Seine Entgegnungen an den westlichen Sender vom Balkon unserer Studentenheimvilla begannen mit: »Muuuh … und nuuuh, Genossen …« und endeten mit dem emphatischen Ruf »Frei-heit!«. Sicher haben sie uns drüben nicht gehört, denn uns standen keine Stimmverstärker zur Verfügung. Das technische *know-how* fehlte uns, wir hatten nur unseren Witz.

Ich muß gestehen, daß mir die Mauer damals ziemlich schnuppe war, ich kannte ja die Zeit nicht, wo man noch von Ost nach West problemlos ins Kino, ins Theater oder in die Museen gehen konnte, etwas anderes hätte mich auch nicht interessiert. Vita-Cola löschte den Durst wie jede andere Cola, wenngleich in der östlichen Cola keine bolivianischen Coca-Blätter waren. Aber davon hatte ich damals noch keine Ahnung.

Während der Nachkriegsjahre war ich an Mangel gewöhnt worden. Die Mangelgesellschaft begann mir erst später auf die Nerven zu gehen, wegen der Kraft, die man in ihr vergeudete. Ich haßte es, Schlange zu stehen, ich haßte es, mehr als ein Jahrzehnt auf ein Auto zu warten, ich haßte das Liebedienern um selbstverständliche Dienstleistungen von Handwerkern. Ich haßte das Krebsgeschwür der ostdeutschen Bürokratie und konnte nicht ahnen, daß der westdeutsche Rechtsstaat von seiner Bürokratie regelrecht überwuchert wird. Ich haßte die Vergeudung von Lebenszeit.

An der Schule zeigte man uns sowjetische Stummfilme, Eisenstein, Pudowkin, Dowshenko, Wertow, die ohne Zweifel interessant waren, aber eben sehr alt, und deutsche Stummfilme, die mir, ob expressionistisch oder proletarisch, nicht viel sagten und mich in der Regel langweilten. Doch es gab ein paar Filme, die meine Sicht auf die Welt und die Kunst zu verändern begannen: *La strada* von Fellini, *Die weiße Taube* des Tschechen František Vlácil, ein formal furioser Film, fotografiert von Jan Curík, *Neun Tage eines Jahres* von Michail Romm, *Asche und Diamant* von Andrzej Wajda, *Rocco und seine Brüder* von Luchino Visconti, *Rashomon* von Akira Kurosawa, *Sonnabendnacht und Sonntagmorgen* von Karel Reisz und *Letztes Jahr in Marienbad* von Alain Resnais, obwohl ich den ganz und gar nicht verstand.

Die westliche Welt lernte ich an der Filmhochschule auf verstörende Weise aus den Filmen meiner grandiosen Vorbilder kennen, Antonioni, Fellini, Visconti, Truffaut, Godard … Sie führten uns die »Entfremdung des Menschen in der bürgerlichen Gesellschaft« vor. Sie hatten sich damals noch nicht damit abgefunden. Sie gestatteten ihren Protagonisten noch, darunter zu leiden. Ungehemmte Selbstinszenierung als Droge gegen Entfremdung war damals noch nicht *in*, man attackierte noch Selbsttäuschung und Selbstverleugnung. Bei uns gab es Vergleichbares natürlich nicht. In der sozialistischen Gesellschaft konnte sich jeder Mensch frei entfalten – hieß es. Ich glaubte es noch, und Tagebuchaufzeichnungen aus jenen Jahren belegen, daß ich im ersten Studienjahr noch voll auf Parteilinie war und beharrlich von jedem Film sozialistischen Optimismus forderte, wenngleich mir schon einige Mißstände auffielen. Besonders was die Filmankaufspolitik der DDR betraf, schien es mir im argen zu liegen. Neue gute westliche Filme waren in jenen Jahren nur selten in der DDR zu sehen. Dafür massenhaft alter und neuer kleinbürgerlicher Mist aus Ost und West.

Das erste Studienjahr war für uns eine ziemliche Enttäuschung. Es mangelte an filmpraktischer Ausbildung. Unsere Fachdozenten überzeugten uns weder mit ihren Filmen, noch mit ihren Lehrangeboten. Rektor Kurt

Maetzig bekamen wir kaum zu Gesicht, *Ehe im Schatten* und *Der Rat der Götter* hatten mir gefallen, vieles aber, was danach kam, die *Thälmann*-Filme, *Das Lied der Matrosen*, nicht. Er war eine zweifelhafte Autorität. Fachrichtungsleiter Richard Groschopps betuliche Filmchen interessierten mich schon gar nicht. Von dem sollte ich was lernen? In der Dokumentar- oder besser gesagt populärwissenschaftlichen Filmausbildung war es kaum besser. Akademische Handwerkelei, nichts, was mich hätte aufregen können, Pflichtarbeiten und dazu Aufsätze schreiben über dialektischen und historischen Materialismus, politische Ökonomie, sozialistische Kulturpolitik und Parteitagsbeschlüsse.

Nur in marginalen Fächern bekam ich Anregungen, sei es in Literaturwissenschaft bei Britta Hansen, ich las wie verrückt, ich hatte viel nachzuholen – oder im Zeichnen. Da war der expressionistische Maler und experimentelle Fotograf Edmund Kesting unser Lehrer. Wir hatten keine Ahnung, mit wem wir es zu tun hatten. Kesting ließ uns Kreise und Dreiecke zeichnen, mit Kohle Licht und Schatten modellieren und lehrte uns, den Raum aufzuteilen. Am liebsten sprach er davon, daß es in jedem Bild eine Polarisierung der Kräfte geben müsse, Gerade und Kreis, hell und dunkel, und gab uns dazu immer wieder Übungen auf. Ich glaube, er langweilte sich mit uns und mit unseren gleichermaßen naiven wie akademischen Formversuchen. Aber von dem, was er uns beibrachte, blieb einiges bei mir hängen. Als welch sinnlosen Frevel er uns die filmische Überblendung beschrieb, habe ich nie vergessen. In meinen Filmen kommen keine vor. Oft quälte er sich über die Zeit, indem er Anekdoten erzählte, zum Beispiel von seiner Begegnung mit Walter Ulbricht, als er dessen Briefmarke entwarf: »Schwierig war das mit dem, denn der Mann hat ja keeene Ahnung!«

Kesting war damals schon um die siebzig, jemand wird ihm den Brotjob an der Filmhochschule verschafft haben. Seine Kunst war zu diesen Zeiten nicht anerkannt.

Aber wir wollten ja Filme machen und nicht filmische Einstellungen auf Papier zeichnen. Wir waren gierig, Kameras in die Hände zu kriegen und Filmmaterial, doch das war knapp, und erst zum Jahresabschluß sollten jeweils zwei von uns gemeinsam ein kleines populärwissenschaftliches Filmchen drehen.

Bis dahin erstellten wir Fotoserien und filmten außerhalb des Unterrichts mit unseren eigenen 8-mm-Kameras. In den Ferien spannte ich zu Hause die ganze Familie für meine Schmalfilmübungen ein. In *Das entlaufene Osterei* ließ ich meine achtzigjährige Großmutter auf einen Baum klettern. In *Fotojagd* mußte mein Freund Egon Schlegel im Januar in die Havel steigen. Wir drehten »dokumentar« bei der Friedensfahrt in Berlin und »inszeniert« mit den Kindern unseres Philosophiedozenten in der geheimnisumwitterten Ruine einer ehemals noblen Villa neben dem Hochschulgelände. Man erzählte, sie hätte dem Hellseher Hanussen gehört. Man stieg über Freitreppen hinauf bis zu einer Kuppel, von der man ganz Potsdam überschauen konnte. Leider wurde dieses geheimnisvolle Gebäude ein paar Jahre später gesprengt, und damit verschwanden auch die großformatigen schwarzen Figuren, die Jürgen Böttcher an den Wänden hinterlassen hatte, Strawaldesche Fresken. Er hatte zu dieser Zeit schon die Hochschule beendet, sein angefeindeter erster Film *Drei von vielen* über seine Dresdner Malerfreunde Graf, Herrmann, Markolies, Winkler (Penck) erregte auch unsere

Gemüter. Ist das sozialistischer Realismus? fragte ich mich beunruhigt in meinem Tagebuch.

Zu den Highlights des Jahres gehörten eine zweitägige Gastvorlesung des sowjetischen Regisseurs Kosinzew sowie Theaterbesuche in Berlin, besonders die Inszenierungen der »Komischen Oper« beeindruckten mich.

Eine neue Welt des Theaters erschloß mir einen Herbst später Benno Bessons Inszenierung des *Frieden* von Aristophanes mit Fred Düren, Reimar-Johannes Baur, Klaus Piontek, das war genial. Es folgten *Der Drache* von Jewgeni Schwarz mit Eberhard Esche, Dieter Franke, Horst Drinda, *Die schöne Helena* von Hacks mit Düren und Elsa Grube-Deister und *Ödipus Tyrann* mit Düren, alles am Deutschen Theater und in Bessons Regie.

Zum Jahresabschluß drehte ich in den Barkas-Werken in Hainichen einen Film über unterschiedliche Metallhärteverfahren, mein Regiekommilitone Thomas Kuschel bediente die 16-mm-Kamera. Verständlich, daß solche Art von Filmerei weit entfernt war von unseren Ambitionen. Das mußte sich ändern. Was für ein Blödsinn, sich von populärwissenschaftlichen Themen über Dokumentarfilme zu inszenierten Übungen hochdienen zu müssen! Das ganze praxisferne, gesellschaftswissenschaftlich überlastete Ausbildungssystem erschien uns höchst suspekt.

Wir forderten neue Fachdozenten. Am liebsten wollten wir Konrad Wolf und Frank Beyer, die in jenen Jahren schon *Sterne* und *Fünf Patronenhülsen* gedreht hatten. Aber die hatten Besseres zu tun, die wollten Filme drehen. Doch wir hatten Glück, wir bekamen Ralf Kirsten, der gerade mit der Komödie *Auf der Sonnenseite* mit dem singenden Manfred Krug in der Hauptrolle Aufsehen erregt hatte. Mir gefiel der Film nicht besonders, er war mir »zu lieb und lustig«. Aber Kirsten war der erste Fachdozent, von dem ich etwas lernen konnte. Er gab uns praktische Aufgaben und bezog uns in seine Arbeit ein. Kritische Auseinandersetzung, Zweifel, Fragen begannen allmählich die wichtigsten Impulse für meine Ausdrucksversuche als Filmemacher zu werden.

Kollektiv 63

In erster Linie waren es Filme, die zu dieser Zeit meine Weltanschauung und mein Wertesystem veränderten, zu den schon genannten kamen Tschuchrais *Klarer Himmel*, Bassows *Schlacht unterwegs*, Jutkewitschs *Schwitzbad* über den sowjetischen Alltag. Die Welt war nicht so, wie ich gedacht hatte, und auch ästhetisch geriet ich in einen berauschenden Strudel neuer Eindrücke. Auf welch vielfältige Weise konnten Filmemacher die Wirklichkeit gestalten! Was einfältige Dozenten uns als dekadent, nihilistisch und dergleichen mehr zu erklären beabsichtigten, mir gefiel das. Ich war infiziert.

Auch im gesellschaftlichen Umfeld tat sich einiges, die von Chruschtschow ausgelösten Enthüllungen über die Verbrechen während der Stalinzeit erreichten unsere naiven Gemüter mit der Kraft eines Erdbebens. Was blieb jetzt noch von unserer schönen kommunistischen Utopie? Was auf Parteiversammlungen und ähnlichen Veranstaltungen gepredigt wurde, stimmte nicht mit der Wirklichkeit überein, das war längst klar. Wir wollten das verändern. Es mußte verändert werden, um nicht neuen Entartungen Vorschub zu leisten. Nächtelang stritten wir.

Unser Programm war, die Wirklichkeit so darzustellen, wie sie war, nicht idealisiert, nicht schöngefärbt, nicht, wie die Funktionäre sie sich vorstellten, kritische Bestandsaufnahme war Voraussetzung für Veränderung. Darin waren wir uns wohl alle einig. Aber davon abgesehen, waren wir sehr verschieden, es gab Radikale und Vorsichtige, Träumer und Realos. Sicher waren es eher die Radikalen, die auf die Idee kamen, ein »Kollektiv 63« zu gründen, Gruppenbildung war so ziemlich die schlimmste ideologische Verfehlung, die einem vorgeworfen werden konnte.

Unsere erste Forderung war, nur Gegenwartsfilme über das Leben in der DDR zu drehen, nichts anderes, denn nur dieses Leben kannten wir. Wir wollten diese Filme nicht im Studio, sondern in den Fabriken, auf dem Lande und auf der Straße drehen, mit kleinen Drehstäben, bewegter Kamera, mit Laien und Schauspielern. Die Authentizität der Neorealisten faszinierte uns ebenso wie der bittere Realismus des Free Cinema von Reisz, Anderson und Schlesinger und etwas später Miloš Formans *Schwarzer Peter*. In den Ästhetikvorlesungen war viel von der Einheit von Inhalt und Form zu hören, und daß der Inhalt die Form bestimme. Damit war ich einverstanden. Neue revolutionäre Inhalte verlangten eine neue Formensprache, höchste Zeit, daß die DEFA-Filme sich verabschiedeten von den Konventionen der UFA, einer deutschen Filmindustrie, die willfährig zum Propagandainstrument der Nazis geworden war, von den lebensfernen dramaturgischen Konstruktionen, der statischen Kamera, dem künstlichen Licht, dem theatralischen Agieren der Schauspieler. Das DDR-Theater war von Brecht und seinen Nachfolgern erneuert worden, im Musiktheater gab es Felsenstein, beim Film war nichts vergleichbares geschehen. Vor allem Kamerastudenten identifizierten sich mit unserem Anliegen, auch Schnitt- und Produktionsstudenten machten mit. Die Regiestudenten höherer Jahrgänge hielten sich zurück. An ihre Vorbehalte erinnere ich mich nicht mehr. Vielleicht lag es daran, daß die Radikalsten von uns forderten, unser Studium für ein Jahr oder länger zu unterbrechen, um »an der Basis« das Leben zu studieren, den »Bitterfelder Weg« beim Wort zu nehmen. Auch mir ging dies zu weit, bildete ich mir doch ein, das Leben an der Basis zu kennen, wo hatte ich denn sonst gelebt?

Im Herbst 1963 erfolgte die offizielle Gründung. Ein ermutigender Einfluß ging dabei von einem Jugendkommuniqué der SED aus, das der Jugend größere Verantwortung zusprach und für DDR-Verhältnisse ungewohnt kritische Töne anschlug. Ohne dieses offizielle Kommuniqué im Rücken, nehme ich an, wäre das »Kollektiv 63« sofort als konterrevolutionäre Gruppenbildung unterbunden worden.

Ich schrieb ein Drehbuch mit dem Titel *Der Halbsozialist*, eine Satire, in der es um einen jungen Arbeiter ging, dessen Auszeichnung als Aktivist von einem Funktionärsgremium abgelehnt wird, weil sein Bewußtsein nicht seinen guten Arbeitsleistungen entspricht, z.B. kam er auf die Idee, den Funktionären selbst den Hammer in die Hand zu drücken, außerdem lief er in Jeans herum. Die satirische Zeichnung der Funktionäre war so unglaublich direkt, so voller Hohn und Abscheu, daß ich mich noch heute über meine Naivität wundere, geglaubt zu haben, so etwas realisieren zu können. Ich hatte vergessen, daß das Projekt in Zusammenarbeit mit dem DDR-Fernsehen verwirklicht werden sollte. Nun fand ich einen Brief der Fernsehdramaturgin, die versuchte mir die kritische

Satire auszutreiben, sie wollte statt dessen den jungen Arbeiter als positiven Helden in den Mittelpunkt stellen, was ich wiederum ablehnte. *Der Halbsozialist* wurde nicht gedreht.

Ich schrieb einen nächsten Versuch, *Stabü Klasse 10*, da ging es um Heuchelei im Staatsbürgerkunde-Unterricht. Die Schüler plappern, was die Lehrer hören wollen. Wer sich auflehnt, wird mit schlechten Zensuren bestraft. Obwohl das Manuskript wesentlich gemäßigter war, wurde auch daraus kein Film.

So steht von mir in der Liste der Filme des »Kollektivs 63« nur *Die Überzeugungsmethode* nach einer Erzählung von Ludvík Aškenazy, einem tschechischen Autor, dessen ironische Kurzgeschichten ich sehr mochte. Ich hatte mich schon im zweiten Studienjahr an einer seiner Erzählungen versucht. *Vatis Beschwerdebuch* hieß diese erste Spielfilmübung. In der *Überzeugungsmethode* nun wünscht sich ein kleiner Junge, der beim Fußballspielen eine Fensterscheibe eingeschossen hat, von seinem Vater lieber eine Ohrfeige, als sich dessen Moralpredigten anhören zu müssen. Der Film kam ins Fernsehen, eine Kopie ist leider nicht mehr zu finden.

Immerhin führte diese Arbeit dazu, daß mir Rudi Hannemann, der Leiter der aus der Stacheltier-Produktion hervorgegangenen Arbeitsgruppe »Johannisthal« des DEFA-Spielfilmstudios einen Kurzspielfilm anbot, *Peterle und die Weihnachtsgans Auguste* nach einer Erzählung von Friedrich Wolf.

Von den Filmen meiner Kommilitonen sind mir in Erinnerung geblieben *Wir spielen Hochzeit* und *Friedenslied* von Dieter Roth, *Kleine Ergänzung* von Egon Schlegel, *Hochzeit mit Pfiff* von Günther Meyer und das Theater-

Film-Projekt *Vor der Bühne kniet* von Claus Dobberke, Günther Meyer und Rainer Hausdorf, alles bescheidene studentische Versuche, Talentproben vielleicht, aber nichts aufregend Neues.

Egon Schlegel und Dieter Roth begannen als Diplomfilm, *Ritter des Regens* zu drehen. Ein junger Aussteiger stand im Mittelpunkt. Vom *Ritter des Regens* war jener Teil abgedreht, den die Hochschule finanzieren konnte, etwa achtzig Prozent, und anhand des Materials sollte entschieden werden, ob der Film vom DEFA-Spielfilmstudio zu Ende produziert würde, so waren die Vereinbarungen. Für jeden, der die Muster gesehen hatte, stand dies außer Frage. Für mich war es mit Abstand das Beste, was jemand von uns bisher gedreht hatte, realistisch, lebendig, mit unverbrauchten Akteuren, emotional und kritisch. Aber die Dreharbeiten zu *Ritter des Regens* wurden nicht beendet, der Film wurde nicht fertiggestellt, alles Material wurde vernichtet, sogar die Fotos. Die Jahre des Aufbruchs gingen Ende 1965 mit dem berüchtigten 11. Plenum des ZK der SED zu Ende.

Schlegel und Roth bekamen nicht die erhofften Planstellen im DEFA-Spielfilmstudio, sie galten jetzt als ideologisch unsichere Kandidaten. Eine Zeitlang lebten sie in einem Status, den es in der DDR gar nicht gab: Sie waren arbeitslos. Dann kam Dieter Roth am Hans-Otto-Theater Potsdam unter, dessen Intendant ihn so schnell, wie er ihm geholfen hatte, wieder fallenließ, als Roth eigene Vorstellungen entwickelte. Schlegel verschlug es in die Gruppe »Thorndike«, wo er an Dokumentationen über Preußen und den Zweiten Weltkrieg arbeitete. Er tat es mit der gleichen Begeisterungsfähigkeit, die er für alle seine Projekte aufbrachte.

Während für Dieter Roth eine Odyssee durch viele DDR-Theater begann und er nie wieder zum Film zurückkehren konnte, ergab sich für Egon Schlegel eine überraschende Chance, aber da waren schon über acht Jahre vergangen. 1974 wurde Claus Dobberke kurz vor Drehbeginn des Kinderfilms *Abenteuer mit Blasius* krank. Das Studio suchte dringend eine Alternative. Doch von den angestellten Regisseuren, die frei waren, wollte niemand das Risiko eingehen, eine Woche vor Drehbeginn einen Film zu übernehmen, dessen komplette Vorbereitung bis hin zur Besetzung ein anderer gemacht hatte. Ich brachte damals Egon Schlegel ins Gespräch, und er machte das Beste daraus.

Egon drehte weitere Kinderfilme, *Der Teufel mit den drei goldenen Haaren*, *Das Pferdemädchen*, sein poetischster Film, *Max und siebeneinhalb Jungen*, *Die Schüsse der Arche Noah*. Doch er wartete ständig darauf, endlich den Film machen zu können, der seinen eigentlichen Intentionen entsprach. Außer Fellini und Mozart hatte Egon zu Hochschulzeiten nichts gelten lassen. Egon war in seinem Selbstanspruch unbescheiden, er haßte Mittelmaß. Ich traute ihm etwas genial fellinesk Schlegelsches zu. Wenn sie ihn doch machen ließen!

Schon im Jahre 1964 hatte sich die Lage verändert. Chruschtschow wurde abgelöst. In der DDR sprach niemand mehr vom Jugendkommuniqué. An der Filmhochschule wurde der Kamerastudent Dieter Mucke relegiert, weil er an der Wandzeitung kritische Fragen aufgeworfen und sich dabei auf die »westliche Dekadenz« bezogen hatte, auf Camus und Kafka zum Beispiel. Das Verfahren war inquisitorisch. Alle, die irgendwie mit der Sache zu tun hatten, auch ich, wurden hochnotpeinlichen Verhören ausgesetzt, die ironischerweise im »Stalinhaus« stattfanden, jener Villa, wo der »Generalissimus« während der Potsdamer Konferenz residiert hatte. Professor Wilkening, seines Zeichens Fachrichtungsleiter Kamera, war Chefinquisitor und Richter in einer Person. Er würde mir auch später noch in seinen diversen DEFA-Leitungspositionen das Leben schwer machen. Man wurde in die Mangel genommen und zum Abschwören gezwungen, damit man weiter studieren durfte. Was damals ablief, hat sich mir als finsteres stalinistisches Tribunal in die Erinnerung eingebrannt. Es war darauf angelegt, die Delinquenten zu zerbrechen.

Das Diplom

Peterle und die Weihnachtsgans Auguste drehte ich im Herbst 1964. Das Drehbuch hatte Horst Seemann geschrieben, der aber die Gelegenheit bekam zu einem attraktiveren Projekt, und deshalb nicht mehr als Regisseur zur Verfügung stand. Kurios, daß ausgerechnet der Name Seemann im Vorspann meines ersten Studiofilms steht, denn später wurden wir ästhetisch und politisch die erbittertsten Kontrahenten.

Kameramann war Jürgen Brauer, der später oft mit Seemann und Heiner Carow drehte, bevor er selbst als Regisseur arbeitete. Wir drehten mit richtig großem Drehstab, alles filmerfahrene Hasen, manche noch von der UFA, und ich noch keine 24 Jahre alt. Es schien mir zwar absurd, daß ständig so viele Menschen beim Drehen um mich herum sein mußten, aber anders ging es nicht, denn jeder hatte seine spezielle Aufgabe, und wehe, ein anderer mischte sich da ein. Wir drehten eine Szene, in der unser kleiner Hauptdarsteller René Selle, sechs Jahre alt, mit seiner geliebten Gans Auguste, die eigentlich als Weihnachtsbraten gedacht war, in der Badewanne badete. Das Drehbuch sah die Großaufnahme einer Schaumkrone auf Augustes Gänsekopf vor. Das Tier wollte aber nicht. Sobald Requisiteur und Maskenbildner, die sich in diesem Fall auf eine spartenübergreifende Zusammenarbeit geeinigt hatten, den Schaum auf den Kopf gehäufelt hatten, schüttelte Auguste ihr Haupt, und der Kameramann kriegte die Schaumkrone nicht ins Bild. Ich beging den Fehler, selbst die Kamera in die Hand zu nehmen, um mein Bestes zu versuchen, aber auch ich schaffte es nicht. Als ich die Kamera dem Operateur zurückgeben wollte, war der verschwunden, alle guckten betreten. Der Dienstälteste des Drehstabs, ein Aufnahmeleiter, der gern und ausführlich von den Drehpausen-Amouren des Hans Albers erzählte, und mit welch delikatem Geschick er den Albers aus der Garderobe von der Geliebten herunter- und vor die Kamera geholt habe, führte mich wie einen Kranken aus dem Kreis der Kollegen, die sich alle Mühe gaben, keine Stellung zu beziehen. Vor der schweren Ateliertür wartete der Kameramann. Grenzenlos in seiner Eitelkeit verletzt, daß ich mich seines Arbeitsgerätes bemächtigt hatte, beschimpfte er mich wutschnaubend, und nur das Geschick des Albers-gestählten Aufnahmeleiters konnte den Fortgang der Dreharbeiten sichern. Ich wußte gar nicht, wie mir geschah. Es war mir eine Lehre. Doch Sparteneitelkeiten blieben mir immer ein Greuel.

Barbara Adolf vom Deutschen Theater und Siegfried Kilian vom Berliner Ensemble spielten die Eltern des kleinen Peter, und der legendäre Nico Turoff, der schon in

Stummfilmen und in *Cyankali* mitgewirkt hatte, gab den Gänseverkäufer. Wir hatten es nicht nur mit einer Gans zu tun, sondern die Hauptrolle teilten sich mehrere Gänsedarsteller, in natura, in gerupftem Zustand, torkelnd, weil betrunken, und in einem gestrickten Kostüm. Die Gans zum Torkeln zu bringen war zweifelsfrei die Aufgabe des Requisiteurs, das ganze Atelier stank nach dem Äther, den man der Gans unter den Schnabel hielt, man versuchte sie mit ihrem eigenen Spiegelbild zu erschrekken, doch sie wollte weder torkeln noch umfallen. Dafür wurden wir immer schläfriger. Tierschutzvereine kamen uns glücklicherweise nicht in die Quere.

Der Kurzspielfilm wurde noch zu Weihnachten 1964 ins Kino gebracht.

Er ist nicht zu verwechseln mit dem viele Jahre später gedrehten DDR-Fernsehfilm.

Auf diese Weise hatte ich schon Anfang des letzten Studienjahres meinen Diplomfilm fertig und viel Zeit für meine theoretische Diplomarbeit, dieses letzte halbe Jahr sollte mein wichtigstes Semester werden. Ich sah mir Filme an und las Bücher, die in der DDR verboten waren, Garaudys *Realismus ohne Ufer* durfte ich mir in der Staatsbibliothek mit einer Sondergenehmigung hinter verschlossenen Türen einverleiben.

Zu einigen Problemen der Darstellung von Menschen im Spielfilm hieß die Diplomarbeit, ich wollte hinter das Geheimnis des natürlichen Agierens vor der Kamera kommen. Es ging um Authentizität nicht nur der Akteure, sondern des filmischen Abbilds insgesamt.

Einerseits versuchte ich mich dem Thema von psychologischer Seite zu nähern, aber meine Bemühungen blieben doch sehr begrenzt, denn die moderne westliche Psychologie, selbst die Klassiker Freud, Jung, Adler, hielt man von uns fern. Andererseits war das Spannungsfeld zwischen den Regie-Methoden Brechts und Stanislawskis wichtig.

Es gab Aussagen der Regisseure Antonioni, Fellini, Godard, Eisenstein, Romm, Buñuel, Bergman, Visconti und Wajda zu ihren Filmen. Von Antonioni ging das Gerücht um, daß er die Schauspieler gar nicht in sein Gesamtkonzept einweihe, um auf diese Weise die natürlichste Anpassung an die Filmsituation zu erreichen, Fellini würde manchmal die Schauspieler nur Zahlen aufsagen lassen anstatt von Dialogen.

Alexei Batalow antwortete mit der Wortmeldung: »Dürfen Schauspieler denken?«

Mich überzeugten sowohl die Ergebnisse in den Filmen Antonionis und Fellinis wie auch bei Romm, Wajda und Tarkowski. Ich sah die Filme immer wieder: *La notte, L'avventura, L'eclisse, 8½, Iwans Kindheit, Fahrraddiebe, Vivre sa vie, Les quatre cents coups …*

Mein Handwerkszeug und noch viel mehr lernte ich aus ihnen. Sie veränderten meine Weltsicht, entwickelten mein Gefühl für kritischen Realismus und meine Skepsis gegenüber affirmativer Kunst. Die Realität, nur die Realität war der Maßstab. Gesellschaftliche Konzeptionen, Ideologien und Religionen waren zu hinterfragen. Was mich bewegte, würde auch andere bewegen. Ich wollte kein Lehrer sein und auch nicht bloß ein Spaßmacher. Ich wollte den Zuschauer nicht manipulieren, ich wollte, daß er mit mir fühlt und denkt, und daß meine Filme ihm ein kleines Stück weiterhelfen oder begleiten konnten in seinem eigenen Leben. Ich hatte Glück, in einer Zeit zu studieren, wo sich die Ästhetik des Films erneuerte. »Glotzt nicht so romantisch!« war mir aus der Seele gesprochen. Ich glaubte an den intelligenten Zuschauer und suchte nach Filmstrukturen, die es ihm erlaubten, mit seinen Gedanken zwischen die Bilder zu kommen. Ich hatte Glück, daß Fernsehen zu dieser Zeit noch kaum eine Rolle spielte und ich von all dem kommerziellen Dreck aus Hollywood verschont blieb. Hollywood hat mich nie fasziniert, nur seine verfemten Außenseiter, Orson Welles, Murnau, von Stroheim und Chaplin natürlich.

Meinen Diplomfilm hatte ich noch vorher gemacht, ich schämte mich für diese Art banalen, konventionellen Naturalismus. So würde ich nie wieder Filme machen wollen und wohl auch nicht können. Seit damals war ich verloren für den Stumpfsinn des Fernsehalltags.

Der Schritt ins DEFA-Studio

Im Sommer 1965 absolvierte ich meine erste Regieassistenz bei Ralf Kirstens außergewöhnlichem Barlach-Film *Der verlorene Engel*, der wie viele andere Filme dem 11. Plenum zum Opfer fallen sollte und erst 1971 in einer geschnittenen Fassung mit wenigen Kopien in die Kinos kam. Es war eine nützliche Zeit, vor allem, weil ich den großen Schauspieler Fred Düren bei der Arbeit beobachten konnte, obwohl was der machte, überhaupt nicht meinen theoretischen Vorstellungen entsprach. Er gaukelte, alkoholisiert oder nicht, in Barlachmaske und Kostüm durch Güstrow, kaufte in einer Bäckerei sämtliche Sahnebaisers auf und verteilte sie an die Stadtbevölkerung oder betete im Dom, wo Barlachs Engel gehangen hatte, bis ihn die Faschisten herausgeschleift hatten.

Mir war selten klar, was Düren gerade ernst meinte, und mir schien, als ob er den Barlach ganz und gar ohne Zutun des Regisseurs gestaltete. Kirsten sagte ihm nicht viel, er ließ die Schauspieler machen und korrigierte kaum, zu wenig, fand ich. Wenn wir Großaufnahmen drehten, sagte Düren, ich könne mich nützlich machen, indem ich meine Kollegin, die erste Regieassistentin, von ihm fern hielte, das war eine strenge ältere Dame, der kein Anschlußfehler und kein schiefes Barthaar entging. Außerdem war sie Barlachfanatikerin, die gemeinsam mit Barlachs letzter Lebensgefährtin, die damals noch lebte, die Reinkarnationen des Meisters nachts als blaues Licht in Güstrower Parks erlebte.

Düren sagte: »Wenn die mir zuguckt, kann ich nicht.«

Kürzlich habe ich den Film wiedergesehen. Er ist auch noch in der Zensurfassung viel besser, als ich es in Erinnerung hatte, eines der wenigen formalen Experimente der DEFA, und Claus Neumanns Schwarzweiß-Fotografie ist exzellent. Er hatte die Filmhochschule ein Jahr vor mir absolviert und war von Kirsten vom DEFA-Dokumentar- ins Spielfilmstudio geholt worden. Schade, daß Ralf Kirsten nie wieder Gelegenheit bekam, etwas Vergleichbares zu drehen.

Ich hatte das Drehbuch *Die Moral der Banditen* nach dem vielgelesenen Jugendbuch von Horst Bastian geschrieben. Es spielte in den ersten Jahren nach dem Krieg und erzählte von einer jugendlichen Bande, die mit der neuen Zeit ebenso ihre Konflikte hatte wie mit den Nachwirkungen des Faschismus, sie entwickelte ihre eigene anarchistische Moral. Es wurde in der Kinderfilmgruppe des

DEFA-Spielfilmstudios entwickelt. Für mich war es eine sensationelle Chance, ich war noch keine 25 Jahre alt und würde meinen ersten Spielfilm beginnen. Normalerweise kam man dazu erst nach mehreren Jahren Assistentenfron. Das Drehbuch war abgenommen. Mit Kameramann Claus Neumann hatten wir die Motivsuche beendet und östlich von Berlin Dörfer gefunden, die noch aussahen wie 1945. Der Drehstab war zusammengestellt. Ich hatte sogar durchsetzen können, daß ein weiterer Filmhochschulabsolvent, Kaiss Al-Zubaidi aus dem Irak, den Film schneiden durfte, das erregte Aufsehen, denn im DEFA-Spielfilmstudio gab es keinen einzigen männlichen Schnittmeister.

Dann kam der Tag, an dem wir mit den Probeaufnahmen beginnen wollten.

Als ich früh ins Studio kam, empfing mich der Produktionsleiter. Über Nacht hatte er den Auftrag bekommen, alle Kandidaten auszuladen und die Proben abzusetzen. Gerade war das 11. Plenum zu Ende gegangen. Unser Stoff wurde sofort ausgebucht. Es wurde im Studio so getan, als hätte es ihn nie gegeben, hatten doch die Verantwortlichen genug an der Last der schon gedrehten mißliebigen Filme zu tragen. Da wollten sie sich nicht zusätzlich mit noch gar nicht realisierten Projekten gefährden.

Nach Bastians Buch wurde 1975 ein Film von Erwin Stranka gedreht, der nichts mit meiner Bearbeitung zu tun hatte. Die Studioleitung hatte mich über die neue Stoffentwicklung nicht informiert. Ich erfuhr von dem Film erst, als er fertig war.

Aus meinem traumhaften Start war ein traumatischer geworden. Von nun an zog ich vor jedem Film in Betracht, daß er noch vor dem ersten Drehtag abgesetzt werden könnte. Immerhin hatte ich einen Regieassistenten-Vertrag in der Tasche, eine der heißbegehrten Planstellen im Spielfilmstudio, was aber auch bedeutete, daß über mir wie Damoklesschwerter Regieassistenzen bei Regisseuren schwebten, von denen ich nichts würde lernen können.

Interessant, daß wir Jungen nicht in die Studiodiskussionen um das 11. Plenum einbezogen wurden, nicht mal die Parteimitglieder. Wie sich die älteren Kollegen in dieser prekären Situation verhielten, erfuhren wir nur gerüchteweise. Zum Beispiel, wer dafür stimmte und wer dagegen, daß Frank Beyer das Studio verlassen mußte. Es stimmte fast niemand dagegen.

Im Herbst 1965 hatte ich geheiratet, meine Frau Ivanka kam aus Bulgarien und studierte auch an der Filmhochschule. Freunde und Bekannte ihrer Familie waren dagegen, daß sie einen »Faschisten« heirate, denn als den betrachteten sie mich, ohne daß sie mich kannten, weil ich Deutscher war. Meine Schwiegermutter, vormals legendäre Partisanenführerin, mußte bei einem Empfang in der sowjetischen Botschaft in Sofia die Pistole auf den Tisch legen, um die Diskussion zu beenden. Aber auch sie war von dieser Ehe nicht begeistert.

Die Hochzeit fand an einem goldenen Oktobertag in Hainichen statt und war wegen der ausländischen Gäste, die nicht nur aus Bulgarien, sondern auch aus Indonesien und Kuba kamen, ein Kleinstadtereignis. Die Standesbeamtin fühlte sich ermuntert, für die intellektuelle Klientel eines jener »Bis daß der Tod euch scheide«-Gedichte vorzutragen, im extremsten Sächsisch. Da war

Walter Ulbricht nichts dagegen. Von den hinteren Bänken hörte ich das mühsam unterdrückte Lachen meiner Freunde Roth und Schlegel, und auch ich konnte mich, der würdevollen Situation ganz inadäquat, des Kicherns nicht erwehren. Später floß der selbstgebrannte Slivova in Strömen, es wurde auf bulgarische oder türkische oder zigeunerische Weise getanzt, vorm Parkcafé und auf den Tischen.

Nach Abschluß des Studiums hatte ich mein Studentenzimmer räumen müssen, wurde aber in Ivankas winzigem Einzelzimmer im Fraueninternat geduldet. Die Wohnheime der Filmhochschule befanden sich in ehemaligen Villen in der Nähe des Griebnitzsees, einigen sah man noch den Prunk vergangener Jahre an.

Wir liefen jede Woche zum Wohnungsamt, doch normalerweise mußten selbst Verheiratete jahrelang auf eine Wohnung warten, Unverheiratete hatten gar keine Chance. Auch die Größe der Wohnungen war streng vorgegeben, mit einem Kind (das unterwegs war) hatte man im Höchstfall Anspruch auf zwei Zimmer. Wir müssen die blasse, unfreundliche Amtsfrau so genervt haben, daß wir schließlich Anfang 1966 eine Wohnung angeboten bekamen, in einem Einfamilienhaus am Babelsberger Park. Die Frau auf dem Amt sagte, allerdings hätten dort in den letzten Jahren sieben Familien gewohnt, und keine hätte es länger als ein Jahr mit der Hauswirtin ausgehalten. »Wenn Sie es trotzdem versuchen wollen.«

Wir zogen ein, wir besaßen außer Büchern nichts, kein Bett, keinen Stuhl, keinen Tisch. Für die ersten Wochen liehen wir uns ein paar Möbel von der Filmhochschule aus. Wir fuhren von einem Möbelgeschäft zum anderen in Potsdam und Berlin, einfach war es nicht, zu jener Zeit in der DDR eine Wohnung einzurichten, aber ich hatte ja Zeit, mein Film war abgesetzt, und ich konnte Urlaub nehmen, und zum Glück hatte ich ja für meinen Diplomfilm etwas Geld bekommen, ein paar tausend Mark, eine horrende Summe, als Regieassistent verdiente ich 600 Mark im Monat.

Die Hauseigentümerin, die unten im Haus wohnte, war eine 80jährige Frau, die an zwei Krückstöcken ging. Eine böse Frau, man sah es ihr an, sie drangsalierte uns, wo sie nur konnte. Sie stellte die Klingel ab, ließ Besucher nicht ein, riß die Wäsche von der Leine und stieß unsere Fahrräder um. Sie klopfte gegen die Decke, sobald wir das Radio oder den Fernseher anstellten, obwohl beides nur mit minimaler Lautstärke lief. Sie stand jedesmal vor ihrer Zimmertür, wenn wir nach Hause kamen, um uns mit giftigem Blick zu fixieren.

Wir besaßen im Obergeschoß zwei Zimmerchen mit Dachschräge, eine winzige Kammer, die als Küche diente, Wasser gab es darin nicht, und ein Bad. Doch dieser Wohnbereich war nicht mit einer Flurtür abgeschlossen. Die Hauswirtin kam am Tag und bei Nacht mit ihrem Nachtgeschirr nach oben gestiegen, um es in unserem Bad zu entleeren, obwohl es auch unten eine Toilette gab. Wir hörten das Tappen der die Treppe heraufkommenden Krückstöcke, das hinkende Schlurfen den Korridor entlang, es klang wie aus einem Hitchcock-Film.

Unter diesen Voraussetzungen zog es Ivanka vor, unser Kind in Bulgarien zur Welt zu bringen. Ostern 1966 wurde in Sofia unsere Tochter Silvia geboren. Im Herbst kehrten Mutter und Tochter nach Babelsberg zurück. Ich fuhr mit dem »Sputnik«, jenem Zug, der West-Berlin außen umkurvte, nach Schönefeld, um sie vom Flugplatz abzuholen, und hörte aus einem Radio, daß bei Bratislava nach einer Zwischenlandung ein Flugzeug abgestürzt sei, das sich auf dem Weg von Sofia nach Berlin befunden hätte. In Verbindung mit dieser Meldung brannte sich mir für immer und ewig das Bild eines Hahns ins Gehirn, der auf dem Pfeiler einer Toreinfahrt hinter Mahlow saß und lautlos krähend den Hals reckte.

In Schönefeld wurde mir der Absturz bestätigt, es sei aber noch eine zweite Maschine aus Sofia unterwegs. Schließlich landete der zweite Flieger. Ich sah Ivanka mit dem Baby auf dem Arm die Gangway herunterkommen. Von dem Absturz der ersten Maschine, mit der sie eigentlich fliegen wollte, wußte sie noch nichts. Sie war in Sofia schon auf dem Weg zum Flugzeug, doch umgekehrt, als sie erfuhr, daß noch Plätze in der Direktlinie frei waren.

Nachdem Ivanka ihr Studium beendet hatte, stand unausweichlich die Frage, die wir vor uns her geschoben hatten, in welchem Land wir gemeinsam leben wollten. Für zwei junge Leute, die sich in den Kopf gesetzt hatten, als Filmregisseure zu arbeiten, hieß die Antwort aber, daß, wer im fremden Land blieb, wohl kaum Chancen für eine berufliche Laufbahn hätte. So dauerte unsere Ehe nicht lange.

Von Silvias Kindheit habe ich kaum etwas mitbekommen. Ich sah sie erst wieder, als sie schon 14 war. Später würde auch sie an der Babelsberger Filmhochschule studieren. Sie beging nicht den Fehler, einen Deutschen zu heiraten, und kehrte kurz nach der Wende nach Bulgarien zurück. In den ersten Jahren hatte ich oft von ihr geträumt. Dann verblaßten die Erinnerungen. Doch viele Jahre später während eines Schamanenrituals in Ecuador brach all der verdrängte Schmerz unerwartet heraus.

Nichts geht verloren. Selbsttäuschungen taugen nichts. Heute bin ich froh, daß ich Silvia als Erwachsene wiedergefunden habe.

Freunde vom Werbellinsee

Ein Zufall kam mir in meiner Arbeitssituation zu Hilfe, das Angebot des DEFA-Studios für populärwissenschaftliche Filme, einen Film über die Pionierrepublik »Wilhelm Pieck« am Werbellinsee zu drehen, wo sich jeden Sommer Kinder aus vielen Ländern der Welt trafen. Immer wieder sollten es Zufälle sein, die nach gescheiterten Projekten meine berufliche Laufbahn beeinflußten. Es war eine Art Auftragsfilm, zu dem damals von den Studio-Regisseuren wohl keiner Lust hatte. Das war meine Chance.

Ich entwickelte die Idee für einen dokumentarischen Kurzspielfilm. *Freunde vom Werbellinsee* sollte nicht Appelle, Paraden und den organisierten Alltag des Pionierlagers in den Mittelpunkt stellen, sondern mir schwebte vor, die Geschichte einer sich anbahnenden Freundschaft zu erzählen. Freilich war ganz unsicher, wie das funktionieren würde. Die ausländischen Kinder kamen für drei Wochen in die DDR, ich würde also mit ihnen nichts vorbereiten können.

Aber ich suchte vorab an Berliner Schulen einen deutschen Jungen, den wir mit noch drei anderen Kindern in die Pionierrepublik mitnahmen. Die waren nicht eingebunden ins Getriebe des Pionierlagers, sondern standen uns als Akteure immer zur Verfügung, und ich würde sie in die Aktivitäten dort einbauen können.

Als die ausländischen Kinder eintrafen, fand ich bei den Mongolen den dreizehnjährigen Bazarsad, und mir gefiel ein Mädchen aus der Schweiz. Die drei suchte ich nun zu verbandeln und ihre Annäherung so dokumentarisch wie möglich zu drehen. Ich hatte durchgesetzt, daß wir mit zwei Kameras arbeiten konnten. Eine Kamera drehte direkt, die andere mehr aus der Ferne beobachtend. Wir paßten uns dem Tagesrhythmus des Pionierlagers an, waren bei den Spielen am Strand des Werbellinsees dabei, bei Kulturprogrammen und Exkursionen, aber ich wollte auch Begegnungen meiner drei Akteure organisieren.

Nach dem dritten Drehtag stellte sich heraus, daß die kleine Schweizerin keine große Lust hatte, bei dem Film mitzumachen, und Roland Lamer, unser Berliner Kind, für sie wenig Sympathie aufbrachte: »Ist 'ne eingebildete Ziege.«

Umbesetzen. Oder mein ganzes schönes Konzept ging flöten. Aber wen nehmen?

Wieder half ein Zufall. Mit Verspätung kam die Delegation aus dem westafrikanischen Guinea an und mit ihr die bildhübsche Mariama, wir beäugten das Objekt unserer Begierde aus der Ferne, Roland, Bazarsad, die Kameraleute und ich. Kein Zweifel, die könnte es sein. Sie war einverstanden, doch einfach war es nicht, sie war kapriziös wie ein kleiner Star. Unser Tonmeister war der einzige, der französisch sprach. Einmal, genervt von den Allüren unserer kleinen Prinzessin, sagte er, daß er Lust hätte, ihr den *cul* zu versohlen. Mariama verschwand schluchzend ob des ordinären französischen Wortes und ließ uns ausrichten, daß sie sich alle ihre kunstvoll geflochtenen Zöpfchen auf ihrem Köpfchen auftrennen würde, dann wäre es aus mit unserem Film, denn sie würde vollkommen anders aussehen. Die Anschlüsse wären futsch, wie man beim Film sagt. Die Zöpfchen wieder zu flechten, würde Tage dauern. Wir entschuldigten uns bei der guinesischen Delegation, und sie überzeugten Mariama, weiter mit uns zu drehen.

Ich hatte das Glück, bei diesem Film mit dem Kameramann Franz Thoms zusammenzuarbeiten, der mit seiner Erfahrung und seiner Unkompliziertheit sich allen Situationen anpaßte und viele eigene Vorschläge einbrachte. Denn einfach war es nicht, Kinder, die eigentlich zum Urlaub in die DDR gekommen waren, in eine Filmarbeit einzuspannen und es dabei auch noch dem Gastgeber recht zu machen. Doch die Leitung der Pionierrepublik ließ uns gewähren und mischte sich nicht in unsere Arbeit ein. Als Gegenleistung organisierten wir ihnen ein großes Neptunfest, für das DEFA-Architekt Gerhard Hellwig die Boote und die Wasserbühne ausstattete und das zum Höhepunkt des Aufenthaltes und des Films werden sollte. Unsere drei Akteure waren nun schon so miteinander vertraut, daß sie sich im Trubel der mehreren hundert Kinder suchten, weil sie zusammensein wollten, und wir Szenen von ihnen einfangen konnten, die man nicht hätte inszenieren können.

Mir scheint heute, die Träume meiner Studienzeit und unseres »Kollektivs 63« und meine naive Hoffnung, daß die Welt besser sein könnte, als sie ist, wirkten in diesem Film nach.

Ich sah ihn nur einmal wieder, 1987, zwanzig Jahre später. Ich hatte mir seine Aufführung gewünscht, als die Akademie der Künste mir den Konrad-Wolf-Preis verlieh.

Inzwischen waren 1968 Panzer in Prag eingefahren, inzwischen war Allende ermordet und die chilenische Hoffnung zerschlagen worden, hatte es die Kriege und das Morden in Vietnam, Kambodscha, Afghanistan und wo überall noch gegeben.

Ich bezog mich in meiner Dankesrede auf *Freunde vom Werbellinsee* und auf meinen damals noch verbotenen Film *Jadup und Boel* als auf meine hoffnungsvollsten Filme und nutzte die Gelegenheit, den Preisverleihern zu sagen, daß sie mich eigentlich für einen nicht aufgeführten Film ehrten, denn ohne *Jadup* hätte ich die nachfolgenden nie drehen können. Wieder mal gefroren Gesichter. Doch es war schon die Gorbatschow-Zeit. Nach meiner Rede sprach mich der Bruder von Konrad Wolf an, jener allzeit geheimnisumwitterte Markus Wolf, und überraschte mich mit den Worten: »Ich glaube, wir haben mit Ihnen den Richtigen ausgezeichnet.«

Mit *Freunde vom Werbellinsee* beginnt meine Filmbiografie.

Diese Nacht war ich im Urwald, ich glitt in einem Kanu lange lautlos zwischen den berauschend grünen Ufern eines Flusses dahin und kam an – in einem vietnamesischen Dorf. Eine Familie mit vielen Kindern stand an der braunen Lehmkante des Ufers und empfing mich in die Hände klatschend und Fähnchen schwingend. Bei ihnen lebte ein etwa vierzehnjähriger deutscher Junge, den ich kannte, aber woher?

Hinter der Biegung des Flusses ertönte eine Dampfschiffsirene, und es tauchte ein zweistöckiger Schaufelraddampfer auf, der »Bad Schandau« hieß. Über Lautsprecher wurde angefragt, ob es Fahrgäste gäbe, die zurück in die DDR wollten. Es meldete sich niemand, und das Schiff fuhr vorbei. Der Junge kam mir entgegen, und ich erinnerte mich, daß ich ihn gekannt hatte, als er kleiner war. Ich erinnerte mich seines unsicheren, tänzelnden Schrittes, es sah aus, als fürchte er den nächsten Schritt. Später dann war er zur See gefahren, um seinen Vater zu entkommen. Er ging mir voran zu einem Haus, im Garten standen verwilderte Orangenbäume, und es duftete nach Jasmin, dessen Blüten wie Schnee den Boden bedeckten. Ein schwarzhaariges Mädchen wusch auf einem Waschbrett in einer Zinkwanne. Der Junge sagte: »Das ist meine Frau.« Ich sagte: »Ihr seid doch noch Kinder.« »Das ist seit der Revolution erlaubt, seit der Revolution ist alles erlaubt«, sagte er. Ein kleines Mädchen brachte mir Zitronensaft. »Es ist schön hier, es wird dir gefallen«, sagte sie. Die Familie trug auf Klappstühlen zwischen hoch wuchernden Pflanzen ein Mahl auf. Der Junge stieg auf eine mit asiatischen Schriftzeichen versehene Fußbank und goß mir aus einer Schnabeltasse Jasmintee in den Mund. Dann verbeugte er sich mit vor der Brust aneinandergelegten Händen.

Später fuhren wir in einem Ruderboot auf einem Strom, es war wohl der Mekong, er war so breit, daß man seine Ufer nur ahnen konnte. Der Junge zog einen Kescher durchs Wasser und holte winzige Krabben heraus, die er wie Pistazien aufbrach und aussaugte. Dann zerrieb er die papierzarten Schalen zwischen den Handflächen und cremte sich damit das Gesicht ein. Der nächste Fang war für mich bestimmt, er fütterte mich geduldig und rieb auch mir das Gesicht ein. »Es ist die beste Medizin für die Haut, deshalb gibt es nicht einen Vietnamesen, dem man sein Alter ansieht. Deshalb haben die Amerikaner Krieg geführt. Es ging ihnen um dieses Geheimnis. Auch ich bin schon lange kein Kind mehr.«

»Wie bist du hierhergekommen?«

Es drängte mich plötzlich, das zu erfahren. Aber er wich meiner Frage aus.

»Immer sind wir irgendwo, hier und dort, es hat keinen Sinn, das herausfinden zu wollen.«

Er zog von seinem Gesicht die Haut wie eine Maske herunter, und ich erkannte mich selbst. Jetzt war ich allein in dem Boot und ruderte es dem fernen Land entgegen, es war klar, daß ich es nie erreichen würde, trotzdem hatte ich Lust an der kraftvollen Bewegung, meine Muskeln spannten und entspannten sich, und der Gedanke, immer so weiter zu rudern, immer so weiter, gefiel mir. Der Weg war das Ziel.

Ricardo soll in einer Woche operiert werden. Man hofft, wenigstens bei einem Auge Ricardos Sehkraft retten zu können. Der Tumor soll schon etwa vier Zentimeter groß sein. Viel zu viel Zeit ist verstrichen. Frank Sputh schreibt aus Ecuador, daß ohne sein ständiges Insistieren nichts gelaufen wäre.

Während der Endfertigung von *Freunde vom Werbellinsee* erhielt ich einen Anruf von Konrad Wolfs Produktionsleiter Herbert Ehler. Wolf suchte für seinen Film *Ich war neunzehn* einen Regieassistenten, der die Filmhochschule absolviert hatte. Nach dem 11. Plenum herrschte bei der DEFA noch immer lähmende Windstille. Was die DDR-Gegenwart anbetraf, waren für die nächsten Jahre keine interessanten Stoffe zu erwarten. Wolfs autobiographischer Film aus den letzten Kriegstagen war das beste Angebot, was man bekommen konnte, wieder so ein Zufall.

Ich traf mich mit ihm im Becher-Klub in Berlin, dem Domizil des Kulturbundes, im Anschluß an ein Gespräch mit dem Dichter Paul Wiens, der mir für *Freunde vom Werbellinsee* ein paar Verse schreiben sollte. Ich war überzeugt, daß der Film ohne den üblichen Kommentar auskäme und hatte einen Text, den die Autoren Freitag und Nestler im Auftrag des Studios geschrieben hatten, abgelehnt. Ich wollte für Anfang und Ende des Films nur zwei Gedichte.

Wiens pries mich Konrad Wolf an, daß es mir peinlich war: »Konny, das ist einer, der ist so stur wie du!« Wolf schnuffelte und schmunzelte. Er sprach mit langen Pausen und erklärte mir sein Filmvorhaben, als müßte er sich selbst und mich davon überzeugen, hin und wieder schaute er zu mir, aber es war nicht seine Art, jemanden aufgrund eines einzigen Gesprächs zu taxieren oder einzuschätzen. Es saßen sich zwei gegenüber, die lieber schwiegen als redeten.

Schließlich fragte ich ihn, wieso er zugelassen habe, daß Frank Beyer aus dem Studio verbannt wurde. Das entsprach nicht gerade dem Verhalten bei einem »Einstellungsgespräch«. Ich kann mich nicht mehr genau erinnern, wie er es mir erklärte, nur, daß die politische Situation sehr ernst gewesen sei und manchmal leider Kompromisse notwendig seien, damit es überhaupt weitergehe, leider. Am Schluß sagte Wolf: »Wir sollten's mal miteinander versuchen.«

Wir begannen im Winter 1967 mit der Arbeit am Drehbuch. Wir trafen uns im Büro des Filmszenenbildners Alfred Hirschmeier – Konrad Wolf, Autor Wolfgang Kohlhaase, Kameramann Werner Bergmann, Dramaturg Gerhard Wolf und die beiden Assistenten Doris Borkmann und ich. Manchmal kam Herbert Ehler dazu. Wir gingen von Konrad Wolfs autobiographischen Aufzeichnungen aus und besprachen jede Szene. Wolf war es wichtig, daß jeder von uns seine Vorschläge und kritischen Hinweise vortrug. Denn unterschiedlicher konnten wir nicht sein. Wolfs Vater, der kommunistische Schriftsteller Friedrich Wolf, war mit seiner Familie in die Sowjetunion emigriert, die Söhne Konrad und Markus waren dort zur Schule gegangen und erwachsen geworden. Sie kehrten beide als Soldaten der Roten Armee in ihre Heimat zurück. Doch was war ihre Heimat? Ich glaube, Wolf fühlte sich in Gesellschaft seiner russischen Freunde wohler als mit den Deutschen. Wenn er russisch sprach, taute er auf. Es war wie eine Verwandlung. Werner Bergmann hatte im gleichen Krieg als Soldat und Frontkameramann der faschistischen Armee gedient und hatte einen Arm verloren. Kohlhaase und Hirschmeier waren Pimpfe gewesen. Und ich war dabei als Vertreter der neuen Generation, die den Krieg nicht mehr bewußt erlebt hatte.

Konrad Wolf legte Wert darauf, seine Empfindungen

mit unseren zu vergleichen, um auch die andere Seite so differenziert wie möglich zu gestalten. Es ging nicht mehr darum, die Deutschen bloß als faschistische Bestien zu zeigen, es war die Zeit gekommen, wo man hinter die sozialen und psychologischen Verhaltensmuster kommen wollte.

Diese Arbeit war für mich eine einzigartige Erfahrung, und ich hoffte, bei meinen Filmen später ähnlich vorgehen zu können. Doch eine solche Arbeitsmethode konnte sich nur Konrad Wolf leisten, und es hing auch davon ab, wie der Drehstab zusammengesetzt war. Trotzdem habe ich es immer versucht, so viele Kollegen wie möglich in die konzeptionelle Arbeit und beim Drehbuchschreiben einzubeziehen. Film ist nun mal *teamwork*.

Wolf übertrug mir, die Kinder und Jugendlichen für den Film zu suchen, und er überließ es mir auch beim Drehen, diese zu führen. Ich glaube, ich war, was die Routineaufgaben anging, kein guter Assistent. Meine erfahrene Kollegin Doris Borkmann nahm mir davon vieles ab. Mich interessierte viel mehr, wie Wolf mit den Schauspielern und den einzelnen Sparten arbeitete. Er legte Wert auf jedes Detail, der Arbeit am Drehort gingen stundenlange Gespräche mit den Schauspielern voraus, besonders für den jungen Jaecki Schwarz, der Wolfs Alter ego, den Gregor Hecker, spielte, aber den Krieg selbst nicht mehr erlebt hatte, war das sehr wichtig.

Wolf war ein ruhiger Regisseur, er hatte es nicht nötig, sich vor dem Drehstab in Szene zu setzen, Bluffs und Selbstdarstellung waren ihm zuwider. Ich verstand, daß die wichtigste Fähigkeit des Regisseurs darin besteht, beobachten zu können, vorurteilsfrei hinzuschauen, zuerst auf die Wirklichkeit, um dann aus den Angeboten der

Schauspieler, des Kameramanns, des Szenenbildners, der Kostüm- und Maskenbildner und Requisiteure auswählen zu können, was für seinen Film die beste Lösung ist, und die Schauspieler behutsam zu lenken, damit sie in sich selbst die Rolle finden oder in der Rolle sich selbst. Wolf erklärte anhand von Beispielen, machte die Handlungssituation und die psychologische Situation deutlich und half den Schauspielern, indem er sie immer wieder aufforderte, dem Partner zuzusehen und zuzuhören, und indem er ihnen kleine physische Handlungen vorschlug, z. B. das Spiel mit Requisiten. Er arbeitete ohne Tricks, er verunsicherte seine Mitarbeiter nicht. Mir schien das eine demokratische Methode im Umgang mit der filmischen Realität. Ich habe viel von ihm gelernt.

Auch neben den Dreharbeiten war Wolf für mich ein wichtiger Partner, er war der erste Augenzeuge, den ich befragen konnte, was in der Sowjetunion unter Stalin vorgegangen war. Das geschah, wenn Wolf vom Drehort bei Prenzlau nach Potsdam raste, im Fiat mit 140, so schnell war ich noch nie gefahren. Denn in Potsdam gastierte seine Frau Christel Bodenstein am Hans-Otto-Theater, und Wolf wollte zum Vorstellungsschluß dort sein. Ich stellte ihm Fragen nach den Verhaftungen und Prozessen in Moskau, wie die deutschen Emigranten den Hitler-Stalin-Pakt aufgenommen hatten, nach den Verbannungen deutscher Kommunisten, welche Rolle die Kommissare in der Roten Armee gespielt hatten? Wolf schwieg immer erst ein Weilchen, bevor er antwortete, als wäge er jede Antwort vorher gründlich ab. Er beschrieb mir eindringlich die Moskauer Situation, die Angst der Emigrantenfamilien, die unergründlichen, irrationalen Systeme der Verhaftungen, aber auch die Treue aller zur kommunistischen Idee, die Opfer schienen ihnen unvermeidlich zu sein. Aber Opfer wofür und warum? Welchen Zweck hatte diese bedingungslose Disziplin? Diese Unterordnung bis zur Selbstaufgabe unter das Dogma einer Ideologie wie unter das Dogma einer Religion? Diese bedingungslose Treue zu einer Idee schien mir den gleichen Mustern zu folgen wie die Unterwerfung unter den alleinseligmachenden Glauben, den die christliche Kirche verlangte. Auch sie hatte Abweichler gnadenlos bestraft, ohne den Ketzern oder den vermeintlich Abtrünnigen die Chance zur Verteidigung zu geben. Doch der Kommunismus bestand darauf, eine wissenschaftliche Weltanschauung zu sein, dialektisch und historisch materialistisch. Da konnte bei Strafe seines Untergangs kein Platz sein für Autodafés. Ich weiß nicht mehr, ob ich damals so argumentierte. Ich kannte damals das Ausmaß der Verbrechen noch nicht. Die Bücher Solschenizyns und Nadeshda Mandelstams bekam ich erst ein paar Jahre später in die Hand. Aber ich wußte, daß ich dem Glauben an einen Gott nicht abgeschworen hatte, um mich bedingungslos neuen irdischen Göttern zu unterwerfen.

Parallel zu den Dreharbeiten bei Wolf versuchte ich eigene Projekte voranzubringen. Mit Egon Schlegel schrieb ich ein Exposé nach Walter Kaufmanns Skizzenbuch *Stefan* über eine jüdische Kindheit in Deutschland, über den jüdischen Alltag und dessen allmähliche Vergiftung durch die schleichende braune Pest. Es hätte für jene Jahre eine ungewöhnliche Auseinandersetzung mit dem Faschismus werden können. Nicht der politische Widerstand stand im Mittelpunkt oder der kommunistische Antifaschismus, sondern die schrittweise Bedrohung und Zerstörung einer Kindheit, das Böse im Banalen. 1967 überfiel Israel im Sechstagekrieg seine arabischen Nachbarn. Der Stoff wurde sofort ausgebucht, so nannte man das. Wolf war wütend über diese Entscheidung, er hielt sie für politisch kurzsichtig, aber ändern konnte er daran nichts. Er schrieb für mich eine Beurteilung an die Studioleitung und riet, mir einen eigenen Film anzuvertrauen und mein Talent nicht in weiteren Assistenzen zu verschleißen.

Auch mit Wolfgang Kohlhaase dachte ich über ein Projekt nach. Das DDR-Fernsehen interessierte sich für einen Roman des westdeutschen Autors Thomas Valentin, ich glaube, es waren *Die Unberatenen*. Doch wir kamen zu der Meinung, daß wir die westdeutsche Realität zu wenig kannten, um uns auf ein solches Thema einzulassen.

Da bekannt war, daß man Debütanten am ehesten Kinderfilme anvertraute, schrieb ich ein Exposé nach dem Märchen *Sechse kommen durch die ganze Welt* der Gebrüder Grimm. Meine Idee war, jene Gesellen des aufsässigen Soldaten, die über besondere Kräfte verfügen, den Starken, den Schnelläufer, den guten Schützen und den, der mit seiner Nase ganze Armeen in die Luft blasen kann, von Kindern verkörpern zu lassen. Aber unabhängig von mir hatten auch Manfred Freitag und Jochen Nestler sich mit diesem Stoff beschäftigt, und den Dramaturgen in der Kinderfilmgruppe gefiel deren Idee besser. Außerdem hielten sie mich für noch nicht »reif« genug für ein solch schwieriges Märchen.

So bot man mir ein weniger schwieriges an, ein Szenarium von Günter Kaltofen nach dem Grimm-Märchen *Die kluge Bauerntochter*, welches auch die Vorlage für Orffs Oper *Die Kluge* gewesen war.

Ich wollte meinen ersten langen Spielfilm drehen, bloß keine Assistenzen mehr. Aber das Szenarium, das man mir anbot, gefiel mir ganz und gar nicht. Ich wollte sozial engagierte Filme drehen, die sich kritisch mit dem Leben in der DDR auseinandersetzen sollten, ich hatte die Hoffnung, meine Filme könnten etwas bewegen, und formal wollte ich mich so weit wie nur möglich von den verhaßten UFA-Mustern entfernen. Wenn schon ein Märchenfilm, dann ein rebellischer wie *Sechse kommen durch die ganze Welt*, aber nicht irgend etwas Unverbindliches.

Ich sprach mit Wolf über das Angebot. Er verstand meine Vorbehalte, aber meinte: »Nutzen Sie die Chance und machen Sie daraus, was Sie wollen.« Und wenn ich alles umschreiben müßte. Er merkte noch an, daß man im Märchengenre ziemlich viele Freiheiten hätte, was sonst nicht immer der Fall sei, wie ich ja wisse. »Lassen Sie Ihrer Phantasie freien Lauf!«

Nach dem 11. Plenum war ein neuer künstlerischer Direktor ins Studio gekommen, Wito Eichel, lange Zeit hatte er im DEFA-Synchronstudio gearbeitet, er war gewillt, den Jungen eine Chance zu geben, und im Gegensatz zu so vielen Studiodirektoren, die ich würde erleben müssen, besaß er ein Gefühl dafür, was ein guter und was ein schlechter Film ist. Er war durch Qualität verführbar. Ich denke, die Regisseure, die mit mir anfingen, Warneke, Gräf, Kühn, Oehme, wir alle, haben ihm eine Menge zu verdanken.

Das Märchen erzählte von der Liebe zwischen einem reichen, aber selbstgefälligen König und einem armen, aber klugen Bauernmädchen. Liebe überwindet »Klassenschranken«, im Märchen war so was möglich. Im Verhältnis der beiden Liebenden ging es mir aber nicht in erster Linie um die Bloßstellung königlicher Borniertheit, sondern das Verhalten des Königs entsprach durchaus verallgemeinerbaren, »klassenüberschreitenden« männlichen Verhaltensmustern. *Wie heiratet man einen König* würde der Film heißen.

Ich wollte eine Liebesgeschichte für Kinder erzählen, wo diese einiges entdecken und darüber lachen konnten, was ihnen auch bei ihren Eltern auffiel.

Mit Kameramann Claus Neumann suchte ich in dem mit Dialogen überladenen Szenarium nach filmischen Bildern, und der Autor und die beiden Dramaturginnen standen zum Glück unseren Veränderungen aufgeschlossen gegenüber.

In jener Zeit bestimmte der blutleere Gestus einer simplen Überhöhung den Stil vieler DEFA-Märchenfilme. Sie wurden in stilisierten Kulissen gedreht, man meinte wohl, dann würde der übergreifende gesellschaftliche Bezug deutlicher werden. Sie waren mit Witzchen gespickt, aber der pädagogische Zeigefinger blieb immer sichtbar. Bis heute sind solche DEFA-Filme bei den Kinderfernseh-Redaktionen sehr beliebt, denn sie sind lieb und verunsichern niemanden.

Ich hatte mich schon an der Hochschule für Kinderfilme interessiert. Schon im ersten Studienjahr träumte ich davon, einen »völkerverbindenden« Film mit Kindern aus allen Kontinenten zu drehen, und dazu hätte ich noch immer Lust. Ich hätte Lust, mit Kindern einen Film zu drehen, der auf subversive Weise zeigt, wie schwachsinnig Haß ist.

Der rote Ballon von Albert Lamorisse hatte mich begeistert, *Serjosha* von Georgi Danelija und Igor Talankin, *Kinder der Zugluft* von Eduard Luntz, *Ritter ohne Harnisch* von Boris Scharaliew aus Bulgarien, *Ich, Julina und das Ende des großen Krieges* von Karel Kachyna und natürlich *Betragen ungenügend* von Jean Vigo und *Die Vergessenen* von Luis Buñuel.

Das waren nicht die klassischen Kinderfilme, nein, ich wollte Filme über Kinder und für Kinder erzählen, und ich wollte die kindlichen Zuschauer als gleichberechtigte Partner anerkannt wissen. Warum sollten sie auf der Leinwand nicht verstehen und ertragen können, was ihnen im Leben geschieht? Mich ärgerte Kindertümelei ebenso wie Belehrung. Ich war überzeugt davon, es würde nichts schaden, wenn Kinderfilme das Leben so komplex darstellten wie es ist, auch wenn die jungen Zuschauer nicht sofort alles verstünden. So simpel ist die Welt nicht, daß man immer gleich alles versteht, und heil schon gar nicht, deshalb ist auch im Kinderfilm kritisches gesellschaftliches Engagement für mich kein Tabu.

Wir siedelten unsere Märchenhandlung im Mittelalter an, in der Zeit vor den Bauernkriegen. Dabei kam uns entgegen, daß wir die Szenen am Schloß des Königs in der großen Wartburg-Dekoration drehen konnten, die für Ralf Kirstens Film *Frau Venus und ihr Teufel* auf dem Studiogelände gebaut worden war. Diese aufwendigen Bauten sollten aus ökonomischen Gründen noch einmal genutzt werden.

Ich studierte die Malerei und Grafik Albrecht Dürers und seiner Zeitgenossen und fand sinnenfreudige Vorgaben für die Ausstattung und auch für neue Szenen. Das Bauernhaus, das die Szenenbildner Hans Poppe und Jochen Keller in der Teichlandschaft von Ketzin bauten, entstand direkt nach Dürers *Weiherhäuschen*. Um das Liebespaar herum wollte ich die Chargen am Königshof und die bäuerlichen Rollen drastischer charakterisieren. Auch dabei halfen die historischen Anregungen. Schlüsselszene des Films sollte das Hochzeitsfest werden. Im Szenarium war es nur mit ein paar Zeilen bedacht. Wir bauten es aus zu einem ausschweifenden mittelalterlichen Gelage mit Ochsen am Spieß, Küken, die aus Pasteten flogen, wilden Tänzen, Feuerwerk und Drehleiermusik.

Für die Rolle des Königs hatte ich schon bald Eberhard Esche im Sinn, er war einer der großen Stars des Deutschen Theaters, hatte gerade in Bessons legendärer Inszenierung *Der Drache* für Aufsehen gesorgt und war durch Wolfs *Geteilten Himmel* und Beyers verbotenem Film *Spur der Steine* im Gespräch. Einen Besseren gab es nicht für diese Rolle. Aber damit es keine One-Man-Show wurde, brauchte er gleichstarke Partner. Meine Regieassistentin Eva Seemann, die mir eine große Hilfe war und vor allem loyal dem Anfänger gegenüber, schickte ich zu Käthe Reichel. Eva hielt es für beinahe ausgeschlossen, die »Brecht-Perle« zu überzeugen, die kleine Rolle einer Bäuerin zu übernehmen. Nachdem ich dann das erste Mal selbst mit der Reichel gesprochen hatte, begann sie neue Szenen zu entwerfen, die sozial sehr genau bestimmt waren und der Rolle ein viel kräftigeres sinnliches und poetisches Potential verliehen. Von ihren Einfällen profitierten auch andere Darsteller und somit der ganze Film. Diese Praxis unserer Zusammenarbeit hat sich auch bei weiteren gemeinsamen Projekten bewährt. Von Käthe Reichel habe ich, was die Ausarbeitung einer Rolle anbetrifft, mehr gelernt als in allen Jahren meiner Ausbildung.

Es gelang mir auch, Jürgen Holtz, Peter Dommisch, Dieter Mann, Gudrun Ritter, Gerd E. Schäfer und Hannes Fischer zu überzeugen, mitzuspielen, keine schlechte Besetzung für den Kinderfilm eines Debütanten. Als Hofnarr trat Alfredo Lugo aus Venezuela auf, der gerade in Babelsberg sein Regiestudium beendete. 1999 haben wir uns in Caracas das erste Mal wieder gesehen. Hin und wieder gelingt es ihm, mit Werbeaufträgen etwas Geld zu verdienen, um damit dann einen Film zu finanzieren.

Blieb also die Besetzung der Hauptrolle, des Bauernmädchens, schön sollte sie sein und klug. Eberhard Esche schlug mir die Holländerin Cox Habbema vor, mit der er liiert war. Sie waren frisch verliebt. Natürlich war ich skeptisch, und beinahe alle rieten mir ab, mich auf ein solches Agreement einzulassen. Da wir aber bisher noch keine Schauspielerin gefunden hatten, die mich überzeugte, und Esche seine eigene Mitwirkung von der Besetzung der weiblichen Hauptrolle abhängig machte, luden wir Cox zu Probeaufnahmen ein. Nach ihrem Auftritt verstummten die Skeptiker. Mir gefiel an Cox ihre heitere, selbstverständliche Sinnlichkeit. Einen vergleichbaren Typ gab es in der DDR nicht. Mir gefiel auch ihr leichter holländischer Akzent. Da Cox bereit war, für Ostgeld zu spielen, stand auch von dieser Seite ihrem Engagement nichts im Wege.

Das Casting verlief bei der DEFA anders als heute. Es gab im Studio eine Besetzungsabteilung, die den Regisseuren Vorschläge machte, auch die Regieassistenten halfen dabei. Aber die wichtigsten Vorschläge kamen in der Regel von den Regisseuren selbst. Ich war meine eigene Casting-Agentur und hatte mein eigenes Archiv. Die DDR war ein kleines Land, das Angebot an Schauspielern war einigermaßen zu überblicken. Es gab nur wenige gute, die freischaffend arbeiteten, die besten Schauspieler waren an den Theatern engagiert, vor allem in Berlin. Selbst wenn vom Theater eine Zusage erteilt wurde, hieß das nicht, daß der Schauspieler dem Film uneingeschränkt zur Verfügung stand. Sie spielten ihre Vorstellungen, und jeden Nachmittag um 14 Uhr mußte der Aufnahmeleiter die beteiligten Theater anrufen, um zu erfahren, welche Schauspieler am nächsten Tag probenfrei wären und somit für den Drehtag zur Verfügung stünden. Da konnte man unliebsame Überraschungen erleben. Umbesetzungsproben wurden eingeschoben, ein Theaterregisseur kam mit seiner Inszenierung nicht zurecht, Krankheiten. Wir waren total abhängig von ihnen. Manchmal wurden die Schauspieler nur für zwei Stunden zwischen Probenende und Abendvorstellung aus Berlin geholt. Drehte man mit Akteuren weiter entfernter Theater, war es noch schwieriger. Als Regisseur arbeitete man nicht etwa in der Reihenfolge, die aus technischen Gründen die ökonomischste gewesen wäre, sondern man mußte sich den Drehtag nach den Stunden einteilen, in denen die Darsteller zur Verfügung standen. Wirtschaftlich war das nicht. Die langen Drehzeiten so vieler DEFA-Filme waren sehr oft diesen Umständen geschuldet.

Die Dreharbeiten zu *Wie heiratet man einen König* begannen mit Szenen, die im Atelier gedreht wurden. Esche fand alles, was ich vorschlug, dilettantisch. Die Kostüme gefielen ihm nicht und nicht die Maske und Frisur seiner Liebsten. Die Dekoration fand er schlecht gebaut, und die Kamera stand an der falschen Stelle. Ein Desaster kam auf mich zu.

Abends traf ich mich zu jener Zeit mit Kameramann Claus Neumann im Babelsberger »Ratskeller«, einmal in der Woche spielte Peter Rabenalt dort Jazz, er hatte Filmproduktion studiert, unterrichtete nun Dramaturgie an der Filmhochschule, und wie schon bei den *Freunden vom Werbellinsee* sollte er für unseren Film die Musik komponieren. Wir berieten, wie wir uns verhalten sollten.

In der Nacht noch schrieb ich eine neue Szene für den zweiten Drehtag. Als Esche seine Veränderungswünsche vortrug, hatte ich selbst schon eine bessere Variante anzubieten. Ich hatte natürlich verstanden, daß von der Kritik des erfahrenen Profis manches berechtigt war. So zwang mich sein Verhalten, jeden Abend die Szenen für den nächsten Tag noch einmal zu überdenken. Wir hatten einen großartigen Aufnahmeleiter. Günter Propp, der im Film auch in der kleinen Rolle eines Bäckers auftritt, half uns, alle Organisationsprobleme zu lösen, die durch unsere Drehbuchänderungen auftraten. Nach der ersten Woche hatten wir uns eingespielt, und unsere freundliche Bauerntochter half uns, ihren königlichen Gatten zu zähmen.

Die Probleme begannen, als der Film abgedreht war. Das leichte Frühlingslüftchen, das sich endlich nach der Eiseskälte des 11. Plenums geregt hatte, rief sofort die Ideologie- und Sittenwächter wieder auf den Plan. Egon Günthers *Abschied* und Heiner Carows *Die Russen kommen* standen im Zentrum der Angriffe.

Ich hatte mir nicht vorstellen können, daß unser kleiner, harmloser Märchenfilm ebenfalls argwöhnisch beäugt werden könnte. Doch da kamen Dinge vor, die sich in einem Kinderfilm »nicht gehörten«, wie es Professor Wilkening ausdrückte, daß bei einem Kuß eine Kirsche vom Munde der Königin in den des Königs wechselt, pfui, welche Frivolität, oder wie der Holtz mit der Reichel tanzt, obszön! Die derben Respektlosigkeiten der von Käthe Reichel und Gudrun Ritter gespielten Bäuerinnen gegen die Hofchargen bezogen die im Studio Herrschenden und die Subalternen aus der Hauptverwaltung Film wohl auf sich selbst. Anarchismus war das. Manche Doppelbödigkeit konnten sie nicht deuten und vermuteten sofort Unbotmäßiges. Was nur Spaß war, interpretierten sie paranoid. Esches Sprachstil ließ die Mißtrauischsten vermuten, wir hätten Walter Ulbricht karikieren wollen. Daran hatte ich wirklich nicht gedacht.

Während der künstlerische Direktor Wito Eichel unsere Arbeit verteidigte und auch Kollegen wie Carow und Wolf mich unterstützten, sprach Albert Wilkening, der gerade wieder mal Studiodirektor war, mir jedes Talent ab, ein bewährtes Rezept: Was politisch nicht gefiel, wurde als künstlerisch nicht bewältigt denunziert.

Auf einer Parteiversammlung im Studio trat Kulturminister Klaus Gysi auf und verlangte angesichts eines solch bürgerlich-modernistischen Films wie Egon Günthers *Abschied* »Mut zur Konvention«, das sagte er wörtlich. Ich konnte es nicht glauben.

Daß sich ähnliche formalistische Bestrebungen nun auch schon im Kinderfilm breitmachten, wurde gerügt, aber es ging für uns noch glimpflich aus, ich mußte nur ein paar unwichtige Schnitte machen, der König durfte die per Kuß in seinen Mund gewechselte Kirsche nicht wieder zwischen seinen Lippen erscheinen lassen, und Wilkening wollte dem Film jede künstlerische Prädikatisierung verweigern, was wahrscheinlich mein Ende als Regisseur gewesen wäre, aber dank der Fürsprache Wito Eichels benoteten sie uns mit »gut«.

Heiner Carows *Die Russen kommen* wurde verboten, obwohl Wera und Claus Küchenmeister, seine Drehbuchautoren, unerschütterlich optimistisch auftraten, sie würden das mit Honecker persönlich klären, der mit Küchenmeisters Vater zusammen im Zuchthaus gesessen hatte. Honecker half ihnen nicht. Der Film wurde nicht zugelassen, das Negativ wurde vernichtet und Carow dazu überredet, um die in den letzten Kriegstagen spielende Handlung einen Rahmen zu konstruieren, der in der westdeutschen Gegenwart spielte. *Karriere* war der Titel der entstellten Fassung, die damals in die Kinos kam. Schnittmeisterin Evelyn Carow aber versteckte die alte Arbeitskopie, so daß der ursprüngliche Film später rekonstruiert und 1987 schließlich aufgeführt werden konnte.

Für meine Weiterarbeit im Studio kam mir zu gute, daß unser Film fast durchweg sehr gute Kritiken bekam, und Kulturpolitiker, die ihn einst böse gescholten hatten, schickten ihn nun zu Festivals und DDR-Filmwochen von Indien bis Tansania. Das erfuhr ich aus der Zeitung. Selbst Starkritiker Horst Knietzsch vom »Neuen Deutschland« fand den Film: »Schön, sehr schön«, fügte aber hinzu: »Störend sind da nur einige zum Kretinartigen führende Farbtupfer in der Gestaltung von Figuren aus dem Volke.« Der Kritiker des RIAS, schon damals war es Heinz Kersten, sagte: »Besseres kam seit langem nicht aus heimischen Ateliers in die ostdeutschen Kinos.« Aber wenn dich der Klassenfeind lobt!

Hier will ich einfügen, nach welchen Mechanismen bei der DEFA in der Regel die Entwicklung und Realisierung eines Spielfilms verlief und welche Beeinflussungen durch die verschiedenen Abnahmegremien stattfanden.

Das DEFA-Spielfilmstudio wurde geleitet von einer Direktion mit einem Hauptdirektor an der Spitze, als Ende 1976 der Kandidat des ZK der SED Hans-Dieter Mäde das Amt übernahm, wurde er zum Generaldirektor ernannt.

Für die künstlerischen Fragen waren neben dem Hauptdirektor der künstlerische Direktor und der Chefdramaturg zuständig. Ihr Einfluß war abhängig von der Stärke des jeweiligen Haupt- bzw. Generaldirektors. Künstlerische Direktoren gab es nur in einigen Perioden, so z.B. nach dem 11. Plenum, als Wito Eichel auf diese Position berufen wurde. Der Chefdramaturg war hauptsächlich verantwortlich für die literarische Entwicklung der Filmstoffe. Außerdem gab es einen Produktionsdirektor und später auch noch einen technischen Direktor. Der Studiodirektion gehörten auch der Leiter des Lektorats an, die Hauptdramaturgen, Parteisekretär, BGL-Vorsitzender, Hauptbuchhalter.

Die Hauptdramaturgen waren die Chefs der vier bis sechs Dramaturgengruppen, zeitweilig wurden sie Künstlerische Arbeitsgruppen genannt. Sie entstanden 1959/60 in Anlehnung an die erfolgreiche Praxis in Polen und in der Tschechoslowakei und wurden damals unter anderen von den Regisseuren Kurt Maetzig, Slatan Dudow und Konrad Wolf geleitet. Das Ziel war, daß sich in ihnen ein produktives schöpferisches Klima für gleichgesinnte Filmemacher entwickelte. Im Demokratisierungsprozeß vor dem 11. Plenum erhielten sie eine größere Selbständigkeit. Nach dem 11. Plenum jedoch wurden ihre Entscheidungsbefugnisse wieder stark eingeschränkt. Ihre Leitung übernahmen jetzt Dramaturgen, und es erfolgte den Tatsachen entsprechend die Umbenennung in Dramaturgengruppen.

Als ich anfing, als Regisseur zu arbeiten, gab es die Künstlerischen Arbeitsgruppen »Roter Kreis«, »Berlin«, »Babelsberg«, »Johannisthal« und die Gruppe »Kinder- und Jugendfilm«, die aber bald aufgelöst wurde. In jeder arbeiteten circa fünf Dramaturgen. Als Regisseur oder Autor konnte man mit verschiedenen Gruppen zusammenarbeiten, oft ergab es sich aber, daß sich engere Bindungen zu einer bevorzugten entwickelten. Ich habe im Laufe der Jahre in allen gearbeitet, am häufigsten aber in den Gruppen »Babelsberg« und »Johannisthal«.

In der Regel fand der Regisseur in der Dramaturgengruppe Verbündete für seine Projekte. Das Verhalten in Konfliktfällen hing von der Schärfe der Repressionsinstrumente ab.

Außerdem gab es das Lektorat mit circa fünf Mitarbeitern, sie durchforsteten die DDR-Literatur, aber auch das literarische Schaffen der befreundeten sozialistischen Länder und die bundesdeutsche Literatur nach möglichen Filmstoffen, schrieben Analysen dazu und empfahlen die Stoffe dem Chefdramaturgen bzw. den Arbeitsgruppen. Die Dramaturgen bemühten sich jedoch in der Regel selbst um Stoffvorschläge, knüpften Kontakte zu Autoren, zu namhaften und unbekannten. Ebenso wandten sich Autoren direkt mit ihren Vorschlägen ans Studio, und oftmals waren es die Regisseure, die Projekte vorschlugen.

Es gab also sehr verschiedene Wege, auf denen ein Filmstoff angeschoben werden konnte. Zu einem Film gezwungen werden konnte niemand.

Normalerweise sollte als erstes eine kurze Filmskizze geschrieben werden, anhand dieser entschied die Dramaturgengruppe mehr oder weniger selbständig über eine Stoffentwicklung und gab beim Autor, der auch der Regisseur sein konnte, ein Exposé in Auftrag. Das Exposé wurde in der Gruppe abgenommen oder nicht, wenn ja, wurde dem Chefdramaturgen vorgeschlagen, einen Szenariumsvertrag in Auftrag zu geben. Manchmal wurden auch Zwischenphasen wie Filmerzählung oder Treatment eingeschoben, das lag aber nicht nur an »Entscheidungsfindungsprozessen«, sondern wurde auch den Schreibgewohnheiten der Autoren angepaßt. Inwieweit sich Dramaturgen oder Hauptdramaturgen in den Schreibprozeß einmischten, entschied sich im Wechselspiel mit Autoren und Regisseuren. Die Beratung konnte durchaus hilfreich sein, aber man wurde in Ruhe gelassen, wenn man erst mal für sich allein schreiben wollte.

Das Szenarium wurde in der Gruppe abgenommen und danach beim Chefdramaturgen. Es konnte sein, daß mehrere Fassungen geschrieben werden mußten, bis das Produkt künstlerisch und kulturpolitisch den Vorstellungen entsprach. Danach befand es sich in der Warteschleife der Stoffe, die in den Jahresplan für die Produktion aufgenommen werden sollten. Der Jahresplan wurde von der Studioleitung der Hauptverwaltung Film vorgeschlagen.

Für den Plan, der zu meiner Zeit zwischen 15 und 20 Filme umfaßte, gab es kulturpolitische Vorgaben. Ein hoher Prozentsatz sollte sich in jedem Jahr der Gestaltung der sozialistischen Gegenwart in der DDR und besonders der künstlerischen Gestaltung der Arbeiterklasse und ihrer revolutionären Traditionen widmen. Eine Vorgabe war auch, daß mindestens drei Kinderfilme produziert wurden. Außerdem gab es Planpositionen für historische Themen, für Unterhaltungsfilme, seien es Komödien, Musicals, Krimis, utopische oder Indianerfilme. Großer Wert wurde auf Stoffe für jugendliche Zuschauer gelegt.

Ebenso wurden in den Planvorgaben ökonomische Ziele gestellt. Natürlich sollten möglichst alle Filme von vielen Zuschauern gesehen werden, besonders aber die »Hauptplanpositionen«, jene politisch wichtigen Filme, deren Kinoeinsatz dann auch entsprechend gefördert wurde.

War der Film im Plan, schrieb der Regisseur das Drehbuch, das aber nicht mehr honoriert wurde. Indem man versuchte, das Schreiben des eigentlichen Drehbuchs auf einen mehr oder weniger technischen Prozeß zu reduzieren, wollte man verhindern, daß die Regisseure neue politische Akzente setzen könnten. Man strebte der kulturpolitischen Sicherheit wegen an, inhaltliche Veränderungen nach der Abnahme des Szenariums auszuschließen. Das konnte natürlich nicht aufgehen, denn jeder Regisseur bringt seine Ideen ein. Das Malheur aller Zensurinstanzen bestand und besteht darin, daß man zwar Worte einigermaßen einschätzen kann, aber mit den Bildern ist das schwieriger, gemäß den Erfahrungen jedes Zuschauers bleiben sie immer unterschiedlich deutbar. Das liegt in ihrer Natur.

Während der Dreharbeiten hielten sich die Einflußnahmen in Grenzen, die Direktion sah sich manchmal Muster an und gab Hinweise oder Warnungen. Aber bis zur Rohschnitt-Abnahme konnte man relativ ungestört arbeiten. Der Rohschnitt wurde zuerst in der Gruppe gezeigt, dann auf Studioebene, wobei Mitarbeiter der HV Film hinzugezogen wurden. Während dieser Abnahmen fand eine Diskussion zu allen inhaltlichen und formalen Fragen statt. Einerseits ging es darum, die Filmemacher zu beraten, die bestmögliche Fassung herzustellen, andererseits schrillten in dieser Phase auch alle ideologischen Alarmglocken, denn jetzt konnte man noch eingreifen. Es wurden Schnitte und Kürzungen vorgeschlagen, und in Einzelfällen mußte auch nachgedreht werden.

Nachdem der Film gemischt war, fand die Studio-Abnahme statt. Im großen DEFA-70-Kino auf dem Studiogelände war sie in den späteren Jahren öffentlich für alle Studiomitarbeiter und auch für Gäste. Es war die erste Vorführung mit Publikum und insofern eine erste Bewährungsprobe des Films. Danach folgte im internen Kreis von Direktion und Filmemachern das Abnahmegespräch. In der Regel aber waren die Weichen für die Abnahme bereits vorher gestellt worden.

Dann schickte man den Film zur HV nach Berlin und lud später zu einem Gespräch ein, wo künstlerisch-ideologische Einschätzungen der HV Film, des PROGRESS-Filmverleihs und des DEFA-Außenhandels verlesen wurden. So erfuhr man auch die Vorgaben für den Verleih, zum Beispiel, wie viele Kopien gezogen werden sollten, die Altersfreigabe, wie viele Mittel für die Werbung bereitgestellt wurden, ob der Film für den Auslandsverkauf freigegeben war, Festivalbeschickungen wurden vorgeschlagen.

Schließlich wurde der Film von PROGRESS, dem einzigen Filmverleih in der DDR, ins Kino gebracht, und der DEFA-Außenhandel bemühte sich, ihn ins Ausland zu verkaufen. Nach zwei Jahren durften die Filme im DDR-Fernsehen gezeigt werden.

Alle Filme wurden von »ausreichend« bis »besonders wertvoll« prädikatisiert. Ab der Note »befriedigend« erhielten die »Filmschöpfer« zusätzlich zu ihrem monatlich fixen Gehalt Prämien. Die Prädikate »ausreichend«, »befriedigend« und »gut« wurden vom Studio vergeben. Die Höhe der Prämien war in sich gestaffelt, für »gut« konnte sie zwischen 15000 und 18000 DDR-Mark betragen. Außerdem konnte es Zuschläge geben für Einhaltung der ökonomischen Parameter oder Abzüge bei Kostenüberschreitungen, sowie Zuschläge bei Erreichen der Zuschauerkennziffern. Die Prädikate »wertvoll« und »besonders wertvoll« wurden von der HV Film ausgesprochen für kulturpolitisch und künstlerisch herausragende Werke. Für »besonders wertvoll« gab es 45000 Mark. Das war eine Menge Geld.

All diese Regularien beziehen sich nur auf die DEFA. Die Filme des DDR-Fernsehens wurden nach anderen Regeln produziert. Zwar wurden viele von ihnen in den Babelsberger DEFA-Ateliers gedreht und auch mit deren Angestellten, inhaltlich unterstanden sie aber weder der Verantwortung der DEFA-Direktion, noch der HV Film, sondern der Leitung des DDR-Fernsehens und deren politischen Vorgesetzten. Ich habe nie für das DDR-Fernsehen gearbeitet und kann deshalb darüber nicht schreiben.

Wie kann ich beschreiben, wo ich war? Auf den Zinnen von Cartagena de Indias, wo Filme von mir gezeigt wurden, und wo das Haus von Gabriel García Márquez steht, doch nur ein paar Kilometer außerhalb der Stadtmauern der »Perle der Karibik« beginnt das kolumbianische Morden.

Ich traf mich dann mit Freunden. Wir segelten, von Delphinen begleitet, hinüber übers Meer nach Panamá, nach Kuna Yala, den Inseln der autonomen Region der Kuna-Indianer.

Dort war ich 1999 schon einmal gewesen. Ich hatte auf ein paar Inseln *Mit Fischen und Vögeln reden* vorgeführt, den damals gerade fertiggestellten Film mit den Zápara-Indianern. In Panamá-City war die Retrospektive meiner Filme mit *Jadup und Boel* eröffnet worden, der Botschaft aus einem Land, das es nicht mehr gab, und ich war skeptisch, ob man den Film verstehen würde. Ja, da ist manchmal von Sozialismus die Rede, antwortete man mir, aber sonst sind die Leute wie bei uns.

Ein Kuna-Indianer sprach mich nach der Vorführung an, Nietzsche zitierend. Arysteides Turpana hatte in den sechziger Jahren in Paris Film studiert, aber in Panamá nie Gelegenheit gehabt, selber Filme zu drehen. Wir waren uns sofort sympathisch und vereinbarten noch am gleichen Abend, daß er mich nach Kuna Yala bringen würde, damit ich seinen Landsleuten meinen mit ecuadorianischen *indígenas* gedrehten Dokumentarfilm zeigen könnte.

Arysteides hatte auf den Inseln als Lehrer gearbeitet, wir übernachteten in Hängematten bei den Familien seiner ehemaligen Schüler. Wir besorgten Fernseher und Videorecorder aus Schulen und Gesundheitszentren, brachten sie in Kanus auf die kleineren Inseln und hofften, daß sie funktionierten, oder sie mußten so lange repariert werden, bis schließlich ein Bild zu sehen war. Es waren die abenteuerlichsten und schönsten Filmvorführungen meines Lebens.

Nun war ich also noch einmal hier. Wir segelten zwischen Korallenriffen hindurch von Insel zu Insel, von denen es um die 365 gibt, für jeden Tag des Jahres eine, 50 davon sind bewohnt. In fragilen Kanus besuchten uns die Einheimischen, die Frauen kamen, um uns *molas* zu verkaufen, jene Stoffbilder, die sie aus mehreren verschiedenfarbigen übereinandergelegten Baumwollstoffen schneiden und zusammennähen, als Brust- und Rückeneinsatz für ihre grell gemusterten Blusen. Ebenso farbenfroh sind die Röcke und rot und gelb die Kopftücher. Unterarme und Beine sind mit bunten Perlenschnüren geschmückt. Goldene Nasenringe und Ketten und filigrane schwarze Nasenstriche unterstreichen ihre Schönheit. Die Männer gehen längst westlich gekleidet, doch was braucht man hier mehr als eine Turnhose und ein Hemd gegen die tropische Sonne. Sie boten Langusten, Krebse, Kokosnüsse und Fisch an, und die jungen Leute fragten nach Zeitschriften, sie wollten jenen ominösen Osama Bin Laden sehen. Jeder, der einen Bart trug, erschien verdächtig, sogar angesichts der bärtigen Statue des Euripides in einem Theaterprogramm fragten sie besorgt: Osama?

Ich ließ mich absetzen auf Inseln, wo kein Mensch war, und ließ mich stundenlang schnorchelnd über Korallen treiben. Eine bunte Aquarienwelt umgab mich, rot gepunktet und gelbschwarz gestreift, gezackt und messerspitz und kugelrund. Ich tauchte ein in Millionen von winzigen Fischen, die mich in ihre silberne Wolke aufnahmen, die vor schwarzen Abgründen leuchtete. Braune, mit feinen Rippenmustern gezeichnete Seesterne schmückten den weißen Sand, wie schlummernde Boas entwuchsen ihm armstarke Seegurken, schmetterlingszart fächelten Seeanemonen aus den Gehirnen, Kandelabern und Gerippen der Korallen und verschwanden im Bruchteil von Sekunden, wenn man sich näherte. Rochen und Haie glitten vorbei.

An den karibikweißen Traumstränden der äußeren unbewohnten Inseln spült es den Plastikmüll an, der von den bewohnten Inseln herausgeschwemmt wird. Fast alle von ihnen sind übervölkert, Hütte steht an Hütte, und immer neues Land wird dem Meer und den Korallenbänken abgerungen.

In großen Gemeindehäusern lagern in Hängematten die *sailas*, die Häuptlinge. Ihnen muß man sich vorstellen, will man eine Insel besichtigen oder gegen einen geringen Obolus vor ihr ankern. Man wird mit Kakao bewirtet, das ist ihre heilige Pflanze, die auch Schamanen bei Heilungen und Ritualen benutzen. Doch nur auf den von traditionellen Gemeinschaften bewohnten Inseln ist das noch so, wo es noch keine Elektrizität gibt und keine Kirche. Gleich auf der Nachbarinsel aber kann es sein, daß die Frauen die traditionelle Kleidung abgelegt haben und sich mehrere christliche Kirchen um ihr Seelenheil streiten.

Eines Morgens trauten wir unseren Augen nicht. Das riesige Kreuzfahrtschiff »Amsterdam« lag wie ein umgekippter Wolkenkratzer zwischen den Inseln. Per Shuttle-Verkehr wurden mehr als tausend Urlauber auf der kleinen Insel Carti Sugdup abgesetzt, man konnte befürchten, das Eiland würde ob der Menschenmenge untergehen.

Auch auf dieser Reise gab es eine Filmvorführung, am Weihnachtsabend zeigte ich auf der Insel Mamitupu *Mit Fischen und Vögeln reden*, auf einem kleinen Fernsehschirm auf dem Basketballplatz, an dessen Mauer das Meer brandete. Auch dieses Mal war das ganze Dorf versammelt und sah geduldig zu, obwohl der Ton des Fernsehers so schlecht war, daß man so gut wie nichts verstehen konnte. Nach meinem Film lief *Titanic*, auch ohne Ton.

Von Panamá buchte ich den Rückflug über Quito. Ich wollte Ricardo treffen.

Frank Sputh und Ricardos Brüder hatten mir mitgeteilt, die Operation sei sehr gut und ohne Komplikationen verlaufen, der Tumor sei entfernt worden. Ich fuhr mit dem Bus den weiten Weg bis in den äußersten Süden von Quito, wo die Familie seit ein paar Jahren wohnte. Eine Gruppe von Tigua-Malern hatte dort ein Stück Land gekauft, und Ricardo hatte noch vor seinem Vater für seine Familie ein Haus aus Steinen gebaut. Als ich sie das letzte Mal dort besuchte, hatte er mich stolz mit der eigenen *camioneta* zum Bus gebracht. Wenig später erblindete er.

Während all die Kleinen mich belagerten, tastete sich Ricardo zu mir, und ich bemerkte, daß er mich in Schemen erkennen konnte, daß er mich sehen konnte. Wir haben uns lange und schweigend umarmt.

Sie zeigten mir die Fotos, die Frank vor der Operation gemacht hatte, und in Ricardos toten Augen war der Ausdruck eines jungen Mannes, der zum Elektrischen Stuhl geführt wird. Nun hat sich das Sehvermögen auf einem Auge ein ganz klein wenig gebessert, und es keimt ein wenig Hoffnung. Ricardo will heiraten, Mercedes, die Frau, mit der er schon seit seinem sechzehnten Lebensjahr zusammenlebt, die Mutter von Iván und Jessica. Noch als ich in Ecuador war, verschlechterte sich die Sehkraft wieder auf fast Null. Es ist noch nicht ausgestanden.

In der Nacht balancierte Ricardos Söhnchen Iván durch meine Träume, auf einem Seil, wie es die *indígenas* beim Bau von Hängebrücken anbringen. Das Seil war so dick wie eine Boa und wand sich. Daneben stieg ich hoch in meinem Traumbaum, war schon auf den äußersten Zweigen und bereit davonzufliegen. »Wo willst du hin?« rief ich. »Zu meinem Papa!« antwortete Iván, doch in dem Moment stürzte er ab. Ich schrie und sprang ihm hinterher.

Wir fielen in einen Haufen weicher, aber stinkender Kissen und versanken darin. Wir befanden uns im Foyer eines mondänen Hotels, an dessen Wänden Wasser auf beruhigende und beängstigende Weise herunterrieselte. Aber um uns herum stank es. Sogleich bemerkte ich Männer in Ärztekitteln und Hoteldetektive mit Sprechfunkgeräten, die uns Eindringlinge suchten. Wir versuchten uns zu verstecken und wühlten uns immer tiefer in die Kissen, bis ich keine Luft mehr bekam und erwachte.

Liebe mit sechzehn sollte er heißen, die Idee war von mir, zum Schreiben verbündete ich mich mit der Autorin Gisela Steineckert, und wir entwickelten gemeinsam die Geschichte einer ersten Liebe, die im mecklenburgischen Schwerin spielen sollte, so frech und frei und nicht zu ernst, wie ich es bei meinen tschechischen und französischen Vorbildern liebte.

Die Sechzehnjährigen lernten sich während der Tanzstunde kennen, wo auch in der DDR bürgerliche Erziehung gelehrt wurde, kleinbürgerliche Etikette, die sie natürlich nicht ernst nahmen. Sie knicksten nicht nur und hielten nicht nur Händchen, sondern versuchten es auch mit Sex, was dem Jungen lustvolle Befriedigung verschaffte, für das Mädchen aber eher enttäuschend war. Während beider Eltern beim Tanzstundenball schon über eine gemeinsame Zukunft für das »schöne junge Paar« nachdachten, ahnten die jungen Leute, daß ihre Beziehung noch nichts Endgültiges sein würde.

Professor Wilkening meinte, wenn schon, was schlimm genug sei, sich Sechzehnjährige dem unzüchtigen Treiben flüchtiger Liebesbeziehungen hingäben, müßte man es nicht auch noch in einem DEFA-Film zeigen. Für Propagierung jugendlicher Unzucht sei in seinem Studio kein Platz. Hatte er den ersten Film gerade widerwillig abnehmen müssen, ließ er nun den zweiten platzen. Das Projekt wurde 1973 von Hermann Zschoche realisiert, nachdem Ulrich Plenzdorf unser Drehbuch unwesentlich überarbeitet hatte. Ich erfuhr davon nur durch Zufall. Vor allem war es Wilkening wohl darum gegangen, den Simon nach seinem frechen Debütfilm an Disziplin zu gewöhnen.

Nun versuchte man, mich in die Arbeit am Geburtstagsgeschenk des DEFA-Studios zum 20. Jubiläum der Republik einzubinden, einem Episodenfilm mit dem höchst originellen Titel *Aus unserer Zeit*. Das wäre doch eine schöne Aufgabe, mein Talent zu beweisen. Zur Runde der Regisseure gehörten Altmeister Maetzig, der sich eifrig bemühte, seinen nach dem 11. Plenum verbotenen Film *Das Kaninchen bin ich* vergessen zu machen, und eine selbstgeschriebene, blutleere Computergeschichte beisteuerte, Joachim Kunert, der Regisseur des *Werner Holt*, der sich Anna Seghers' Erzählung *Das Duell* annahm, Frank Vogel, für den Manfred Freitag und Jochen Nestler Werner Bräunigs Erzählung *Gewöhnliche Leute* bearbeiteten, und Helmuth Nitzschke, dem das Wunder gelungen war, daß die Brecht-Erben einer Verfilmung der kurzen Erzählung *Die zwei Söhne* zustimmten.

Mir bot man eine Erzählung von Erwin Strittmatter an, sie hieß *Die Bedenkzeit* und spielte auf dem Lande, wo sich ja in diesen 20 Jahren allerlei sozialistische Veränderungen vollzogen hatten. Erst die Bodenreform, als Gutsbesitzerland an Kleinbauern verteilt wurde, und später die Gründung der LPGs. Während ich bei der Armee war, hatte man auch mich als jungen Genossen auf die Dörfer geschickt, um die Bauern zu überzeugen, ihr frisch erworbenes Eigentum wieder abzugeben und in Landwirtschaftliche Produktionsgenossenschaften einzubringen. Ich hatte gefühlt, wie meine dürren Worte abprallten, und war wütend auf die »reaktionären« Bauern, die einfach nicht verstehen wollten, was das Beste für sie war.

Ich hatte schon als Kind mitbekommen, daß ein Neffe meiner Großmutter nach dem Westen gegangen war, weil man ihm seinen Bauernhof wegnehmen wollte. Er stand plötzlich in der Tür und sagte, daß er verreisen müsse. Er sah aus, als ob er gleich losheulen würde, drückte der Oma schnell die Hand und verschwand. »Was wollte denn der?« Ich verstand gar nicht, worum es ging, auch nicht, als sie zu meiner Mutter sagte: »Der Kurt war heute hier, den sehen wir wohl nicht wieder.« Die Frauen schwiegen, und den Kurt sahen wir nie wieder.

Ein paar Tage später war der 17. Juni. Da passierte in unserer Kleinstadt nicht viel, lediglich der Linksaußen der Fußballmannschaft verschwand. »Der sitzt«, flüsterten die alten Männer auf dem Sportplatz und trösteten sich, daß andere die Tore schossen. Es dauerte ein paar Jahre, bis er wieder mitspielte.

Was Strittmatter zum Thema schrieb, empfand ich als Satire, und so bearbeiteten wir die Erzählung, mit einem Autor, von dem später bekannt wurde, daß er ein sehr eifriger Stasi-Informant war, und einer Dramaturgin, die zur Bürgerrechtlerszene gehören würde und heute für die PDS wirbt. *Kurzschluß* sollte die filmische Episode heißen.

Wir saßen mit den beteiligten Regisseuren, Dramaturgen und Produktionsleitern und mit der Studioleitung im großen Sitzungszimmer der DEFA zusammen, das Projekt sollte für die Produktion abgesegnet werden, alles war klar, nur Strittmatters Zusage fehlte noch, eine Formsache. Dann wurde das Telefon durchgestellt, am Apparat sei Strittmatters Frau Eva. Arbeitsgruppenleiter Dr. Karl übernahm, und man konnte zusehen, wie alles Blut aus seinem blassen Gesicht entwich, er stotterte ein paar Worte, dann war wohl auf der anderen Seite aufgelegt worden, und er übermittelte uns, was die Gattin des Schriftstellers ihm mitgeteilt hatte, nämlich daß der Meister sich dermaßen über die Verballhornung seiner Geschichte erregt hätte, daß er dies unmöglich den Jungfilmern selbst mitteilen könne. Weitere Interventionen seien zwecklos. Ich wurde aus der Runde verabschiedet.

Ein paar Tage später rief man mich zurück. Frank Vogel hatte die Bedingung gestellt, daß Manfred Krug in Bräunigs Erzählung die Hauptrolle spiele, den Bauleiter Hannes Stütz aus Halle-Neustadt. Doch Krug konnte oder wollte nicht.

Nun fragte man mich, ob mir zu Krug eine Alternative einfiele. Ich schlug Manfred Karge vor, den Theatermann, der als Schauspieler bisher nur in den *Abenteuern des Werner Holt* aufgefallen war – und war wieder drin im Projekt.

Gewöhnliche Leute war eine sympathisch realistische Erzählung, die den wegen seines verbotenen Wismut-Romans beim 11. Plenum gescholtenen Autor Werner Bräunig wieder ins Gespräch gebracht hatte. Der Sommer 1969 war ungewöhnlich heiß. Wir drehten nur zehn Tage, in Halle-Neustadt, in Querfurt und am Süßen See, neben Karge waren Heidemarie Wenzel, Helga Göring, Sigurd Schulz, Peter Dommisch und Justus Fritsche dabei. Kleine Rollen besetzte ich mit Laien. Sie zu synchronisieren, halfen mir zwei meiner DDR-Lieblingsschauspieler, Jutta Hoffmann und Hans Hardt-Hardtloff, mit denen ich leider nie gedreht habe. Der kurze Film war eine Fingerübung, die mir Spaß machte.

Und nachts las ich Solschenizyns *Krebsstation* und *Der erste Kreis der Hölle*, die mir aus Berliner Theaterkreisen zugespielt wurden. Nun wußte ich.

Später sollten Rezensenten den Titel dieser Filmepisode immer wieder zum Anlaß nehmen, zu schreiben, daß sich meine Filme den »gewöhnlichen Leuten« zuwendeten. Ja, die haben mich immer interessiert, kam ich doch selber aus solchen Verhältnissen wie der Bauleiter Hannes Stütz und seine Freundin Adele, wie die Jadups, die Wenglers, Karl und Anna, die Maler aus Tigua, die Zápara- und Chachi-Indianer. Aber mich faszinierte nicht nur, den gewöhnlichen Alltag zu gestalten, ebenso interessierten mich die außergewöhnlichen Möglichkeiten vieler dieser Personen, ihre Träume und Visionen, und besonders mochte ich, wenn ich Rebellisches in ihnen entdecken konnte. An meinen ungewöhnlichen Helden, den Märchenkönigen und ihren Widersachern, dem Till Eulenspiegel, dem Luftschiff-Erfinder Stannebein, Alexander von Humboldt, hat mich auch immer deren »gewöhnliches« Leben interessiert.

Karge Jahre

Ich schrieb 1969/70 an drei Stoffen, an der *Auszeichnung* nach dem Hörspiel *Martin Kessler* von Günter Wünsche, einem »Industrie«-Stoff, der in den sächsisch-anhaltinischen Braunkohlen- und Chemiegebieten spielte.

Ich erinnere mich an eine triste Recherchereise durch die zerstörte Landschaft zwischen Borna und Merseburg. Straßen, die ins Nichts von Mondkratern führten, an deren Rändern die Bagger wie riesige mutierte Insekten hockten.

Vor dem Hintergrund der Umstellung von ostdeutscher Braunkohle als Rohstoff auf sowjetisches Erdöl, was damals offiziell propagiert und später wieder zurückgenommen wurde, ging es um die Verantwortlichkeit leitender

Ingenieure in diesem »revolutionären« Prozeß. Aber die Figuren blieben blaß, zu sehr standen die Sachthemen im Vordergrund, und ich bedauerte es kaum, als der Stoff nicht weiterentwickelt wurde.

Eine Woche davor hieß ein Originalmanuskript von Uwe Zeising, das die letzte Woche eines jungen Mannes vor seiner Einberufung zur Armee beschrieb. Was macht einer in diesen letzten sieben Tagen der Freiheit, bevor er für anderthalb Jahre kaserniert wird?

Unser junger Held war einer, der »unterwegs« war – wie ein vielgespieltes Theaterstück von Viktor Rosow hieß – aber noch nicht genau wußte, wohin. Bei allen diesen Unterwegs-Stücken bestand aber die Crux darin, daß die Helden sich zwar ein paar Umwege erlauben durften, aber auf dem richtigen Weg sein mußten. Damit schlugen auch wir uns herum, wir wollten eine realistische und keine naturalistisch-propagandistische Lösung. Der junge Mann vertrödelte mehr oder weniger seine Zeit, um sich nicht festlegen zu müssen, sowohl was seine privaten wie seine beruflichen Pläne anging. Sicher entsprach dieses vage resignierende Desinteresse dem Lebensgefühl vieler junger Leute damals, denn im Gegensatz zu der Zeit vor Prag, im Gegensatz zur Chruschtschowschen Tauwetter-Periode gab es nicht viel Hoffnung auf Veränderung mehr, und einfach weggehen wie vor dem Mauerbau konnte man auch nicht mehr. Man mußte sich bestmöglich mit den Verhältnissen arrangieren, so schwer manchem das auch fiel.

Von Anfang an mißfiel mir, daß wir ein entscheidendes Thema aussparen mußten, die Auseinandersetzung mit dem »Ehrendienst« bei der Nationalen Volksarmee durfte nicht kritisch thematisiert werden, sondern stand außer Frage wie ein Naturgesetz. Ich glaube, dies war der Hauptgrund, daß ich nicht böse war, als die Studioleitung damals meinem dritten Projekt den Vorzug gab.

Leider kam es nie wieder zu einer Zusammenarbeit mit Uwe Zeising. Er hatte auch an der Filmhochschule studiert, wir waren befreundet und hatten eine gleiche Vorliebe, alte Bücher. Er war ein Antiquariatsexperte, mit seinen Beziehungen kam ich an Bücher heran, die normalerweise nicht offiziell verkauft werden durften, auch an solche, die für Devisen in den Westen verscherbelt werden sollten.

Kurz nach der Wende kam Uwe auf seltsame Weise ums Leben, er fiel in seiner Wohnung durch eine Glastür und verblutete, so fand man ihn.

Männer ohne Bart

Unterwegs war auch Otto Hintz, der fünfzehnjährige Held von Uwe Kants Jugendbuch *Das Klassenfest*, das ich gemeinsam mit Inge Wüste-Heym für den Film *Männer ohne Bart* bearbeitete. Ich weiß nicht genau, warum sich die Studioleitung für diesen Stoff entschied, denn dieser Otto war »eine Pfeife«, wie sein junger Lehrer feststellte, ein Traumtänzer, was mir an ihm gefiel, einer, der seinen Träumen den Vorzug gab vor der Erfüllung schulischer und häuslicher Aufgaben. Also ganz und gar kein Vorbild. Ein paar Jahre jünger als die Hauptfigur der *Woche davor*, durfte er sich jedoch ein paar Freiheiten mehr erlauben, man mußte ihn noch nicht so ernst nehmen. Vielleicht war das ein Grund, daß dieser Film realisiert wurde. Außerdem kostete er nicht viel und paßte am Jahresende noch in den Plan.

Wir begannen im Herbst 1970 zu drehen, obwohl das Kuriose geschah, daß der dem Film zugeteilte Produktionsleiter, der DEFA-Altvordere Alexander Lösche, noch in letzter Minute der Studioleitung riet, den Film abzusetzen. Ich weiß nicht, was ihn dazu bewog, vielleicht war es der vorauseilende Gehorsam eines alten Parteiarbeiters, als solcher war er 1948 ins Studio geschickt worden und dann allmählich zum Produktionsleiter aufgestiegen. Vielleicht war er auch nur beleidigt, daß er so einen unwichtigen Anfängerfilm machen mußte.

Kurz nach Drehbeginn bekam ich meine erste Einladung in den Westen, *Wie heiratet man einen König* sollte auf einer DDR-Filmwoche in Recklinghausen gezeigt werden. Man hatte beschlossen, mich fahren zu lassen. Produktionsleiter Lösche intervenierte der Einhaltung des Drehplans wegen. Doch mit Aufnahmeleiter Lutz Wittcke dachten wir uns ein Drehprogramm aus, mit dem wir das ausfallende Wochenende wieder einholen konnten.

Mein Film kam sehr gut an, in einem Bericht über die Filmwoche im Ruhrfestspielhaus hieß es: »So erwies sich gerade die Produktion *Wie heiratet man einen König* als größte Publikumsattraktion – der starken Nachfrage wegen mußten zwei zusätzliche Vorstellungen angesetzt werden – und die Zuschauer lernten in der kunstvollen Adaption des alten Märchens, deren ästhetische Reize auch dem Erwachsenen einen hohen Genuß bereiten, eine echte Gemme der DEFA-Produktion kennen.«

Von der Diskussion bekam ich rein akustisch nicht viel mit, denn das Forum war mit antiautoritär erzogenen Kindern lautstark besetzt, das fand ich gut und dem Film angemessen. Das Aufregendste an der Reise war, daß ich einen dicken Erzählungsband Solschenizyns in der Unterhose zurückschmuggelte. Darin war auch *Ein Tag im Leben des Iwan Denissowitsch* enthalten. Mindestens zwei meiner Begleiter waren bei der Stasi, das war mir damals schon klar. Sie mögen sich über meinen in drei Tagen im Westen angefressenen Bauch gewundert haben.

In jener Zeit entstand eine Reihe Filme, die ohne große dramatische Konflikte den Alltag in der DDR beschrieben, mit *Leben zu zweit* von Hermann Zschoche und *Das siebte Jahr* von Frank Vogel hatte es begonnen, *Dr. med. Sommer II* von Lothar Warneke, *Mein lieber Robinson* von Roland Gräf, *Kennen Sie Urban?* von Ingrid Reschke folgten.

Es war nicht so, daß wir jungen Regisseure die dramatischen Konflikte scheuten, wie Kritiker uns vorwarfen, sondern wir wußten, wenn wir unsere kleinen Geschichten zuspitzten, würden wir sie nicht realisieren können, weil sie dann, gewollt oder nicht, gesellschaftliche Fragen aufwürfen, die tabu waren. Die Selbstbeschränkung, die wir uns auferlegten, hing damit zusammen, daß wir ein realistisches Bild vom Leben in der DDR zeichnen wollten.

Man etikettierte uns als dokumentarische Realisten. Im Gegensatz zu Horst Seemann etwa, der die großen konfliktreichen sozialistisch realistischen Gegenwartsfilme schuf, *Zeit zu leben*, *Liebeserklärung an G. T.*, *Reife Kirschen*. Wir drehten in Schwarzweiß und Normalformat, er in Farbe und Cinemascope. Meist spielte seine damalige Frau Traudl Kulikowsky eine Hauptrolle, später erfuhr man, daß sie eine der unverfrorensten Informantinnen der Stasi war.

Gegen die Filme der dokumentarischen Realisten wurde auch ins Feld geführt, daß sie nicht viele Zuschauer hatten. Diese Diskussion war scheinheilig, weil in jener Zeit DEFA-Filme generell schlecht besucht waren, wenn man von den gerade ins Leben gerufenen Indianerfilmen und den staatstragenden politischen Filmen, den sogenannten Hauptplanpositionen, absah, in die die Zuschauer »hineingeführt« bzw. die Karten an Betriebe und Schulen abgegeben wurden, und somit leere Kinos als volle abgerechnet werden konnten. Wenn man die Filmtitel dieser Jahre liest, war es eine triste Zeit. Nach der Niederschlagung des Prager Frühlings herrschte Friedhofsstille.

Auf der Suche nach dem eigenen Weg fiel mir das damals gar nicht so auf, ich hatte Spaß daran, überhaupt Filme drehen zu können, mit den *Gewöhnlichen Leuten*, den *Sechsen, die durch die Welt kommen* oder den *Männern ohne Bart*, mit jugendlichen Laiendarstellern wie Manfred Böhm aus Rostock, der den Otto Hintz spielte, oder dem jungen Schauspieler Hermann Beyer als Lehrer Nickel in seiner ersten Filmrolle. Ich war süchtig nach Film, ich war ehrgeizig, und ich mußte mir selbst erst noch beweisen, daß ich es konnte. Selbst mein Fernweh war gedämpft in jenen Jahren, mein Leben bestand aus meinen Filmprojekten.

Otto Hintz, der »Mann ohne Bart«, flüchtete aus dem eintönigen Alltag im Spreewald in seine Träume. Er sah sich selbst als Naturforscher, nach dem ein Land im Herzen Afrikas benannt war, hatte Sehnsucht nach den Malediven und träumte sich von Jungen Pionieren aufs Podest erhoben, die Plakate schwenkten: »Wir wollen sein wie Otto Hintz!« Er focht auf dem Dach eines Zuges mit Rolf Hoppe, dem Bösewicht der DEFA-Indianerfilme, und auf dem Dach einer Schmalspurbahn endete auch der Film, Otto trommelte, und seine Freunde musizierten, doch keine Melodie entstand, nur schräge, schrille Töne waren zu hören.

Seinem jungen Lehrer ging es nicht viel anders, auch er sehnte sich aus dem langweiligen Lehrerdasein in der Provinz in ein aufregenderes Leben. Die Standpauken, die er, Pflicht seines Amtes, halten mußte, hätte er sich selber halten können.

Während die Elterngeneration, Käthe Reichel als Ottos Mutter und Dieter Franke als Schuldirektor, auf rührend verständnisvolle Weise die Einordnung predigten, die Beschränkung auf das Machbare, auf das, was später von Nutzen sein konnte.

Zugespitzt wurde nichts, sonst hätten wir ja einen Generationskonflikt gehabt, und den gab es im Sozialismus nicht, hier zogen alle an einem Strang, jeder war des anderen Freund. Otto sollte für das reale Leben in der DDR gewonnen werden. »Keiner wird bei uns allein gelassen.« Genau diese betuliche Besorgnis aber nervte ihn, genau der versuchte er in seinen Träumen ein wenig zu entkommen. Er war ja gar kein Rebell, er wäre ja gerne ein Vorbild gewesen, aber unsere Sympathien für seine Phantasien, für seine zaghafte Selbstbehauptung waren nicht zu verleugnen.

Ins Gerede kam der Film wegen seiner Premierengäste, denn im Berliner »Colosseum« erschienen Christa Wolf, Stefan Heym, Jürgen Böttcher und, was noch nie bei der Premiere eines DEFA-Films geschehen war, die Unperson Wolf Biermann. Wenn die alle sich für den Film interessierten, war höchste Wachsamkeit geboten. Am Tag danach zitierte man mich vor die Parteileitung, wo man erwartete, daß ich erklärte, wie es zu solch einer Provokation kommen konnte. Biermann und der Kulturminister gemeinsam in einem Raum! Ich weiß nicht, ob die Stasi rausgefunden hat, wer ihn einlud.

Auf einer Veranstaltung des Verbands der Film- und Fernsehschaffenden attackierte Horst Seemann den Film, und man warf uns ein revisionistisches sozialdemokratisches Weltbild vor. Man schoß mit Kanonen auf Spatzen. Wenn dieses kleine bißchen Phantasie schon anstößig war! Ich war enttäuscht, daß niemand aus meiner Generation sich zu unserer Verteidigung zu Wort meldete. Einzig Wolfgang Kohlhaase wies die Vorwürfe zurück. Ich erinnere mich auch, daß zur Pressekonferenz des Films ein junges Bürschchen im Blauhemd der FDJ erschien und bekannt gab: »So ist unsere Jugend nicht.« Er war der Sohn eines für Film verantwortlichen ZK-Funktionärs und wurde später selber Regisseur und konnte es sich bis nach der Wende nicht abgewöhnen, andere zu verunglimpfen.

Renate Holland-Moritz schrieb im Satireblatt »Eulenspiegel«: »Rainer Simon vermied dankenswerterweise eine komplexe Wandlung, ein pädagogisches Retortenwunder, aber eine optimistische Andeutung hätte er schon machen dürfen. Im Buch ist das Ende auf literarisch glückliche Weise gelöst. Lehrer und Schüler treffen sich auf einem Fußballplatz, essen gemeinsam eine Bockwurst, und Nikkel umfaßt Otto Hintz mit den inhaltsschweren Worten: Los, Bruderherz, auf zur zweiten Halbzeit.«

So einfach war das.

Doch ich hatte nicht viel Zeit, mich über Rezensentennörgelein zu ärgern, denn ich war schon bei der Vorbereitung meines nächsten Films, *Sechse kommen durch die Welt*, den ich im Sommer 1971 zu drehen begann. Nun hielt man mich für reif genug, dieses Projekt zu realisieren, nach dem Szenarium von Freitag und Nestler.

Gleichzeitig schrieben Christa und Gerhard Wolf die Filmerzählung *Till Eulenspiegel*, und ich war in diese Arbeit einbezogen, es sollte mein erstes »großes« Projekt werden. *Sechse kommen durch die Welt* galt als eine weitere Bewährungsprobe.

Bei den Brüdern Grimm kommen die Sechse bekanntlich durch die »ganze« Welt. Zu Beginn der Stoffentwicklung schwebte uns auch so etwas vor, zumindest dachten wir an eine Koproduktion mit Bulgarien oder Rumänien, das zerschlug sich bald aus Kostengründen. So entfernten wir das Wörtchen »ganze« aus dem Titel und drehten auf Rügen, an der Moritzburg, in der Sächsischen Schweiz und in der Mark Brandenburg. Für einen Kinderfilm war der Film auch so noch aufwendig genug, muß gerechterweise gesagt werden.

Für die Hauptrolle wollte ich Winfried Glatzeder, den ich von der Filmhochschule kannte und der gerade bei Siegfried Kühn in *Zeit der Störche* und bei Roland Oehme in *Der Mann, der nach der Oma kam* seine ersten großen Filmrollen gespielt hatte. Den bekamen wir aber nicht vom Theater frei, so sehr sich auch Produktionsleiter Herbert Ehler bemühte.

Ich bemühte mich um einen ausländischen Star, Daniel Olbrychski, Oleg Tabakow und Jiří Menzel waren im

Gespräch. Heute kommt mir das vermessen vor, Olbrychski war der Star aus Wajda- und Zanussi-Filmen, Oleg Tabakow hatte in Alexander Mittas Film *Leuchte, mein Stern leuchte* international für Aufsehen gesorgt, Jiří Menzel war gar Oscar-Preisträger, er hatte ihn für seinen Film *Scharf beobachtete Züge* erhalten. Und die wollte ich für einen Märchenfilm engagieren. Doch zu jener Zeit war für osteuropäische Schauspieler die Verpflichtung für einen DEFA-Film eine ökonomisch verlockende Sache.

Bis zwei Wochen vor Drehbeginn war die Hauptrolle noch nicht besetzt, Olbrychski war nicht frei, Tabakow wollte, aber konnte wegen seiner Theatertermine in Moskau nicht, und Menzel bekam von den Tschechen keine Erlaubnis, obwohl er dort nach 1968 keine Arbeit mehr hatte. Sich an ihn zu wenden kam einer politischen Provokation gleich, doch Herbert Ehler zog mit, was nicht selbstverständlich war. Ich machte weiter Probeaufnahmen mit verschiedenen DDR-Schauspielern, aber mit keinem war ich zufrieden. Dann kam in letzter Minute überraschend grünes Licht aus Prag, und Jiří Menzel durfte spielen. Erstaunlich, daß von offizieller DDR-Seite uns niemand davon abriet oder daran hinderte.

Doch immer wieder gab es an der Grenze Schwierigkeiten, für die Rolle mußte Menzel sich die Haare wachsen lassen, was die tschechischen Grenzbeschützer jedes Mal monierten. Erst mit einem offiziellen Schreiben der Studioleitung hatten wir einigermaßen Gewähr, daß er nicht plötzlich kurzgeschoren zum Drehen kam. Wir zitterten jedes Mal, wenn er während der Dreharbeiten von Dresden ins nahe Prag zurückfuhr.

Ich hatte für den Film ein hervorragendes Ensemble zusammen. Die Sechse waren, neben Menzel, Friedo Solter,

Christian Grashof, Günter Schubert, Jürgen Gosch und Olga Strub, den König spielte Jürgen Holtz und die Prinzessin Margit Bendokat. Hinter der Kamera stand Roland Gräf, auf die Zusammenarbeit mit ihm hatte ich mich sehr gefreut, denn wir standen uns ästhetisch sehr nahe. Doch der Film wurde für mich zu einer Tortur. Ich fühlte einen Druck wie nie zuvor. Die Unbekümmertheit des Anfängers war weg. Ich kam mir vor wie ein Skispringer, der plötzlich beginnt, mitten im Flug nachzudenken. Mit Gräf stand mir zwar ein guter Kameramann zur Seite, aber auch einer, der sich selber als Regisseur fühlte. Bei allen meinen Filmen war es für mich wichtig, in den Augen des Kameramanns lesen zu können, wie er die gedrehte Szene findet, das war bei Claus Neumann so und später bei Roland Dressel und noch später bei Frank Sputh. Hielt der Kameramann sich raus, kam ich mir verloren vor. Gräf schien mir neutral. Ich hatte das Gefühl, er meinte alles besser machen zu können. Das verunsicherte mich und schränkte meine Phantasie ein.

Schauspieler haben ein feines Gefühl für solche Imponderabilien, sie können sich da nicht raushalten. Auch Menzel und Solter waren bekannte Regisseure. Bei Grashof und Gosch, damals noch Anfänger, wußte ich nicht, war ich für sie der Spielleiter oder ein anderer? Holtz war sowieso sein eigener Regisseur, er hatte sich für seine Rolle und die der Prinzessin eine höchst politische Konzeption ausgedacht. Nach der trachtete er, die Dialoge umzuschreiben, womit wiederum die Autoren ihre Probleme hatten. Holtz zeichnete seinen König gleich zu Beginn des Films mit dem »Stern der Unsterblichkeit« aus und heftete Orden an die Brüste hölzerner Marschälle, er arbeitete die Senilität des Königs, die Abhängigkeit von seiner bösen Tochter und die hoffnungslose Blödheit seiner Vasallen viel stärker heraus, als das im Szenarium stand. Da boten sich nun wirklich Assoziationen zum real existierenden Ulbricht und seinem Hofstaat an.

Eigentlich sollte auch Käthe Reichel dabeisein, sie sollte den Starken spielen, wir wollten sie per Maske in einen Mann verwandeln, und sie schlug vor, daß die Maskenbildner sich für die Rolle Ho Chi Minh als Vorbild nahmen. Das philosophische Motto für die Rolle lieferte Laotse: Das Weiche besiegt das Harte.

Für Schauspieler wie die Reichel, Holtz, Gosch hatte ich immer offene Ohren, ihr unkonventionelles Herangehen konnte mich verführen, es öffnete meiner Phantasie Freiräume und gab dem Film eine zweite Ebene, auf der nicht nur der Verlauf der Handlung wichtig war, sondern auch, was sich dahinter verbarg: die Sekunde Leben. Wenngleich ich mir auch der Gefahr bewußt war, daß mancher ihrer Vorschläge zu konzeptionell geraten konnte. Aber mir gefiel das Spannungsfeld, das durch die Arbeit mit solch erfahrenen Theaterschauspielern zur filmischen Authentizität aufgebaut wurde.

Gegen die Besetzung mit der Reichel intervenierten die Autoren, deshalb konnte ich sie nicht durchsetzen, da war die Studioleitung fein raus. Die Konzeption der Reichel, eines sanften, unter seiner Stärke leidenden, vor seiner Stärke erschreckenden Starken behielt ich bei, auch als dann Günter Schubert die Rolle spielte. Alle diese wundersamen Märchengesellen, die der betrogene und deshalb rebellische Soldat um sich versammelte, besaßen neben ihren märchenhaften Talenten Eigenschaften, die sie mit ihren Begabungen hadern ließen. Der kräftige Solter war nun wirklich nicht die zu erwartende Besetzung für einen Schnellläufer, dieser Läufer lief aber eigentlich auch nur, um Würste zu stehlen und sich dann auszuruhen. Goschs Jäger konnte nicht nur auf Hunderte Meter Beeren vom Strauch schießen, er tat dies, weil ein penibler Ordnungssinn ihn unrechtes Tun vergelten ließ. Grashof, der in Abwandlung des Grimm-Märchens nicht mit seiner Nase Stürme entfachen, sondern wunderbar auf der Fiedel zum Tanze spielen konnte, fürchtete nichts mehr als die Kraft seiner Kunst, der die Leute bis zur totalen Erschöpfung ausgeliefert waren. Das Männlein mit dem schiefen Hütchen, das damit Kälte und Hitze manipulieren kann, schließlich war gar kein Mann, sondern ein Mädchen, Olga Strub. Das war eine Erfindung der Autoren, um zwischen dem Soldaten und ihr eine Liebesgeschichte in den Film konstruieren zu können.

König und Prinzessin luden, nachdem der Läufer trotz aller Manipulationen des Hofes den Wettlauf gegen die Prinzessin gewonnen hatte und der Soldat damit diese zur Frau, den Soldaten und seine Gesellen zu einem opulenten Mahle ein. Doch dann heizten sie unter dem Speisezimmer, daß die Wände zu glühen begannen. In ihrer Wut gingen sie so weit, sogar ihre hölzernen Marschälle zu verheizen: »So geht denn hin und sterbt den Heldentod!«

Der Soldat und sein Pack sollten verbrennen. Dazu war jedes Mittel recht.

Als die tödliche Bedrohung bemerkt wird, greift der Fiedler zur Geige und singt einen Text Walthers von der Vogelweide, den ich in die letzte Fassung des Drehbuchs geschrieben hatte:

»Wie steht in unserm Lande die Ordnung!
Welche Schande, daß selbst die Mücke wird regiert.
O, weh, dir Welt, wie schlimm du stehst.

Was du für Dinge jetzt begehst,
Die widerwillig man nur kann ertragen!
Fast bist du ohne alle Scham.
Gott weiß es, wie ich dir bin gram.
Unleidlich wurdest du in unsern Tagen.«

Schiefhütchen wird ihren Hut gerade rücken und den Hof in Kälte erstarren lassen.

»Biete ihnen Gold!« sagt die Prinzessin.

»So viel ihr wollt, alles, was ihr mitnehmen könnt«, sagt der König, um sie loszuwerden.

Das ist eine Menge, sie räumen das ganze Schloß aus, denn für den Starken ist es ein Klacks, eine ganze Kutschenkarawane wegzuziehen. Doch was sollen sie mit all diesen Schätzen? Und so behalten sie die nicht für sich selbst, sondern verschenken die Spiegel und Uhren, Brokatstoffe und Teppiche an die Bauern am Wegesrand, und deren Kinder spielen Hopse mit goldenen Dukaten. Seltsamerweise wurde gerade diese Erfindung angefeindet.

Natürlich war mir klar, daß nicht alles Doppelbödige von kleineren Kindern verstanden würde, aber ich war mir sicher, daß die Handlung für Kinder gut zu verfolgen und spannend ist, warum dann nicht auch noch eine zweite Ebene einbauen?

Während *Wie heiratet man einen König* von den Kritiker ziemlich einhellig gelobt worden war, spalteten sich nun die Meinungen. Der »Filmspiegel« eröffnete eine Leserdiskussion, ob die Adaption kindgemäß sei. Das »Neue Deutschland« fand: »Stärker hätte die entschlossene Gemeinsamkeit der unbesiegbaren Sechs aus dem Volke zum Ausdruck gebracht werden müssen.« Die Jugendzeitung »Forum« aber widmete dem Film eine ganze Seite mit dem Titel »Wider Könige und Cliquen« und setzte unter die

Rezension von Hans-Jörg Rother, die meine Intentionen sehr genau beschrieb, ein Foto von Angela Davis mit geballter Faust.

Till Eulenspiegel

In der Nacht heulte der Wind, und der Regen peitschte gegen das Schlafzimmerfenster. Ich träumte von der Geburt meiner Tochter Jana im Herbst 1972. Als ich das kleine Wesen das erste Mal sah, hinter Glas im Babelsberger Krankenhaus, fühlte ich mich eingehüllt wie in einer Welle von Sanftheit, es war ein Gefühl, das ich nie wieder fand.

Ein paar Tage nachdem Jana zur Welt kam, fegte der stärkste Orkan seit Jahren über Potsdam, die Straße nach Berlin war von umgeknickten Bäumen blockiert, gerade hatte eine dramatische Parteiversammlung stattgefunden, in der um Heiner Carows Film *Die Legende von Paul und Paula* gestritten wurde, und die Berliner Kollegen blieben mit ihren Autos im Holzbruch stecken. Der Babelsberger Park sah noch Jahre danach aus, als wäre ein Meteor hineingerast.

Jana ist ein Kind des Eulenspiegels.

Während Christa und Gerhard Wolf mit dem Dramaturgen Walter Janka und mir an der Filmerzählung arbeiteten, lernten ihre Tochter und ich uns kennen. Ohne Till Eulenspiegel wären wir uns wahrscheinlich nicht begegnet.

Ich habe dieses Kapitel Tag für Tag vor mir her geschoben, denn ich ahne, es wird Schmerzen bereiten. Schon wenn ich die alten Aufzeichnungen lese, die Abnahmeprotokolle, den Briefwechsel mit Studiodirektor Wilkening, HV-Einschätzungen, Filmkritiken und gar noch die

Stasi-Akten, verhaken sich die Akteure von damals wieder in meinen Träumen.

Im Herbst 1972 war die Filmerzählung der Wolfs fertig. Ein zweiteiliger Film sollte entstehen, *Till Eulenspiegel – Die List der Schwachen* und *Die Kunst des Narren*. Ich fuhr mit Kameramann Claus Neumann und Filmszenenbildner Gerhard Hellwig durch Thüringen und den Harz, um Motive zu suchen, und danach zu Recherchen in den Westen. Die Reise begann im Nebel, er war so dicht, daß wir bis Bamberg nicht weiter als bis an den Rand der Autobahn sehen konnten, zum Verzweifeln. Doch dann Rothenburg ob der Tauber, wir kamen abends an und befanden uns inmitten japanischer Touristen im milden, orangenen Licht einer Theaterkulisse, »unsere schöne deutsche Heimat« pur, es folgten Nürnberg, der Neckar, Würzburg, Heidelberg, Augsburg, München. In der Studentenstadt Tübingen klebte an einem Auto ein Foto von Franz Joseph Strauß, und daneben stand geschrieben: »Würden Sie von so einem Mann einen Gebrauchtwagen kaufen?« Das fand ich sehr überzeugend.

Es war eine unwirkliche Reise. Wir bewegten uns auf den Spuren eines fiktiven Narren, der den Deutschen vor ein paar hundert Jahren den Spiegel vorgehalten hatte, und sie hatten sich seitdem wenig verändert. Wir besuchten Städte, Klöster und Landschaften, wo Dürer, Ratgeb, Erasmus, die Fugger, das Pauker-Jäcklein, deutsche Humanisten, Könige und Kleriker gelebt hatten, die in unserem Film Eulenspiegels Zeitgenossen sein würden.

Wir folgten deren Spuren in einer Gegenwartswelt, die mir fremder noch war als das Mittelalter und die ich mich bemühte kaum zur Kenntnis zu nehmen. Ich sah die übervollen Buchhandlungen und die Reklame für Reisen nach

Mallorca und Tunesien. Das durfte nicht an mich heran. An den Kaufhäusern vorbeizugehen fiel mir nicht schwer. Da mußte ich nur hinein, um pflichtschuldigst die Geschenke zu kaufen für die Daheimgebliebenen und in den Apotheken homöopathische Medizin für meine Mutter.

Da abzusehen war, daß dieser *Eulenspiegel*-Film ein außerordentlich aufwendiges Projekt würde, bemühte sich die Studioleitung um Koproduzenten. Am sinnvollsten für diesen deutschen Stoff wäre natürlich ein westdeutscher Partner gewesen, aber an eine direkte Zusammenarbeit mit der BRD war damals noch nicht zu denken.

Wilkening nahm Kontakte zu Frankreich auf. Ende der fünfziger Jahre hatte es ja schon einmal bei historischen Stoffen Koproduktionen der DEFA mit Frankreich gegeben, *Die Elenden* mit Jean Gabin, *Die Hexen von Salem* mit Yves Montand und Simone Signoret, *Trübe Wasser* mit Jean-Claude Pascal, und auch einen Eulenspiegel gab es bereits, *Die Abenteuer des Till Ulenspiegel* von und mit Gérard Philipe nach dem Roman von Charles de Coster.

Man riet mir, mit der Besetzung der Hauptrolle zu warten, vielleicht wäre ja ein westlicher Star drin. Nach den Verhandlungen mit Partnern, die mir unbekannt blieben, teilte man mir mit, daß die Franzosen Alain Delon und Omar Sharif ins Spiel gebracht hätten. Ich hatte mir Till Eulenspiegel anders vorgestellt und tat gut daran, das nicht ernst zu nehmen. Es war jene Aufschneiderei, die mir später so oft begegnen würde, daß Produzenten und Filmförderer als erstes über gebratene Tauben auf dem Dach daherschwätzen, um zu verbergen, daß sie nicht mal die Kacke der Spatzen in der Hand haben. Von den Franzosen war schon bald nicht mehr die Rede, und eine Koproduktion mit einem Land in Osteuropa war auch nicht zu bewerkstelligen, vielleicht aber eine Kooperation mit den Barrandov-Studios, die Prager Altstadt konnte ich mir gut als Drehort vorstellen.

Ich hatte mich schon bald für Winfried Glatzeder als Till entschieden, der 1972 in der *Legende von Paul und Paula* gespielt hatte und damit den Durchbruch zum Publikumsliebling schaffte, »Belmondo des Ostens« nannte man ihn.

Für die anderen Rollen standen mir alle Tore offen, mit den besten Schauspielern der sozialistischen Länder Kontakt aufzunehmen, denn das würde die Verkaufschancen in diese Länder verbessern. Auf meiner Wunschliste standen unter anderen Maja Komorowska, Olgierd Lukaszewicz und Franciszek Pieczka aus Polen, Josef Abrham aus Prag, Alexej Batalow, Anatoli Solonizyn, Juri Jarwet und Ramas Giorgobiani aus der Sowjetunion. Giorgobiani war mir als Hauptdarsteller in Iosselianis *Blätterfall* und Abuladses *Perlen für meine Geliebte* aufgefallen. Obwohl Georgier, hatte er ein Habsburger-Gesicht, ich wollte ihn für die Rolle des deutschen Kaisers, die Karl V. nachgestaltet war. Regisseur Otar Iosseliani wollte ich auch besetzen, als Gauklerfürsten. Seine Filme gehörten zum Faszinierendsten, was es für mich im internationalen Kino gab.

Die Jahre nach 1968 und dem brutalen Ende des tschechischen innovativen Kinos waren die Jahre des neuen sowjetischen Films, Mittas *Leuchte, mein Stern, leuchte*, Panfilows *Durchs Feuer führt keine Furt*, Smirnows *Belorussischer Bahnhof*, Michalkow-Kontschalowskis Literaturverfilmungen, in Georgien drehten Iosseliani, Abuladse, die Brüder Schengelaja. Endlich kam auch Tarkowskis *Andrej Rubljow* in die Kinos.

Daß solche Filme beim »großen Bruder« Sowjetunion

gedreht werden konnten, gab uns Hoffnung, und wir nutzten es weidlich für unsere Argumentation, denn in der DDR war von einer ähnlichen Aufbruchstimmung nichts zu spüren. In Potsdam gründeten wir einen Filmklub, wo wir uns bemühten, solche Filme aufzuführen, bevor sie in die Kinos kamen.

Otar Iosseliani hatte ich im Frühjahr 1972 auf dem Filmfestival in Taschkent kennengelernt, das ein Festival für Filme aus Asien und Afrika war. Die ausländischen Festivalgäste wurden von Taschkent zu Ausflügen nach Samarkand und Buchara geflogen. Als der Rückflug von einer dieser Städte starten sollte, verzögerte sich der Start, weil es hieß, es sei ein blinder Passagier an Bord. Es klärte sich auf, Otar war der blinde Passagier. Ich erzählte ihm in meinem haarsträubenden Russisch von meinem *Eulenspiegel*-Projekt, und er fand sofort heraus, daß da etwas Subversives drin sei.

Zurück in der DDR, versuchten wir nun per Telefon die Verhandlungen in Gang zu bringen, ein Abenteuer besonderer Art. Mit Tbilisi zu telefonieren gelang, aus welchen Gründen auch immer, nur von einer Telefonzelle im Potsdamer Interhotel. Aber auch dort mußten wir stundenlang auf die Vermittlung warten. Ich haßte dieses Hotel, weil es da Plazierdamen gab, die Gäste, die nicht mit Krawatten behangen waren, wie Asoziale behandelten. Die Telefonvermittler kannten sich in unseren Plänen bestens aus. Wenn wir um ein Gespräch mit der Nummer von Ramas Giorgobiani baten, antwortete eine Stimme in einer fernen Vermittlung: »Aha, Sie wollen Ihren Kaiser sprechen.« Mit Otar bekamen wir nie Verbindung.

Im Herbst 1972 flog ich mit Produktionsleiter Martin Sonnabend nach Warschau und Moskau. Frau Komorowska empfing uns, ich wollte sie als Fürstin besetzen und Lukaszewicz als Fürsten, ich kannte sie aus Filmen von Zanussi und Wajda. Pieczka, der für den Film *Die Tage des Matthäus* gerade beim Filmfestival in Chicago als bester Schauspieler ausgezeichnet worden war, sollte den Raubritter Kuntz spielen. Alles verlief bestens.

Wir flogen weiter nach Moskau und quartierten uns im riesigen Hotel »Rossija« ein. Wir wollten mit russischen und baltischen Schauspielern sprechen und Verbindung mit den Georgiern aufnehmen, eventuell nach Tbilisi fliegen. Doch kaum angekommen, stieß ich auf der Treppe zum Hotel mit Iosseliani zusammen. Er schleppte mich auf sein Hotelzimmer, das er mit seinem ukrainischen Kollegen Juri Iljenko teilte, dem Regisseurs des Films *Der weiße Vogel mit dem schwarzen Fleck*. Batterien von Flaschen grusinischen Kognaks und ukrainischen Wodkas wurden zutage befördert.

Aber es gab nichts zu feiern, die beiden kamen vom Allunionskongreß der sowjetischen Filmschaffenden. Das Staatliche Komitee für Kinematographie hatte einen neuen Chef bekommen, und für die Filmschaffenden vor allem der nichtrussischen Sowjetrepubliken war das Schlimmste zu befürchten, eine zentrale Zensurbehörde und damit stärkere Abhängigkeit von Moskau. Sie hatten recht, auf den sowjetischen Filmfrühling sollte kein Sommer folgen. Das erzählten sie mir, und wir tranken für mich unglaubliche Mengen, so daß ich ihr Russisch sogar verstand. Zwischen den Redeschwallen wandte sich Otar, mit erhobenem Glase drohend, den Ecken der Hotelzimmerdecke zu und schrie: »Secret service! Secret service!«

Am Nachmittag wankte ich ziemlich desolat durch das

Labyrinth der kilometerlangen Hotelgänge, ohne mein Zimmer zu finden, bis ich schließlich Martin Sonnabend in die Arme lief, der in großer Sorge auf der Suche nach mir war und mich höchst verwundert betrachtete. Es sollen in solchen Hotels ja schon Leute verlorengegangen sein, etwas in der Art sagte er.

Am nächsten Tag verhandelten wir im Mosfilmstudio. Die uns zugeteilten Mitarbeiter hatten ihre Order, mit wem wir sprechen durften oder nicht. So behaupteten sie, daß der estnische Schauspieler Juri Jarwet, der bei Kosinzew den *König Lear* gespielt hatte, sich weigere, russisch zu sprechen, und für uns somit nicht in Frage käme. Auch von den Georgiern rieten sie uns ab, doch das wollten wir mit denen direkt verhandeln, was ging das Moskau an? Sie schlugen den einen oder anderen Schauspieler vor, der mir bisher noch nie aufgefallen war. Immerhin konnte ich mich mit Alexej Batalow treffen, dem großen Batalow aus *Die Kraniche ziehen* und aus *Neun Tage eines Jahres*, ich bot ihm die Rolle eines europäischen Humanisten an. Ich traf auch Anatoli Solonizyn, Tarkowskis *Andrej Rubljow*. Ich wußte, daß ich zwei der besten Schauspieler der Welt gegenübersaß. Beide hatten nichts von Stars an sich, es waren nachdenkliche und, wie mir schien, traurige Männer. Ich wußte, daß sie nicht so sehr die Rolle in meinem Film, sondern die Möglichkeit interessierte, in Deutschland zu arbeiten, und sei es in der DDR.

Im Laufe des Frühsommers 1973, sechs Wochen vor Drehbeginn, geschah, was zu befürchten war, jetzt fiel der Studioleitung auf, daß unser zweiteiliger Film die Produktionsmöglichkeiten des DEFA-Studios übersteigen würde. Die Argumente konnte man nicht von der Hand weisen, doch mir ist nie klargeworden, warum diese Entscheidung so spät fiel, warum sie uns so lange arbeiten ließen, was ja auch eine Menge Geld kostete.

Natürlich vermuteten die Autoren und ich, daß auch inhaltliche Bedenken eine Rolle spielten. Die Art und Weise, wie der Till Eulenspiegel sich mit der Obrigkeit anlegte, konnte einigen Leuten nicht gefallen. Hinzu kam, daß der künstlerische Direktor Wito Eichel aus dem Studio ausgeschieden war, und Wilkening hatte als Hauptdirektor wieder uneingeschränkt das Sagen.

Die Autoren wurden beim Kulturminister vorstellig, erreichten aber nichts.

Nach der Wende fand ich in einem Bericht, den der für das DEFA-Spielfilmstudio zuständige Stasi-Oberleutnant im April 1974 geschrieben hatte, folgende Passage:

»Ende 1972 lag ein fertiges Szenarium vor, das in keiner Weise die vertraglich fixierten Auflagen berücksichtigte. Christa und Gerhard W. haben ein Szenarium geschrieben, das einen 2-teiligen Spielfilm ergeben sollte, die eingeleitete Vorkalkulation hat einen Produktionskostenwert von ca. 11 Mill. Mark ausgewiesen. Zum anderen und das ist der wichtigere Faktor, war das Szenarium so geschrieben, daß Till Eulenspiegel nicht als der positive Volksheld zu verstehen ist, sondern als der Possenreißer, der die Möglichkeiten seiner Zeit nutzte, um sich selbst ein angenehmes Leben zu organisieren. Das unterdrückte Volk selbst war in diesem Szenarium als dumm und unbeweglich und deshalb steril dargestellt. Der Hauptdirektor des Spielfilmstudios *(Albert Wilkening)* sowie der künstlerische Direktor *(Günter Schröder)* haben von Anfang an versucht, in persönlichen Aussprachen mit den Autoren eine Neufassung entsprechend der

Auftragserteilung zu erreichen. Christa und Gerhard W. haben zusammen mit dem vorgesehenen Regisseur Rainer Simon und mit dem Hauptdramaturgen Dieter Wolf beharrlich den Standpunkt vertreten, daß das vorgelegte Szenarium für die Verfilmung des Volksbuches Till Eulenspiegel geeignet ist …

Da die Diskussion um den politischen Gehalt des Szenariums nicht zu einer Überarbeitung geführt hat, sah sich der Hauptdirektor des Spielfilmstudios gezwungen, unter Voranstellung ökonomischer Schwierigkeiten, dieses Projekt nicht zur Produktion freizugeben.«

Ich hatte so viel Kraft und Hoffnung investiert, daß ich überlegte, was zu retten sei. Die Wolfs hatten keine Lust, nochmals alles umzuarbeiten, ihre Eulenspiegel-Adaption lag ja wenigstens als Buch vor. Sie tolerierten meinen Versuch, ein neues Drehbuch zu schreiben, das ihre Erzählung und das Deutsche Volksbuch als Material verwenden würde. Mit Jürgen Klauß, der als Assistenzregisseur für den Film vorgesehen war, und dem neuen Dramaturgen Manfred Wolter begann ich über eine Konzeption für einen Film mit normaler Länge nachzudenken.

Wir mußten uns von dem breiten, epischen Gemälde der Wolfs entfernen und eine sprödere, episodische Struktur finden. Auch wollten wir den Eulenspiegel nicht als eine Entwicklungsfigur zeigen, sondern als Schwankhelden, der so ist und bleibt, wie er ist. Mir war es immer darum gegangen, den Eulenspiegel des Volksbuchs wieder kenntlich zu machen. In den bürgerlichen Kinderbuchfassungen war er zu einem witzigen Spaßmacher verharmlost worden. Mich aber interessierte der Rebell, der Anarchist, der Subversive, derjenige, der die Verhältnisse ins Wanken bringt. Eulenspiegel riß den Herrschenden die Maske vom Gesicht, aber nicht nur den Herrschenden, er attackierte auch die Verführbarkeit, Leichtgläubigkeit und Dummheit der kleinen Leute.

In meinen ersten Filmen ging es immer um das Verhältnis des Einzelnen zur Macht. Aber der Till spielte in einer anderen Klasse als die Bauerntochter und die Sechse, die durch die Welt ziehen.

Das neue Drehbuch lag im Herbst 1973 vor. Dramaturg Wolter und Hauptdramaturg Dieter Wolf von der Gruppe »Babelsberg« schrieben eine Stellungnahme, die klug und feinfühlig das Szenarium zur Abnahme vorschlug, Chefdramaturg Schröder, der sich zu jener Zeit Künstlerischer Direktor nannte, schloß sich der Einschätzung mit ein paar nichtssagenden Worten an, das entsprach seinem Stil.

Vom Hauptdirektor Wilkening wurde das Buch an die HV gereicht, dort lag es, und es geschah nichts. Keiner wollte entscheiden, es drang durch, daß man befürchte, die als Buch erschienene Wolfsche Filmerzählung könnte mit unserem Film verglichen werden. Plötzlich sorgte man sich um uns, um mich und um die Wolfs. Das war natürlich ein Vorwand.

Die Wolfs schrieben an Wera Küchenmeister, die seinerzeit in der HV arbeitete, und teilten mit, daß unser neues Buch ihre volle Zustimmung habe, auch wenn sie natürlich bedauerten, daß die zweiteilige Fassung nicht realisiert werden könne. Sie schrieben auch, daß dieser ganze unerfreuliche Prozeß ihnen jede Lust genommen habe, noch einmal für den Film zu arbeiten. Schließlich erfuhren wir, daß die HV Film das Drehbuch zwei Literaturwissenschaftlern der Akademie der Wissenschaften zur Begutachtung geschickt hatte. Wir wußten, daß wir davon abhängig waren wie von einem Gottesurteil.

Zu den Verzögerungen mag auch beigetragen haben, daß in der Sowjetunion von den Regisseuren Alow und Naumow ebenfalls ein *Eulenspiegel*-Projekt in Angriff genommen wurde, nach der Vorlage des Romans von de Coster.

Wir hatten in jenem Jahr eine Zweitwohnung in Berlin bezogen, weil meine Frau an der Humboldt-Universität Psychologie studierte und der tägliche Weg von Babelsberg um West-Berlin herum zu umständlich war. Meine Mutter wohnte bei uns, um Jana zu betreuen, die wir nicht in eine Krippe geben wollten. Wir konnten vorübergehend in der großen Wohnung meines Ex-Kommilitonen Luay el Kahdi wohnen, der mit seiner Familie nach Bagdad zurückgegangen war, die Wohnung aber nicht aufgeben wollte, weil er nicht wußte, ob er im Irak würde Fuß fassen können. Er versuchte dort Filmprojekte in Gang zu bringen, es gelang nicht, und sie kehrten später wieder zurück.

Für mich war es eine schreckliche Zeit nervenaufreibenden Wartens. Schließlich geschah das Wunder, unser Drehbuch wurde von den Gutachtern sehr gut eingeschätzt, Glück gehabt, nun blieb HV und Studioleitung nichts weiter übrig, als den Film für 1974 in den Produktionsplan aufzunehmen.

Unser Film erzählte die Eulenspiegel-Geschichte in drei großen Blöcken, er beginnt auf der zerfallenen Burg des Raubritters Kuntz, den Franciszek Pieczka spielte, der einzige osteuropäische Schauspieler, der übrigblieb. Das lag auch daran, daß im Vergleich zur zweiteiligen Fassung wichtige Rollen eliminiert oder stark reduziert wurden.

Einen von Kuntz' Landsknechten spielte Michael Gwisdek, es war eine seiner ersten Filmrollen.

Danach kam Till zum Fürsten, den Eberhard Esche spielte, und schließlich an den Hof des Kaisers, für diese Rolle hatten sich alle Hoffnungen auf eine ausländische Besetzung zerschlagen, ihn spielte Jürgen Gosch, und ich hätte keinen Besseren finden können.

In den Szenen dazwischen hatte es Till vor allem mit diversen Pfaffen zu tun und mit den kleinen Leuten. Wir hatten die in der Filmerzählung erfundene Liebesgeschichte zu einem Bauernmädchen übernommen. Aber sie blieb das dünnste Glied in der Kette. Es war kein Zufall, daß der Till des Volksbuchs keine Frau hatte. Wie Eulenspiegel konnte sich nur ein Einzelkämpfer bewegen, das war kein Mann für bürgerliche Konventionen. Ich wollte die ganz junge, freche Katharina Thalbach für diese Rolle, bekam sie aber nicht frei vom Theater, und Cox Habbema, einst die »kluge Bauerntochter«, übernahm die Rolle.

Wir begannen im Frühjahr 1974 zu drehen, im Harz, in Thüringen, Sachsen und in der Umgebung von Potsdam. Auch diese neue Version des Films war ein aufwendiges Projekt. Auf der Albrechtsburg in Meißen drehten wir an einem eiskalten Märzwochenende die Szene, in der Eulenspiegel am Galgen hängen sollte, mit über 1000 Kleindarstellern, die aus Dresden herangebracht wurden, natürlich alle in historischen Kostümen und Masken. So viele Leute zusammenzubekommen war nicht einfach, denn nahezu jeder DDR-Bürger, ob Mann ob Frau, war berufstätig, und Armeekontingente wurden für einen solchen Film nicht abgestellt.

Die geplante Hinrichtung hatten wir in eine Sankt-

Martins-Prozession eingebaut. Dafür wurden historische Gesänge einstudiert. Hinter dem zum Tode verurteilten Till und dem Pauker-Jäcklein, einem milden Aufrührer, der von meinem Freund, dem Indologen Roland Beer, gespielt wurde, schritten der Kaiser und der Bischof. Den Henker spielte Jörg Gudzuhn, sein erster Filmauftritt. Dem heiligen Martin, der symbolisch seinen Mantel mit einem Bettler teilt, wurden, wie es Brauch war, Gänse und Hühner geopfert, deren geköpfte Kadaver zwischen den Schauspielern herumflatterten.

Till, schon unterm Galgen, rang dem Kaiser eine letzte Bitte ab: »Ich will euch nicht um Leib und Leben bitten, nicht um Geld und Gut noch irgendeine Gnade, nicht um Seelenmessen noch ewiges Gedächtnis. Was ich erbitte, ist eine geringe Sache und kostet keinen Pfennig.«

Kaiser: »Sprich!«

Till: »Wenn wir nun gehangen sind, so sollt Ihr, Majestät, kommen, sieben Tage lang jeden Morgen, und all Eure Räte und der Herr Bischof. Und sollt uns nüchtern auf den Arsch küssen.«

Er riß das Büßerhemd hoch und präsentierte das Hinterteil.

Eulenspiegels »Grobianismus«, wie man das gelehrt ausdrückte, erschwerte uns die Organisation so mancher Szene. Für das sinnenfrohe Treiben in einer mittelalterlichen Badestube, wo Erwachsene und Kinder sich ungeniert vergnügten, nahmen die Regieassistenten Verbindung mit FKK-Klubs auf, davon gab es viele in der DDR.

Schwieriger war es, die Drehgenehmigung für eine Kirche zu bekommen, in der Till die Gemeinde um eine Menge Geld erleichtert, indem er eine Opfergabe verlangt und behauptet, daß er sie nur von getreuen Eheleuten annehmen wird. Als der Hausherr der Kirche (Franz Viehmann) beim Aufteilen der Beute Till übers Ohr hauen will, bekommt er zur Antwort: »Wenn die Kirche dein ist, so leg ein Ei in ihre Mitte – und du kriegst alles.«

Wir wollten diese Szene in der romanischen Klosterkirche in Drübeck im Harz drehen, einem architektonischen Kleinod. Doch dazu benötigten wir die Zustimmung der Kirchenoberen. Martin Sonnabend und ich fuhren zum Superintendenten nach Halberstadt, dem wir mit möglichst unverfänglichen Worten die Szene beschrieben.

Der Mann merkte natürlich, was wir wollten, und fragte: »Mit dem Ei meinen sie doch wohl – ein Exkrement?«

»Nein«, sagte ich, »ich meine wirklich ein Ei.«

Denn es wurde mir in diesem Moment klar, daß wir niemals die Erlaubnis bekämen, in die Kirche zu scheißen. Ich würde die Szene so verändern, daß Till zwar Scheiße meint, daß aber, o göttliches Wunder, dem Priester bei der Verrichtung tatsächlich ein Ei entschlüpft. Das Geld bekam der Pfaffe aber doch nicht, denn Till maß noch nach, ob das Ei in der Mitte lag.

Nein, »die Mitte hat noch keiner getroffen!«

Vom Superintendenten bekamen wir die Erlaubnis, in Drübeck zu drehen, mit Ausnahme der Einstellungen, wo das »Ei« zu sehen sei. Er traute mir nicht. Dafür mußten wir den Fußboden der Kirche im Atelier nachbauen.

Am Schloß Quedlinburg drehten wir eine Szene, in der Till einem Fürsten ein schönes Pferd als Geschenk bringt, das er einem anderen Pfaffen (Helmut Straßburger) abgeluchst hatte, indem er ihn bloßstellte, daß der es mit seiner Magd triebe. Anette Roth, die Frau meines Freundes

Dieter Roth, spielte die Magd. Sie hieß vormals Woska, hatte Slatan Dudows *Christine* gespielt und in dem Auto gesessen, mit dem Dudow tödlich verunglückte, sie war dabei schwer verletzt worden. Dieter Roth hatte sie damals im Krankenhaus besucht, und ich erinnere mich, wie erschüttert er von der ersten Visite zurückkam. Ihre so verheißungsvoll beginnende Schauspielerkarriere wurde durch den Unfall abrupt abgebrochen. Sie spielte an kleineren Theatern und Filmrollen bei Egon Schlegel und mir.

Als Till ankommt, ist das Fürstenpaar gerade dabei, einen Maler auszusuchen, der für den Tag der Verleihung der »Päpstlichen Tugendrose« den Festsaal ausgestalten soll. Für die Rollen der Maler, die sich mit ihren Bildern für den Auftrag bewerben, hatte ich »echte« Maler um ihre Mitwirkung gebeten, Peter Herrmann, Peter Graf und Eberhard Göschel aus Dresden, Fritz Müller aus Halle, Wolfgang Leber und Hans-Otto Schmidt aus Berlin und die Brüder Biedermann. Aber als wir zum Drehen kamen, war ich entsetzt über die schlechten Kopien mittelalterlicher Gemälde, welche die Requisiteure besorgt hatten. Nur, woher so schnell bessere Bilder besorgen? In einer winzigen Rolle trat der ehemalige Quedlinburger Theaterintendant Curt Trepte auf. Im historischen Kostüm begleitete er die Requisiteure von einer Quedlinburger Kirche zur anderen, um die Pfarrer zu bitten, uns für den Drehtag Originalgemälde auszuleihen. Sie taten es.

Den Auftrag aber bekommt Till, des schönen Pferdes wegen.

Till: »Eine Kleinigkeit noch, gnädiger Fürst: Meine Bilder kann nur verstehen, wer im einzig rechtmäßigen Glauben unserer alleinseligmachenden heiligen Mutter Kirche ist.«

Fürst: »Ausgezeichnet. Eine Prüfung, die wir nicht zu scheuen haben.«

Till läßt sich mit einem Gehilfen (Horst Lebinsky) im Festsaal einschließen, denkt aber gar nicht daran zu malen, sondern genießt die fürstliche Verköstigung und lehrt einen Esel, in der Bibel zu lesen. Schließlich beschmiert und beschmeißt er die Wände mit Farben, benutzt dazu verschiedenste Gefäße, Materialien und Wurftechniken, vergnügt sich mit seinem Gehilfen bei einer Art Otto Mühlschem Happening.

Als Schnittmeisterin Helga Gentz sich dieser Szene annahm, brachte ich ihr eine Schallplatte von Penderecki mit, denn Friedrich Goldmanns Filmmusik war noch nicht fertig, dazu eine Flasche Weinbrand, und sie überraschte mich mit einer Montage, die ich mir nicht hatte träumen lassen. Sie war genauso schräg und wider alle Regeln wie Tills Malerei.

Mit Helga Gentz habe ich bei den meisten meiner Filme zusammengearbeitet, und unser Arbeitsprinzip war, daß ich ihr, während wir noch drehten, freie Hand für ihre Sicht auf das Material ließ, denn ihr Blick war nicht beeinflußt von dem, was beim Drehen geschah, sie sah nur das Ergebnis. Viele überraschende Lösungen in meinen Filmen sind ihr zu verdanken.

Im August fanden die Rohschnitt-Abnahmen statt, den Protokollen nach verliefen sie glimpflich, die Diskussion konzentrierte sich auf den Schluß. Nachdem sich Till selbst vorm Galgen gerettet hatte, muß er, von seinen Häschern kahlgeschoren, die Stadt verlassen und bekommt aus einem Fenster überm Stadttor einen Kübel Unrat übergeschüttet, er duckt sich instinktiv, dann wischt er sich den Dreck ab und senkt den Kopf. In das kurze Haar ist einrasiert: ENDE.

Till gehe als Geschlagener aus dem Film, wurde moniert, es sei aber ein komödiantischer, optimistischer Ausklang erwünscht. Demgegenüber betonten Christa Wolf und Heiner Carow, daß sie diesen Schluß nicht traurig, sondern realistisch empfänden. Carow sagte: »Es gibt keinen Narren, der nicht am Schluß mit gerupften Federn dasteht.«

Wilkening ordnete an, eine Vormischung durchzuführen, um danach die Gesamtwirkung besser einschätzen zu können, und um den Negativschnitt vorzeitig freigeben zu können, damit der bis zum Jahresende abgeschlossen werden könnte, aus Gründen der Planerfüllung. Davon hingen die Prämien der gesamten Studiobelegschaft ab. Wir arbeiteten relativ unbelastet weiter.

Ich weiß nicht, was in jenem Herbst geschah, doch nach der Vormischung schlug uns ein anderer Wind ins Gesicht. Von Schröder, Wilkening und den Vertretern der HV wurde nun behauptet, daß sei kein Film für ein »breites« Publikum, was man aber von einem so teuren Projekt erwarten müsse. Der Film sei nicht »volkstümlich«, der Eulenspiegel kein Volksheld, man könne nicht mit ihm lachen.

Der für die DEFA zuständige Stasi-Oberleutnant schrieb am 19. 11. 1974:

»Schon bei der Vorbereitung der zweiten Rohschnittabnahme zeigte sich, daß die Filmschöpfer, besonders der Regisseur Rainer Simon, aber auch Christa und Gerhard Wolf, die an und für sich nicht mehr zum engeren Schöpferkreis durch das Umschreiben des Szenariums gehören, nichts unversucht ließen, um eine Front gegen die Studioleitung aufzubauen …

›Albert‹ fertigt über die Diskussionen während und nach der zweiten Rohschnittabnahme mit seinen Veränderungsbemerkungen zu diesen Film für unser Organ einen ausführlichen Bericht an. Weiter wurde bekannt, daß Christa Wolf sich über den Ablauf der zweiten Rohschnittabnahme derart erregt hat, daß sie eine schwere Herzattacke erleiden mußte.«

Noch ein weiterer Bericht ging an die Stasi, von IM »Wassili«, ein stilistisches Kleinod:

»Ich muß etwas vorausschicken. Ich kenne nicht gut die Historie des Till und habe auch noch nicht das Buch von Christa und Gerhard ... ›Till Ulenspiegel‹ gelesen. Deshalb fehlen mir wohl einige Prämissen für eine frontierte filmwissenschaftliche Analyse des Films ...

Ich halte es für notwendig im Zusammenhang mit diesem Film die politische Frage zu stellen, diese heißt: ›Welche Rolle spielt dieser Film im ideologischen Klassenkampf heute, welche kann er spielen, steht der Film wirklich auf unserer Seite, wofür ist er und wogegen, von welcher Position aus beurteilen die Filmschöpfer unsere Welt‹ ...

Ich, der ich mich für einen Verantwortlichen für diesen Staat halte, fühle in diesem Film an keiner Stelle moralische Hilfe und Unterstützung für meinen Charakter, im Gegenteil, ich habe die Empfindung, mein Kampf wird von den Filmschöpfern gebilligt und gering geachtet ...

Ich glaube, daß das historische Thema die Tarnkappe ist für Anspielungen auf unsere sozialistische Gegenwart. So ein Beispiel wie diese Methode sich in diesem Film verwirklicht: 2 Figuren der damals herrschenden Klasse angehörig, der eine, dem die politische Macht gehört, ein anderer, ein Handelsmann, der Geld besitzt. Sie beide werden sich handelseinig und beschließen ihre Verhandlungen mit einem Bruderkuß. Die Zuschauer verstehen sofort, warum das so inszeniert worden ist, weil sich alle an die Diskussion, die es in der DDR gegeben hat um den Bruderkuß von Genossen Honecker und Breshnew, erinnern. Aber daß sich nach diesen bösartigen dummen Diskussionen der Regisseur Rainer ... noch erlaubt, das im historischen Gewand verkleidet wieder aufzugreifen und in Szene zu setzen, das ist nach meiner persönlichen Meinung schon mehr eine Frechheit, vor allendingen auch unter dem Gesichtspunkt, daß er sich so etwas traut und vielleicht sogar die Hoffnung hegt, daß wir es nicht merken würden, ich meine jetzt die Verantwortlichen, das läßt darauf schließen, daß er uns wahrlich für Idioten hält.

Das Weltbild der Filmemacher scheint mir im Film so. Die Macht ist korrupt und der Geist lebt bei der zentralen Figur Till. Zur philosophischen Interpretation im Verhältnis von Geist und Macht wird eine neue Auflage, eine für die sozialistische Kunst ungeeignete Variante hinzugefügt ...«

Und schließt: »Wir sollten uns diesen Film nicht leisten.«

Nach der Studioabnahme fand sich die Studioleitung bestätigt und hielt uns vor, es sei von den Zuschauern zu wenig gelacht wurden. Wilkening ordnete an, den Schluß zu ändern, Till durfte keinen Dreck mehr übergeschüttet bekommen, alles andere blieb. Er teilte mit, daß die HV den Film am 20. 12. 1974 formal abnehmen werde, daß aber im Januar 1975 an dem Film weitergearbeitet werden müsse. Mit diesem Trick sollte die Planerfüllung gerettet werden.

Für uns bedeutete diese Taktik, daß kein Ende der Schnittauflagen in Sicht war.

Am Morgen vor der HV-Abnahme bestellte Wilkening den Leiter der Dramaturgengruppe »Babelsberg« Dieter Wolf und mich zu sich und ließ uns wissen, dieser Film sei der komplizierteste Fall seit langem, er überschreite eine Grenze, die einem normalen Bürger zuzumuten sei, der Film sei ein Schocker, ein schlimmerer Horrorfilm, als er je gesehen habe. Einen Skandal in der Öffentlichkeit aber würde die Möglichkeiten anderer DEFA-Filme einengen, deshalb werde er neue Schnitte anordnen. So schrieb ich es damals mit.

Ich fuhr einigermaßen besorgt nach Berlin zur staatlichen Abnahme, doch sie verlief sachlich, es war von einem präzisen Bild der mittelalterlichen Welt die Rede, von Till Eulenspiegel als tragikomischer Figur eines Selbsthelfers und Anwalts der Armen, doch seine Beziehungen zum Volk seien geschwächt. Der oft hintergründige Spaß würde vermutlich die Zuschauerresonanz beeinträchtigen, neue Sehgewohnheiten würden vorausgesetzt.

Noch für den 30. Dezember wurde eine Vorführung für den stellvertretenden Kulturminister Starke angesetzt, was durchaus ungewöhnlich war. Starke war ein blasser Apparatschik, der vorher für den Zirkus zuständig war. Seine ersten Auftritte hatten gezeigt, daß er von Film nichts verstand.

Was im Januar geschah, war eine Farce. Wilkening hatte sich bockig auf drei Schnitte kapriziert, der nackte Hintern der Magd, bevor sie vom Pfaffen besprungen wird, sollte geschnitten werden; in der Badestube sollte wegen zu deutlicher nackter Körper eine Einstellung um ein paar Sekunden gekürzt werden. Der absurdeste war der dritte Schnitt, um den wir schließlich nicht herumkamen. Um dem Raubritter Kuntz eine Speise zu servieren, die der noch nie gegessen hat, geht Till auf eine Wiese und betätigt in einer Halbtotalen den Schwanz einer Kuh wie einen Pumpenschwengel. In Großaufnahme platscht die (von uns präparierte) Kuhscheiße in die Pfanne. Diese Großaufnahme nun empörte den Herrn Hauptdirektor dermaßen und auf solch irrationale Weise, daß der Scheiße wegen diverse Briefe hin- und hergingen.

Selten wurde bei kulturpolitischen Auseinandersetzungen das Wesentliche thematisiert, die Konflikte wurden in Scheingefechten ausgetragen, und beide Seiten wußten um das Spiel. Wer gewann und welche Schrammen blieben, hing oft von übergeordneten politischen Fragen ab, ob der Weltfrieden bedroht war, wie es mit der Fleischversorgung der Bevölkerung stand oder ähnlichem.

Die Stasi begleitete den Abnahmeprozeß mit diversen Informationsberichten, die abgehörte Telefongespräche zwischen mir und den Wolfs und zwischen dem Hauptdramaturgen Dieter Wolf und seinem Bruder Gerhard auswerteten. Es war ihnen auch nicht entgangen, daß meine Frau nicht mehr mit mir zusammenlebte.

Daß es 1974/75 nicht nur um den *Eulenspiegel* ging, sondern wir wieder einmal in einem kulturpolitischen Tal angelangt waren, zeigte sich Anfang 1975, als Ralf Kirstens Film *Eine Pyramide für mich*, der sich kritisch zurückbesann an das Leben auf einer Großbaustelle in den fünfziger Jahren, von der HV Film nicht abgenommen wurde. Auch Roland Gräfs *Bankett für Achilles*, der zu wenig optimistisch vom letzten Arbeitstag eines verdienstvollen alten Arbeiters berichtete, hatte Probleme. In den Jahren davor hatten wir ein wenig zu hoffen gewagt, nachdem Filme wie Carows *Die Legende von Paul und Paula*, wie *Die Schlüssel* von Egon Günther und *Der nackte Mann auf dem Sportplatz* von Konrad Wolf in die Kinos gekommen waren. Das wurde nun wieder zurückgedreht.

Till Eulenspiegel sollte im Mai 1975 in Berlin Premiere haben und mit 19 Kopien starten, das war ein Witz für einen so aufwendigen Film. Obwohl für den Film unrealistisch hohe Zuschauerzielstellungen festgelegt worden waren, war es geplant, seine Publikumsresonanz einzuschränken, von der wiederum seine Prädikatisierung und damit unsere zusätzliche Honorierung abhängig gemacht wurde. Zum Vergleich: Im gleichen Jahr kamen *Suse, liebe Suse* von Horst Seemann mit 35 Kopien und *Leben mit Uwe* von Lothar Warneke mit 32 Kopien in die Kinos.

Später erfuhr ich von Kinoleitern in der Provinz, daß jeder Kopie ein Begleitblatt beilag, auf welchem zur Vorsicht beim Einsatz des Films gemahnt wurde, und daß eventuelle Vorkommnisse, z. B. auffällige Zuschauerreaktionen, sofort nach Berlin zu melden seien.

Es war uns klar, daß der Film unterschiedliche Reaktionen hervorrufen würde. So geschah es auch, doch wenn ich heute die Rezensionen lese, sind sie, von Ausnahmen abgesehen, gar nicht so bösartig, wie ich es in Erinnerung hatte, und manche negative Kritik mag dazu beigetragen haben, daß die Leute ins Kino gingen. Man wußte in der DDR zwischen den Zeilen zu lesen. Die Zuschauer verstanden, wogegen sich Till auflehnte, was er ad absurdum führte. Mit über 700 000 Besuchern stand unser Film an zehnter Stelle aller 1975 in der DDR aufgeführten Filme und sollte bald mehr als 1 Million Zuschauer haben. Spitzenreiter war *Die Gentlemen bitten zur Kasse* mit 1,8 Millionen Besuchern, die *Olsenbande* sahen 1,2 Millionen und den DEFA-Indianerfilm *Blutsbrüder* 1,15 Millionen.

Als in den neunziger Jahren der Eulenspiegel-Freundeskreis aus dem westdeutschen Schöppenstedt sich eine Vorführung im Potsdamer Filmmuseum organisieren ließ, war man der Ansicht, daß ein Film, der sich auf solche Weise mit der Kirche anlege, in der Bundesrepublik niemals hätte gedreht werden können und es deshalb kein Wunder sei, daß er nicht in die westdeutschen Kinos kam.

1999 wurde mit dem *Till Eulenspiegel* die Retrospektive meiner Filme in Mexiko eröffnet, einen Tag bevor der Papst zu Besuch kam, der Film schien ein passender Kommentar dazu. Im ausverkauften großen Saal der Cineteca bejubelten die Zuschauer Tills furchtlose Attacken gegen Klerus und Obrigkeit.

Wohl aufgrund meiner »Eulenspiegeleien« wurde am 1. 5. 1976 von der Staatssicherheit gegen mich Operative Personenkontrolle eingeleitet.

Schlimme Jahre

Klar, daß ich mich während des *Eulenspiegel*-Films schon um nächste Projekte bemühte. Zwei reizten mich besonders, *Franziska Linkerhand*, ich hatte den Roman von Brigitte Reimann bereits im Manuskript gelesen, und der *Kreuzzug der Kinder*, einen Stoff, den der junge Autor Wolfgang Landgraf vorgeschlagen hatte.

Franziska Linkerhand erzählt vom Leben einer unbotmäßigen Architektin während des Aufbaus der Neustadt von Hoyerswerda, der Wohnstadt für das Chemiekombinat Schwarze Pumpe. Er bündelt die Konflikte eines kreativen, den kommunistischen Idealen verbundenen Menschen in der DDR-Gesellschaft, deren Alltagsprobleme durch ideologischen Dogmatismus und Phantasielosigkeit multipliziert wurden. Die unbotmäßige Schriftstellerin war 1973 noch vor Erscheinen des Romans an Krebs gestorben. Die Rechte an dem Stoff lagen beim letzten ihrer Ehemänner. Ich hatte Regine Kühn als Autorin für das Filmmanuskript angesprochen, und wir begannen mit der Arbeit.

Dann erfuhren wir, daß auch das DDR-Fernsehen das Werk verfilmen wollte, Frank Beyer sei an dem Stoff interessiert. Nun wurden Beyer beim Fernsehen und ich bei der DEFA ein paar Jahre hingehalten, indem man uns sagte, jeweils die Gegenseite sei im Besitz der Rechte, oder der Ehemann der Reimann bevorzuge jeweils den anderen Produzenten. Die Leitungen von DEFA und Fernsehen waren fein raus, sie konnten eine Entscheidung vor sich her schieben.

Ergebnis: Weder Beyer noch ich machten den Film, sondern Lothar Warneke drehte ihn 1980 nach einem Szenarium von Regine Kühn unter dem Titel *Unser kurzes Leben*. Ich erfuhr wieder per Zufall davon, und Generaldirektor Mäde erklärte mir, daß er dieses Projekt nur durchsetzen konnte mit der beruhigenden Wirkung, die vom Namen Warneke ausginge.

Mitte der neunziger Jahre erschienen die *Tagebücher* der Reimann, ein Ereignis, das es bis in die Talkshows diverser Fernsehsender schaffte. Ich bemühte mich wieder um die Rechte. Wieder war ich mit Regine Kühn einig geworden, daß wir zusammen schreiben wollten. Wir fanden einen Produzenten, und der bemühte sich um die Beteiligung einer Fernsehanstalt, ohne die ja beim deutschen Film so gut wie nichts läuft. Was Laien kaum wissen. Weshalb aber deutsche Filme in der Regel nicht besser sind als die Dutzendware, die täglich über den Bildschirm flimmert, abhängig von der Gunst stromlinienförmiger Fernsehredakteure, die genau wissen, was geht und was sein darf. Eine Zensurbehörde ist überflüssig, denn die Selbstzensur funktioniert perfekt.

Über meine damalige Agentur wurde der Produktionsfirma und mir mitgeteilt, der Rechtegeber und der MDR möchten, daß die Reimann-Tagebücher von einem westdeutschen Regisseur verfilmt würden. Jahre später geschah es, der Regisseur kam aus der Schweiz. Auch in anderen Fällen wurde so verfahren. Damit bloß nicht zu viel Authentisches über die DDR in die Filme hineinkommt. Opportun ist Satire, möglichst mit sächsischem Akzent.

An den Reimann-*Tagebüchern* interessierten mich nicht die von Presse und Fernsehen herausgestellten erotischen Eskapaden der Schriftstellerin, sondern das Schicksal einer »wilden Frau« in unserer Zeit. Im Mittelalter hätte man so eine als Hexe verbrannt, und im deutschen Westen wäre sie wahrscheinlich genauso vor die Hunde gegangen wie im deutschen Osten.

Der *Kreuzzug der Kinder* ging zurück auf ein Ereignis, das im Jahre 1212 stattgefunden haben soll. Bis dahin gab es bereits vier Kreuzzüge, die unter dem Banner des »Kampfes gegen die Ungläubigen« und der »Befreiung des Heiligen Grabes« als Eroberungszüge gegen die nichtchristliche Bevölkerung Südeuropas und gegen Araber und Juden im Orient geführt wurden. Später richteten sich die Kreuzzüge auch gegen Ketzer und andere politische Feinde der Kirche. Nach vier grausamen Eroberungszügen war die Begeisterung für weitere Kriegszüge in Europa abgeflaut. So kam es der Kirche gerade recht, daß 1212 in mehreren Gegenden Europas Jugendliche aufbrachen, ihrer Misere zu entfliehen. Die Lage auf dem Lande war so verzweifelt, daß den jungen Leuten nichts blieb, als wegzugehen, in der Hoffnung, irgendwo einen Ort für ein lebenswertes Leben zu finden.

An ihrer Spitze standen von religiösen Visionen »erleuchtete«, charismatische, halbwüchsige Knaben. Von ihnen geführt, machten sich in Deutschland und Frankreich Tausende Kinder und Jugendliche auf den Weg, und Vertreter der Kirche kanalisierten diese Bewegungen »reiner Seelen« schnell auf das Ziel, die Heilige Stadt Jerusalem zu erobern.

Schon bei der Überquerung der Alpen starben unzählige Kinder. Als das französische Kinderheer die Mittelmeerküste erreichte, wurden viele unter Vorspiegelung falscher Tatsachen eingeschifft und nach Nordafrika in die Sklaverei verkauft. Vom deutschen Kinderzug sollen es kleine Trupps bis nach Rom und bis an die südliche Adriaküste geschafft haben.

Für mich gab es kaum ein überzeugenderes Beispiel für ideologisch verbrämte, machtpolitischen Interessen dienende Manipulation Unwissender und Leichtgläubiger als jenen Kinderkreuzzug. Das war eine Filmgeschichte, die sich in grandiosen und emotionalen Bildern erzählen ließ.

Es war klar, daß ein solches Projekt nur als internationale Koproduktion zu realisieren war. Natürlich konnte den DEFA-Direktoren nicht verborgen bleiben, daß mit einem solchen Film nicht nur christlich-feudalistische Manipulationsmechanismen bloßgestellt werden konnten, sondern daß es relativ offenkundig war, daß die ideologischen Strukturen des Stalinismus ähnlichen Mustern gefolgt waren. Doch der Film war eindeutig historisch angesiedelt, man mußte sich eine solche Weste nicht anziehen. Wer solche Schlüsse zog, würde sich selbst der Häresie schuldig machen, deshalb war es nicht einfach, offen dagegen zu argumentieren.

Wie ernsthaft man sich aber um Koproduzenten bemühte, weiß ich nicht.

Ich weiß nur, daß man das Drehbuch dem Staatssekretär für Kirchenfragen beim ZK zustellte, Klaus Gysi, der ehemalige Kulturminister, war auf diesem Posten gelandet. Mir wurde übermittelt, daß von dort zurückhaltend abgeraten wurde, es wäre politisch nicht klug, sich »in der gegenwärtigen Epoche« mit der katholischen Kirche anzulegen.

Heute scheint mir unser Bemühen damals einigermaßen naiv. Natürlich konnten wir für ein Projekt, daß so massiv die Herrschaftsideologie der christlichen Kirche, das Fundament westlicher »Zivilisation«, attackierte und noch dazu die Muster aufdeckte, die der real existierende Stalinismus davon übernommen hatte, weder im Westen noch im Osten bei den in der Regel politisch feigen Produzenten Begeisterung auslösen. Es waren zwei Tabus auf einmal, die wir angingen.

Doch von all meinen Projekten war der *Kreuzzug der Kinder* jenes, welches mich am meisten faszinierte, und ich bin gern eingetaucht in diese mittelalterliche Welt. Das Drehbuch dürfte das beste sein, was ich in der Hand hatte. Ich habe mich immer wieder zum Träumen verführen lassen und tue es bis heute. Das Leben wäre eintönig und langweilig, ließe man sich nicht verführen, auch unrealistische Projekte anzugehen. Wie hatte doch Pasolini gesagt: »Warum ein Werk realisieren, wenn es schön ist, es nur zu träumen?«

Joachim Seyppel schrieb an einem aufwendigen Film über B. Traven, doch als der Autor später in den Westen ging, waren alle Versuche, dieses Vorhaben weiter zu verfolgen, aussichtslos. Ein weniger ehrgeiziges und deshalb, wie mir schien, realistischeres Projekt hieß *Das Doktorspiel* nach einem Buch von Bernd Schirmer. Es ging um einen jungen Mann, der einen Studienplatz für Medizin bekommen hat, diesen aber ausschlägt, weil er sich noch nicht festlegen will, weil er für sein Leben noch das Recht zu suchen beansprucht. Pfui Teufel, was für ein Individualist! Und besonders hinterfotzig war die Idee, daß er nicht etwa eine schmutzige Arbeit zurückweist, sondern das Privileg eines überaus begehrten Studiums – das war doch einer, der sich aus Prinzip nicht einordnen will! Wir begannen mit Probeaufnahmen, auch ein junger Schauspieler namens Ulrich Mühe stellte sich vor. Doch ich entschied mich für Klaus Brasch als Hauptdarsteller und hatte zuerst Katharina Thalbach und dann Nina Hagen für die weibliche Hauptrolle im Auge, doch die verschwanden gen Westen, bevor wir ins Gespräch kamen.

Politisch gingen wir einer Eiszeit entgegen. Im November 1976 wurde Wolf Biermann ausgebürgert. In jener Woche zog ich mit einer neuen Lebensgefährtin zusammen, und die Stasi schickte gleich Bekannte, von denen ich damals noch nicht wußte, daß sie IM waren, die mich vor »unüberlegten Schritten« warnen sollten und in Unruhe gerieten, weil sie mich nirgends antrafen. Ich habe damals meinen Namen auf keine Unterschriftenliste gesetzt, doch jedermann wissen lassen, daß ich gegen diese Ausbürgerung war und gegen das ganze absurde Theater von Ergebenheitserklärungen für die Maßnahmen der

Partei, das in der Presse und auf allen möglichen Veranstaltungen inszeniert wurde.

Auch in der DEFA fand eine Parteiversammlung statt, wo man den Genossen per Abstimmung die Zustimmung zur Ausbürgerung Biermanns und zum Parteiausschluß von Ulrich Plenzdorf abnötigen wollte. Es war ein trauriges Schauspiel, fast alle stimmten dafür. Die Gegenstimmen konnte man an den Fingern einer Hand abzählen, Walter Janka, Inge Wüste-Heym, Christa Müller ... Keiner von meinen Regiekollegen. Ich stimmte gegen Biermanns Ausbürgerung und enthielt mich bei Plenzdorfs Ausschluß der Stimme, denn der wollte ja selber raus, was ich gut verstehen konnte.

Nach dieser schaurigen Inszenierung wußte ich, woran ich war, und daß man mit der Solidarität der Kollegen nicht würde rechnen können. So ähnlich hatte es wohl auch in der Sowjetunion der dreißiger Jahre funktioniert. Aber wir hatten ja Glück, fast niemanden passierte etwas an Leib und Leben. Zumindest in Künstlerkreisen nicht, wer nicht bleiben wollte, den ließ man gen Westen ziehen.

Nach dem Umzug gab es einiges zu tun. Bis wir wieder einen Telefonanschluß bekamen, dauerte es Monate und hätte ohne die Fürsprache der DEFA noch länger gedauert. Ich weiß noch, daß mich die zermürbenden Bittgänge zu Handwerkern zur Verzweiflung trieben, jeder Klempner, jeder Elektriker war ein Fürst. Wir benötigten ein paar Jahre, bis es uns gelang, eine Heizung einzubauen. Wir wohnten nun in einer Gegend, wo wir von Stasiangestellten umgeben waren. Einige gingen in Uniform, andere in Zivil zum Dienst. Gegenüber befand sich ein mit Mauern umgebenes Gebäude, wo die Stasi Diensthunde hielt, zwei monströse Riesenschnauzer, wenn ihre »Herrchen« zum

Dienst fuhren, nahmen sie die Tiere im Kofferraum eines PKW mit, wohin, wozu? Die Hunde bellten tage- und nächtelang. Nachts sprangen die Riesentiere manchmal frei auf der Straße herum, aber vor allem machte mich ihr Bellen wahnsinnig. Nächtelang konnte ich nicht schlafen. Ich reichte bei Gericht eine Klage ein. Man fragte mich wie einen bedauernswerten Kranken, ob ich wüßte, gegen wen ich klage. Ich wußte. Das Verfahren zog sich so lange hin, als die Vorladung kam, war ich schon wieder beim Ausziehen.

Zünd an, es kommt die Feuerwehr

Anfang 1977 kam ein neuer Generaldirektor ins Studio, Hans-Dieter Mäde, Kandidat und später Mitglied des ZK der SED, von Beruf Theaterregisseur, einer, von dem wir erwarteten, daß wenigstens die ewige Laviererei und die Absicherung nach oben aufhöre. Das geschah. Im Januar 1977 stoppte er *Das Doktorspiel.*

Im Frühjahr 1977 keimte etwas Hoffnung, denn Rudi Jürschik wurde zum Chefdramaturgen der DEFA berufen. Er war Absolvent der Filmhochschule, hatte dort Produktion studiert, sich dann aber zum Filmtheoretiker entwickelt. Obwohl er als Professor an der Parteihochschule tätig war, setzten wir große Stücke auf ihn. Wir wußten, er war kein Hardliner. Er hatte die Filme der Regisseure meiner Generation, besonders die der »dokumentaren Realisten«, immer unterstützt, und ich hoffte, er könnte Mädes kruder Parteilinie ein wenig Paroli bieten. Doch schon, daß man ihn nicht als Künstlerischen Direktor, sondern nur als Chefdramaturgen einsetzte, zeigte, daß sich Mäde immer die endgültigen Entscheidungen vorbehalten würde. Mäde stand ja in der Parteihierarchie auch höher als der Leiter der HV Film, Horst Pehnert.

Ende 1977 konnte ich nach drei für die Filmarbeit verlorenen Jahren endlich wieder drehen.

Die Stasi teilte mit: »Am 22. 3. 1977 schlug der Generaldirektor dem S. vor, trotz der Erkenntnis, daß dieser Film den politischen Qualitätsansprüchen nicht genügt, im laufenden Produktionsjahr *Die Feuerwehr von Siebenlehn* zu realisieren. Ziel dieser taktischen Variante des Generaldirektors war es, den S. im Hinblick auf die Vorbereitung des Kongresses des Verbandes der Film- und Fernsehschaffenden im Mai dieses Jahres produktiv zu binden.«

Der Film nach einem Szenarium von Manfred Wolter ging auf ein verbürgtes Ereignis zurück, das sich um die Jahrhundertwende im sächsischen Siebenlehn zugetragen hatte. Die örtliche Feuerwehr hatte selbst gekokelt, um sich später beim Löschen der Brände hervortun zu können. Es kam uns zu Ohren, daß die Repräsentanten des heutigen Siebenlehn auf das Ereignis noch immer höchst allergisch reagierten, und wir änderten den Namen in Siebenthal, um kleinlichem Streit aus dem Weg zu gehen. Die Feuerwehrleute waren Winfried Glatzeder, Rolf Ludwig, Kurt Böwe, Jürgen Gosch und Günter Junghans, auch dabei Renate Krößner als Hure, Katrin Martin, Gudrun Ritter und Fritz Marquardt – ein Komödiantenensemble pur. Entsprechend mußte ich den Dompteur spielen, um sie alle unter Kontrolle zu halten. Erschwerend kam hinzu, daß wir aus Plangründen im Winter drehten und das Wetter uns oftmals von den Drehorten im sächsischen Töpferstädtchen Kohren-

Salis in die Kneipen dort trieb, gar nicht einfach, die Akteure danach wieder zu Höchstleistungen zu motivieren.

Am Schluß des Films läßt der zum neuen Feuerwehrhauptmann erkorene, aus Preußen nach Sachsen strafversetzte Polizist (Klaus Brasch) die ganze Siebenthaler Bevölkerung im Schnee Liegestütze machen: »Auf! Nieder! Auf! Nieder! Auf! Nieder!« Und es ist zu ahnen, daß Subordinationsgeist dieses Volk zu jeder Schandtat befähigen könnte.

Klaus Brasch war ein wunderbarer, wilder, hochkomödiantischer Schauspieler, kein serviler Textsprecher, einer, der wußte, was er wollte, und sich entsprechend in seine Rollen einbrachte, einer der Untertanengeist haßte. Leider blieb es unsere einzige Zusammenarbeit. Aus dem *Doktorspiel* war nichts geworden. In *Jadup und Boel* wollte ich ihn besetzen, doch aus Termingründen kamen wir nicht zusammen.

Eines Abends, während wir *Jadup* drehten, rief er mich an, er fragte mich nach einer Telefonnummer, doch ich spürte, daß es um etwas anderes ging, es war ein seltsamer Anruf. Am nächsten Tag erzählte Kurt Böwe, daß sich Klaus in der Nacht umgebracht hatte. Er hatte sich auf eigenartige Weise von mir verabschiedet.

Als wir im märkischen Buckow drehten, traf ich zufällig Käthe Reichel, und sie »beschwerte« sich, daß sie nicht in meinem Film drin sei. Bei einer Flasche Wein kamen wir ins Fabulieren und verabredeten, daß sie am nächsten Tag in eine Szene einbrechen sollte, nur Kameramann Roland Dressel und Maskenbildnerin Christel Grewald wurden eingeweiht. Sie richtete Käthe so her, daß niemand sie erkennen konnte.

Wir drehten ein Fest zum Jubiläum des Siebenthaler In-

Die Jugend der Welt kommt nach Berlin
damit die Amis schneller heimwärts ziehn.

1. R. S., 1951

2. Cox Habbema und Eberhard Esche in *Wie heiratet man einen König*, 1968

3. R. S. bei einer Probe für *Wie heiratet man einen König*, 1968

4. Olga Strub, Jürgen Gosch, Christian Grashof, Günter Schubert, Jiří Menzel und Friedo Solter in *Sechse kommen durch die Welt*, 1971

5. Winfried Glatzeder als *Till Eulenspiegel*, 1974

6. Schlußszene des *Till Eulenspiegel*

7. Fritz Marquardt und Klaus Brasch in *Zünd an, es kommt die Feuerwehr*, 1978

8. Kurt Böwe in *Jadup und Boel*, 1980

9. Christian Böwe, Katrin Knappe und Käthe Reichel in *Jadup und Boel*, 1980

10. Szene aus *Das Luftschiff* am Völkerschlachtdenkmal in Leipzig, 1982

11. Jörg Gudzuhn und Jana Simon in *Das Luftschiff*, 1982

12. Kathrin Waligura und Joachim Lätsch in *Die Frau und der Fremde*, 1984

13. R. S. und David Hare bei der Verleihung des »Goldenen Bären« für *Die Frau und der Fremde* auf der Berlinale, 1985

14. Kathrin Waligura und Carl-Martin Spengler in *Wengler & Söhne*, 1986

15. R. S. mit Jan Josef Liefers bei einer Probe für *Die Besteigung des Chimborazo*, 1988

16. Jan Josef Liefers mit Indígenas am Chimborazo, 1988

17. Sebastian Hartmann, Christos Nikitaidis und Klaus Pönitz in *Der Fall Ö.*, 1990

18. Jens Schumann in *Fernes Land Pa-isch*, 1993

19. Zápara-Indígenas bei der Blasrohrjagd in *Mit Fischen und Vögeln reden*, 1998

20. Der böse Geist und Chachi-Kinder in *Der Ruf des Fayu Ujmu*, 2000

21. Die Patenkinder Raúl, Suco, Kevin, Iván, Rubén, Pachacutic und Jessica »challieren« am Vulkan Cotopaxi, 2003

22. Alejandro Santillán (3. v. l.) und R. S. mit dem Schamanen Don Cesáreo (Mitte) bei den Secoya-Indígenas, 2003

23. Ricardo Chugchilán, 1992

dianervereins »Winnetou« mit mehreren hundert Komparsen. Für diesen Tag, an dem die ganze Kleinstadt auf den Beinen war, um den als Ehrengast eingeladenen Karl May zu begrüßen, hatten sich die Feuerwehrleute vorgenommen, das städtische Gefängnis anzuzünden. Die Löscharbeiten sollten ihnen später höchste Ehrungen einbringen: Sachsenkönig Albert empfing und dekorierte sie.

Auf der Festwiese formierten sich die Einwohner zu menschlichen Schriftzügen:

SIEBENTHAL GRÜSST KARL MAY
DEN GRÖSSTEN DICHTER DEUTSCHLANDS

Und formten danach einen Indianerkopf. Die Feuerwehrleute bildeten die brennende Pfeife.

Das war ein ironischer Seitenhieb auf in SU und DDR übliche Masseninszenierungen, wie zum Beispiel das Leipziger Turn- und Sportfest.

Gerade hatten Karl May (Hannes Fischer) und »Winnetou«, dargestellt vom Gefängnisdirektor der Stadt (Hans-Dieter Schlegel), die Friedenspfeife geraucht, als eine Frau aus dem Aufgebot der Komparsen hervorgerannt kam, mit dem Schirm auf Winnetou einschlug und kreischte: »Nietzsche ist der größte Dichter Deutschlands.«

Hans-Dieter Schlegel, ein Hüne von Gestalt, zog ängstlich die Arme vors Gesicht, die mutigen Feuerwehrleute Rolf Ludwig und Kurt Böwe retirierten ins zweite Glied und versteckten sich hinter ihren Kollegen, während die Reichel wie wild mit dem Schirm weiterdrosch und ich eifrige Aufnahmeleiter festhielt, die zum Schutze des Lebens meiner Artisten eingreifen wollten. Ein Attentat einer geistig Umnachteten während der Dreharbeiten eines DEFA-Films hatte es bisher wohl noch nicht gegeben. Die Szene konnte im Film verwendet werden.

In der *Feuerwehr* spielte zum ersten Mal mein damals fünfjähriges Töchterchen Jana mit und hatte großen Spaß, als die kleine mondsüchtige Anna auf den Dächern der Kleinstadt zu balancieren, mit Winfried Glatzeder, dem Feuerwehrhauptmann, aus dem Struwwelpeter »die gar traurige Geschichte mit dem Feuerzeug« zu lesen und an Bäumen und Kirchenglocken zu schaukeln. Jana wird in fast allen meinen Filmen in einer kleinen Rolle dabeisein.

Ich arbeitete zum ersten Mal mit Roland Dressel als Kameramann zusammen, bis zum Ende der DEFA werde ich alle Filme mit ihm drehen. Roland, ein Meister des Lichts, hat ganz großen Anteil an meinen Filmen, mit ihm zu arbeiten war eine Freude.

Im Film gab es eine winzige, nicht sehr wichtige Szene, in welcher die Bauarbeiter, die das neue Gefängnis bauten, streikten. Als das DDR-Fernsehen den Film ausstrahlte, wurde diese Szene herausgeschnitten. So groß war die Angst vor Protestbewegungen der »Arbeiterklasse«, daß diese selbst aus einem zur Kaiserzeit spielenden historischen Film getilgt wurden.

Nach der Wende wurde der Film nicht wieder im Fernsehen gezeigt, die »Tugenden«, die er vorführt, sind gesamtdeutsch: heuchlerische Moral, Versicherungsbetrug, Glorifizierung des Beamtentums.

Der Westen lockt

Nach der *Feuerwehr* bekam ich im Sommer 1978 auf Geheiß Generaldirektors Mäde ein attraktives Projekt angeboten. Der Wiener Filmhistoriker Herbert Holba hatte ein Drehbuch geschrieben über eine Einladung der Wiener Schrammeln zum Kronprinzen Rudolf, dem Sohn von Kaiser Franz Joseph und Kaiserin Elisabeth, der legendären Sissy. Gemeinsam mit dem Produzenten Helmut Pfandler versuchte er, die DEFA für eine Koproduktion zu gewinnen.

Im Herbst 1978 durfte ich mit Autor Manfred Wolter und Dramaturgin Erika Richter nach Österreich reisen, um erste Gespräche über die *Schrammeln* zu führen. Herbert Holba gebrauchte ständig ein Wort: Diese Gesellschaft ist g n a d e n l o s , er meinte die kapitalistische. Wir machten unsere Witze darüber, wir fanden, er übertrieb. Vor der Unmenschlichkeit dieses Systems hatte man uns in der DDR oft genug gewarnt, wir wollten das nicht auch noch in Österreich hören. Wien gefiel mir besser als die paar westdeutschen Städte, die ich kannte. Die Leute waren weniger aufgetakelt, das Leben schien normaler.

An den Abenden besuchten wir, um uns Schauspieler anzusehen, Burgtheater, Volkstheater, Akademietheater und die Häuser an der Wien und in der Josefstadt, sowie Diverses, was es im Off und Kabarett und auf Kleinbühnen gab. Es war interessant, aber, ich wundere mich selbst, kein einziges Stück ist mir in Erinnerung geblieben, es war da offensichtlich nichts, was mich aufgeregt hätte wie die Ost-Berliner Inszenierungen von Benno Besson, Adolf Dresen, Manfred Karge/Matthias Langhoff, Walter Felsenstein, Götz Friedrich.

Zwei Filme blieben mir in Erinnerung, Woody Allens *Stadtneurotiker*, und zum ersten Mal sah ich einen Film von Derek Jarman, *Jubilee*, und ich verstand, daß die subversive Ästhetik sich neuer Mittel bedienen mußte, die Zeit der Nouvelle Vague, Antonionis und Fellinis und der tschechischen Realisten war längst vorbei.

Holba stimmte uns auf die Wiener Atmosphäre ein. Immer wieder spielte er uns Platten von Kurt Sowinetz vor, bis dahin kannte ich nur Helmut Qualtinger und André Heller. »Der Sowinetz ist besser«, sagte Holba. Er war aggressiver, unverbindlicher.

Wolter und ich fanden an Holbas Drehbuch die Grundidee interessant: Vorstadtmusikanten, die vom Kronprinzen auf sein Jagdschloß eingeladen werden, um ihm für ein paar Tage die Zeit zu vertreiben, eine Art Hofnarren zu spielen, und entsprechend feinen Erniedrigungen ausgesetzt sind, es war eine systemübergreifende Idee. Außerdem war der Kronprinz Rudolf eine interessante Figur, er war wohl intelligenter und sensibler, als das in seinen Kreisen ratsam ist.

Von seiner Mutter Elisabeth stammen die Sätze: »Die schöne Phrase vom König oder Kaiser und seinem Volk! Ich habe ein merkwürdiges Gefühl. Warum soll das Volk, ich meine das arme, niedrige Volk, uns lieben, uns, die wir im Überfluß, im Glanze leben, während die anderen bei schwerer Arbeit kaum das tägliche Brot haben und darben?«

In seiner Jugend beschäftigte sich Rudolf an der Seite Alfred Brehms mit Ornithologie, begeisterte sich für die Einführung der Elektrizität, pflegte unstandesgemäße Freundschaften mit liberalen Journalisten und sympathisierte mit Frankreich.

Für Prinz Wilhelm, den deutschen Thronerben, hatte er nur Verachtung übrig und schrieb, daß dieser »trotz seiner Jugend ein hartgesottener Junker und Reaktionär ist. Er spricht von dem Parlament nie anders als ›dieser Saubude‹ und von den Oppositionsmitgliedern als von diesen ›Hundekerlen, die man mit der Peitsche traktieren muß‹.«

Kaiser Franz Joseph hielt den Sohn wegen dessen liberaler Auffassungen von der Politik fern. Rudolf flüchtete in eine monströse Jagdleidenschaft und in Ausschweifungen, erkrankte an einer Geschlechtskrankheit, die damals unheilbar war und ihn zum Morphium führte. Seinen »sittenlosen« Lebenswandel nahmen vor allem antisemitische Kreise zum Anlaß für wütende Hetze. Auch seine Frau Stephanie, von Eifersucht geplagt und von Rudolf noch immer nicht mit einem männlichen Nachkommen »gesegnet«, trug das ihre dazu bei, ihren untreuen Ehemann in der Öffentlichkeit bloßzustellen. Im Januar 1889 erschoß sich Rudolf mit einer seiner Geliebten auf Schloß Mayerling, 30 Jahre alt. Den Selbstmord hatte er schon Monate vorher wiederholt angekündigt. Es war ein Signal für den Untergang der habsburgischen Monarchie.

Doch in so manchem Detail erschien uns die Geschichte schrecklich agitatorisch, wie DDR-Fernsehen. Als wir wieder zu Hause waren, begannen Wolter und ich eine Bearbeitung des Drehbuchs zu schreiben, die weniger klassenkämpferisch war, sondern die Bemühungen der Musiker zeigte, sich irgendwie gewinnbringend mit der Macht zu arrangieren, auch wenn das gegen ihr Gewissen ging, und die andererseits den Rudolf als eine tragische Figur zeigte.

Zu Hause und in Freundeskreisen amüsierte man sich, daß ich, der damals auf Musik von Penderecki, Lutoslawski und Goldmann stand, stundenlang Wiener Volksmusik hörte.

Das nächste Mal fuhr ich mit Mäde nach Wien, da ging es schon um Vertragsverhandlungen. Holba umgarnte Mäde mit allem, was zum Wiener Schmäh gehört. Er pries dessen politische Weitsicht und sein »geniales«

theoretisches Werk, es handelte sich um ein kulturpolitisches Buch, das Mäde geschrieben hatte und das von uns niemand kannte, und lobte Theaterinszenierungen über den grünen Klee, die er vermutlich nie gesehen hatte. Daß Mäde sich geschmeichelt fühlte, war nicht zu übersehen.

Holba wußte, sein Film würde nur zustande kommen, wenn die DEFA mitmachte. Denn für österreichische Produzenten und westdeutsche Partner war der Stoff zu monarchiekritisch.

»Das ist der Blues, von die Tabus«, sang Sowinetz,

»Reden darf man ja bekanntlich über alles,
Über Frauen, Politik und Dollars.
Nur bitte, es gibt aa Sachen,
Da gibt's, bitte, nix zum Lachen.«

Im April 1979 fand die Motivsuche in Österreich statt. Die Außenaufnahmen sollten in Wien und Umgebung gedreht werden, die Atelieraufnahmen in Babelsberg. Ich traf mich mit Michael Heltau, der einen der Schrammelbrüder spielen sollte, und mit André Heller, der für den Kronprinzen Rudolf vorgesehen war. Auch Sowinetz sollte mitspielen und singen, als der Heurigensänger Bratfisch, der die Schrammeln zu Rudolf begleitete. Ich war erstaunt, wie freundlich und aufgeschlossen die West-Stars sich mir gegenüber verhielten. Erst später verstand ich, daß Kinofilme dieser Art so oft in Österreich nicht gedreht wurden.

Von deutscher Seite gab es Kontakte zu Angelika Domröse und Jutta Hoffmann, die noch im Osten waren und sich an den Prinzessinnenrollen interessiert zeigten. Auch Jürgen Gosch und Horst Lebinsky wollte ich besetzen und bekam mit, daß die »Organe« dagegen heftig intervenierten, aber ich wollte nicht nachgeben.

Im Sommer sollten die Dreharbeiten beginnen, der Titel: *Vorstadtmusikanten*.

Wir verbrachten in den Maiferien eine Woche Urlaub an der Ostsee, als Produktionsleiter Herbert Ehler anrief und sagte, ich könne meinen Urlaub verlängern, das Projekt sei gestorben. Das österreichische Fernsehen sei nicht eingestiegen, kein westdeutscher Sender ziehe mit, und die Filmfördergelder seien wohl auch nicht ausreichend geflossen. Das konnte man vermutlich schon seit einiger Zeit voraussehen, doch die Wiener Partner hatten bis zum Schluß gepokert und das Projekt immer weiter vorangetrieben, in der Hoffnung, daß dann die DEFA nicht mehr zurückkönne oder wolle. Es ging noch ein Weilchen hin und her. Doch von westlicher Seite war der Offenbarungseid nicht rückgängig zu machen. Es war meine erste Erfahrung mit westlichen Produktionsmethoden.

Natürlich war mir von Anfang an klar, daß Mäde mich mit diesem attraktiven Projekt von kritischer Auseinandersetzung mit der DDR-Gegenwart fernhalten wollte. Ich sollte nach der gelobten *Feuerwehr* aufs satirische Gleis gelenkt werden. Ich bin sicher, daß es viele treue Genossen damals ärgerte, daß ausgerechnet mir unsicherem Kandidaten dieser West-Film angeboten wurde, da gab es wirklich politisch verdienstvollere »Filmschaffende«. Doch bei der Durchsetzung seiner strategischen Linie war Mäde nicht kleinlich, und ich nehme an, daß auch Jürschik und Dieter Wolf ein Wort für mich einlegten. Es war die Zeit, wo viele »Kulturschaffende« die DDR verließen, aber es gab auch Kulturpolitiker, die diesen Exodus verhindern wollten.

Im Sommer 1979 war durch den Abbruch der *Vorstadtmusikanten* genau die Situation entstanden, welche die Studioleitung vermeiden wollte: Simon war ohne Arbeit, das heißt unausgelastet und unzufrieden und zu befürchten, daß er in der ohnehin angespannten politischen Situation auf dumme Gedanken käme.

Ich bekam von Erika Richter und Dieter Wolf und sicher mit Wissen Mädes und Jürschiks ein Szenarium angeboten, das der Schriftsteller Paul Kanut Schäfer nach seinem Roman *Jadup* geschrieben hatte, der 1975 im Buchverlag Der Morgen erschienen war. Obwohl ich mich in der DDR-Literatur gut auskannte, war er mir nicht aufgefallen. Schäfer war ein Außenseiter, er war kein junger Autor mehr, gehörte keiner Richtung an, hatte vorher Jugendbücher und Krimis geschrieben.

Ich faßte das Szenarium mit spitzen Fingern an, ein DDR-Gegenwartsstoff, der schon einige Zeit im Studio lag, nach einem Buch, das keiner kannte. Das konnte eigentlich nichts Aufregendes sein. Dann las ich, und je weiter ich las, desto weniger traute ich meinen Sinnen. Da beschrieb einer das Schicksal eines Bürgermeisters einer Kleinstadt in der Altmark und beschrieb damit das ganze Fiasko von auf der Strecke gebliebenen Idealen, die nicht mal mehr zu Illusionen taugten. Stagnation statt Fortschritt, trotz guten Willens bei vielen. Es konnte doch nicht sein, daß solch ein Stoff unentdeckt bei der DEFA herumlag. Ich befürchtete, daß ich meine Wünsche in das Buch hineininterpretierte, daß ich es gut finden wollte, weil ich arbeiten wollte. Ich gab es Roland Dressel zu lesen. Dem ging es wie mir. Einer von uns sagte: Das ist 'ne Bombe.

Das wollten wir machen. Paul Kanut Schäfer hatte das erste Mal für den Film geschrieben, klar, vieles in dem Szenarium war literarisch und mußte in eine filmische Form gebracht werden. Wir gingen zusammen an die Überarbeitung. Dem Autor war, was er geschrieben hatte, keinesfalls unterlaufen. Wir bemerkten, daß unsere Sicht auf die DDR sehr ähnlich war: Veränderungen mußten her, bevor alles den Bach runterginge. Schonungslose Schilderung der bestehenden Zustände anstatt Schönfärberei und Zweckoptimismus war eine Voraussetzung dafür. Eine andere, unseren Personen vorurteilsfrei in die Hirne und Herzen zu gucken, dem Bürgermeister und seiner Frau, dem Polizisten und dem Gastwirt, dem aus Polen Umgesiedelten, dem Berliner Antiquitätenschieber und der jungen Generation. Alle gingen wie selbstverständlich davon aus, daß sie die gleichen Ideale wie ihre Eltern hätten, denn noch beteten sie in der Schule brav nach, was man von ihnen erwartete. Noch muckten sie kaum auf, noch ergaben sie sich nicht der Null-Bock-Mentalität, das kam erst später. Doch längst schwebten sie in einem freien Raum, durchschauten die Unaufrichtigkeit und Feigheit ihrer Eltern, ganz gleich auf welcher Seite die standen. Junge Revolutionäre gab's nicht mehr, dafür Karrieristen im Blauhemd der FDJ.

Es gab ein paar Rollen, für die ich sofort Schauspieler im Auge hatte, Kurt Böwe für den Bürgermeister Jadup, ich schickte ihm das Szenarium. Er stand mit dem Fernsehen in Verhandlungen für eine Hauptrolle und hatte da schon beinahe zugesagt.

Böwe sagte: Diesen Jadup will ich spielen, der bin ich selbst.

Er setzte alles daran, aus seinen Fernseh- und Theaterverpflichtungen zu kommen, es gelang.

Käthe Reichel war die ideale Besetzung der Frau Martin, der Mutter des verschwundenen Mädchens Boel, das im Film nur in den subjektiven Erinnerungen der ehemals Beteiligten auftaucht. Katrin Knappe würde Boel spielen. Sie war mir in einer *Urfaust*-Inszenierung der Berliner Schauspielschule aufgefallen, wo sie das Gretchen gespielt hatte.

Das winzige alte Häuschen der Frau Martin stürzt im Film genau zu der Stunde ein, als Bürgermeister Jadup zum Richtfest einer neuen Kaufhalle in quietschende Mikrofone spricht. Frau Martin zieht danach in einen Bauwagen auf die Müllkippe, welche von ihr verwaltet wird. Unter den Trümmern ihres Hauses findet ein durchreisender, sich geheimnisvoll gebender »Historiker«, namens Gwissen, der in Wirklichkeit Antiquitäten aufkauft (Michael Gwisdek), das Büchlein *Die Entwicklung des Sozialismus von der Utopie zur Wissenschaft* von Friedrich Engels, mit der Widmung »Boel Martin von Jadup«.

Die wiedererweckten Erinnerungen an Boel und an die Zeit unmittelbar nach dem Krieg, als der junge Jadup sein rotes Turnhemd anstelle des weißen Lakens auf dem Kirchturm hißte und die Russen ihn daraufhin zum Bürgermeister machten, bringt die Handlung ins Rollen. Denn Boel war verschwunden, man wußte nicht, warum, von Vergewaltigung war die Rede, man wußte nicht, durch wen, ein Russe könnte es gewesen sein, da wären sie alle fein raus, das wäre höhere Gewalt. Aber vielleicht war's ja einer aus dem Ort, Jadup gar?

Die Reichel war sofort von dem Buch und der Figur fasziniert und begann neue Szenen zu erfinden. Wie eine Königin wollte sie auf der Müllhalde residieren, dem mußten Kostüme und Requisiten angepaßt werden. Dem Bürgermeister wie dem Polizisten wollte sie Paroli bieten, als einzige Unabhängige in der Kleinstadt. Unabhängig, denn sie hatte alles verloren, und mußte damit leben. Sie hatte Verstellung nicht mehr nötig, denn sie lebte ohne Angst. Wer aber ohne Angst ist, ist den Herrschenden immer ein Dorn im Auge. Sie war die einzige, die wußte, daß ihre Tochter Boel damals den jungen Jadup geliebt hatte, doch der hatte es gar nicht bemerkt und nur seinen Prinzipien gehorcht.

Für weitere Rollen konnte ich Gudrun Ritter (Jadups Frau), Franciszek Pieczka (Stadtchronist Unger), Horst Lebinsky (Traktorist Arne), Christian Grashof (Kaufhallenleiter) und Berthold Schulze (Gastwirt) gewinnen. Als Polizisten wollte ich den Theaterregisseur Fritz Marquardt verpflichten, der in der *Feuerwehr* einen Schießbudenbesitzer gespielt hatte, dessen ungewöhnlich skurriles Talent Siegfried Kühn für den Film entdeckt hatte im *Zweiten Leben des Georg Friedrich Wilhelm Platow*, einem der besten DEFA-Filme überhaupt, einem der wenigen subversiven, doch bis heute kaum zur Kenntnis genommen. Natürlich wurde dieser Film von den DDR-Kulturpolitikern nicht gemocht, folglich bekam er nur wenige Kopien, wurde nicht ins Ausland geschickt und nicht fremdsprachig untertitelt. Was solchen Filmen damals geschah, wirkt bis heute nach, sie bleiben unbekannt. Dafür wiederholt man zum hundertsten und tausendsten Mal *Die Legende von Paul und Paula* und *Spur der Steine*, und mancher meint, alles andere sei Propaganda gewesen.

Marquardt wurde von Mäde abgelehnt. Einen Volkspolizisten mit diesem Schauspieler zu besetzen käme einer Provokation gleich und würde die Staatsmacht diskreditieren. Die Rolle spielte dann der im Film unbekannte

Schweriner Schauspieler Rolf Martin-Kruckenberg, und es gelang ihm sehr gut, die gutartige, aber hilflose Beschränktheit eines Kleinstadtpolizisten darzustellen.

Aus Gründen des Jahresplans sollten wir noch Ende 1979 zu drehen beginnen. Parallel zum Drehbuchschreiben erfolgten die üblichen Vorbereitungen. Wir fanden unsere Motive in der Altmark, in jenem Städtchen Seehausen, das Schäfer als Vorbild gedient hatte, aber auch in Osterburg und Stendal und anderen Orten.

Dann war das Drehbuch fertig, es war lakonischer als das Szenarium und damit deutlicher in seiner Konzeption, eigentlich konnte jeder den Film ahnen. Es war klar, daß die Dramaturgen ahnten und die Leitungen auch, ich war ja kein unbeschriebenes Blatt mehr. Es war auch klar, daß Erika Richter, Dieter Wolf, Rudi Jürschik wußten, es sei sinnlos, den DDR-Alltag weiter realitätsfern zu verklären, Ehrlichkeit sei vonnöten. Deshalb waren sie für das Projekt, wenn auch jeder dabei seine eigenen Vorstellungen hatte. Das Drehbuch ist nun mal nicht der Film, das Entscheidende geschieht beim Drehen, die konzeptionelle Sicht des Regisseurs würde gerade bei einem solch feinsinnigen Film besonders wichtig sein.

Im Dezember hatte die Leiterin des DEFA-Lektorats Dr. Ursula Püschel, die Mäde als seine politische Stütze und wohl auch als Gegengewicht zu Jürschik mit ins Studio gebracht hatte, das Drehbuch eingeschätzt. Sie wies auf alles hin, was passieren könnte, wenn dieses Buch nicht mit einer parteilichen Konzeption umgesetzt würde.

Auch Mäde schlug jetzt härtere Töne an. Bis kurz vor Drehbeginn war zu befürchten, daß er den Film stoppte. Sie stoppten ihn nicht. Später erfuhr ich, warum.

In einer zusammenfassenden Information der Stasi vom 15. 5. 1980 hieß es:

»Die Drehbuchfassung von Ende Oktober 1979 läßt die Absicht des Regisseurs Simon erkennen, bei der Realisierung des Films seine Ressentiments, Vorurteile und widerspruchsvollen Wertungen gegenüber der Politik der DDR, insbesondere gegenüber der sozialistischen Kulturpolitik darzustellen. Trotz dieser auch durch die staatliche Leitung des Studios festgestellten Schwächen wurde dem Regisseur Simon dieser Stoff genehmigt, weil es erforderlich war, den Simon von negativ-feindlichen Kräften zu entfernen und ihm und seinem Schaffen gegenüber Vertrauen zu zeigen.«

Am 15. 4. 1980 hatte ein IM in Schlüsselposition der Stasi zur Kenntnis gegeben:

»In der besonderen Position, die er *(Simon)* einnimmt ..., in seinem widerspruchsvollen ästhetischen Konzept, das von manchen elitären Auffassungen gekennzeichnet ist, ist er für den Gegner eine besonders interessante Gestalt.«

Schon am 27. 2. 1980 hatte ein Stasi-Major aufgeschrieben:

»Gen. *(Mäde)* teilte dabei vertraulich mit, daß bei Einschätzung der Position von Rainer Simon dieser Film eine antimarxistische Geschichtsauffassung enthalten konnte. Das würde dann zur sofortigen ideologischen Auseinandersetzung mit Simon und der Dramaturgin führen. Unabhängig davon wird durch Gen. *(Mäde)* erwogen, diesen Film soweit in der Endphase der Produktion zu verzögern, daß er erst nach dem Parteitag Premiere hat. Sollten die Mängel sichtbar werden, ist es möglich, ihn lediglich im Filmkunsttheater aufzuführen.

Sollten die o.g. Schwächen des Drehbuches so verstärkt werden, daß eine antisozialistische Position mit Eindeutigkeit durch Simon vorgetragen wird, wird der Film nicht zur Aufführung freigegeben.«

Die Dreharbeiten begannen zwischen Weihnachten und Neujahr. Parteisekretär Wätzold erschien im Atelier und guckte zu, wie Jadup sich rasierte und wie die Techniker dafür sorgten, daß dabei der Spiegel beschlug. Es war kurios, wie sollte ein Funktionär einschätzen, was beim Drehen geschah. Aber es sollte mir überdeutlich signalisieren, daß der Film und ich unter Beobachtung standen. Wätzold sah wohl seine alberne Situation ein, es konnte ihm nicht gefallen, das der Stab hinter seinem Rücken über seine Observation kicherte, er zog sich nach zwei Tagen zurück. Nicht nur der Kameramann und ich wußten, worum es in dem Film ging. Auch die Beleuchter, Maskenbildner, Requisiteure, Assistenten wußten es. Selten war es schon bei den Proben so mucksmäuschenstill im Atelier, so aufmerksam verfolgte man von Beleuchterbrücken und aus den Kulissen heraus die Dialoge. Mancher hielt dem Atem an. Selbst die Kinder und Jugendlichen wußten oder ahnten, worum es ging.

Endlich konnte ich in einem Film über die Gegenwart in diesem Lande in etwa sagen, was mir auf den Nägeln brannte. Dabei wäre es zu einfach, meinen Standpunkt mit dem des Bürgermeisters Jadup gleichzusetzen. Jadups später oft und gern als Credo des Films zitierte Rede zur Jugendweihe seines Sohnes hätte ich zu jener Zeit schon nicht mehr gehalten.

Ich war eher ratlos wie die Generation der Jugendlichen und identifizierte mich mit ihnen. Jadups Sohn Max wurde von dem 14jährigen Potsdamer Schüler Timo Jacob gespielt und Edith Unger, die Tochter des aus Polen stammenden Stadtchronisten Unger (Franciszek Pieczka), von der zwölfjährigen Inga Kaltenhäuser, Lehrerstochter aus Seehausen. Im Verhältnis der beiden gab es Vergleichbares zur Beziehung zwischen Jadup und Boel einst, es war ähnlich verletzbar. Edith war die kleine »Hexe« der Stadt, die voraussehen konnte, was geschah, wenngleich dazu gar nicht soviel gehörte, man mußte nur den Mut haben, es auszusprechen.

Es war uns zwar damals schon klar, daß im Drehstab Zuträger der Stasi waren, wir hatten aber keine Ahnung, wer, und Roland Dressel und ich machten aus unserem Herzen nie eine Mördergrube. Sollten wir uns das Leben vergällen, um mißtrauisch unseren Umkreis nach Leuten zu beäugen, die uns ausspionierten? Allerdings habe ich mich selten bei einem Film so strikt ans Drehbuch gehalten, denn ich wußte, die einfachste Taktik, später gegen den Film vorzugehen, würde sein, mir nachzuweisen, daß ich anderes gedreht hätte, als im Drehbuch stand.

Nach etwa zwei Dritteln der Drehzeit sah sich die Studioleitung Muster an. Ich war nicht dabei, denn wir drehten in der Altmark. Schnittmeisterin Helga Gentz rief mich abends an und erzählte, was geschehen war. Mäde war während der Vorführung ausgeflippt, hatte dann aber strikt verboten, mir von seiner Reaktion zu berichten.

»Unerträglich! Un-er-träg-lich!« habe er getobt.

Schon einen Tag später erschien Hauptdramaturg Dieter Wolf zu einer Visite am Drehort. Ich sagte ihm nicht, daß ich schon alles wußte. Er eierte herum, hatte den Auftrag, mich zu warnen, aber gleichzeitig nicht die weiteren Dreharbeiten zu gefährden.

Ende April war abgedreht, wir gingen den Abnahmen entgegen. Ich ahnte, daß etwas kommen würde, aber was kam, überstieg meine schlimmsten Befürchtungen. Es begann am Anfang Mai 1980 mit einer Informationsvorführung des roh geschnittenen Filmmaterials im kleinen Kreis (Filmstab, Mäde, Jürschik, Wätzold). Dieter Wolf und Erika Richter versuchten mit sehr positiven Einschätzungen die Diskussion in die richtigen Bahnen zu lenken. Dieter Wolf sagte, Lebensfragen unserer Gesellschaft würden mit größter Deutlichkeit behandelt. Wir sollten politischen Diskussionen mit Ruhe begegnen, denn die Hauptfigur Jadup setze den politisch moralischen Maßstab. Und Erika Richter meinte, der Film berühre Probleme, die sie beunruhigen, doch sie fühle sich sicher dabei, auf Jadup könne man vertrauen.

Jürschik stimmte ihnen im wesentlichen zu, sagte aber auch: Bei den wichtigen Fragen, die angesprochen würden, dürften wir uns nicht wundern, daß wir vor schwierigen Entscheidungen stünden.

Mäde und Wätzold zeigten sich nicht unbeeindruckt, formulierten aber schon die Grundfrage der weiteren Diskussion: Wie zeige der Film, was wir in den 35 Jahren DDR erreicht haben? Mäde drückte es auf seine Art etwa so aus: Worin bestehe der erreichte Standard der Selbstorganisation der verbündeten Klassen?

Klar wurde in dieser ersten Vorführung auch, daß Paul Kanut Schäfer voll zu dem Film stand. Regisseur und Autor würde man also nicht gegeneinander ausspielen können, was in Konfliktfällen immer versucht wurde.

In solcher Situation sucht man Gesprächspartner und Verbündete.

Am 6. Mai fand die sogenannte Synchronabnahme statt,

eine Vorführung, in der mit den Tonmeistern abgestimmt wird, welche Szenen aus technischen Gründen zu synchronisieren sind, die Möglichkeit, den Film ein paar Freunden und Kollegen zu zeigen: Käthe Reichel, Uwe Zeising, Ulrich Weiß, Jörg Foth, Tamara Trampe, Barbara Rogall, Regine Kühn, Peter Wuss und einem Außenstehenden, meinem Astrophysikerfreund Günther Rüdiger, der mir von meinen ersten Filmen an immer ein wichtiger Gesprächspartner gewesen war.

Am 8. Mai gab es eine interne Vorführung ohne uns für Mäde und Horst Pehnert, dem Leiter der HV Film, und es fand die Rohschnittvorführung der Gruppe »Babelsberg« statt. Dazu wurden auch meine Regiekollegen Egon Schlegel, Siegfried Kühn, Roland Gräf und Konrad Wolf eingeladen. Schlegel und Kühn sagten, wie wichtig der Film für sie sei, weil er die Wirklichkeit zeige, wie sie ist, und die moralische Gefährdung unserer Gesellschaft, doch dabei sei er nicht deprimierend, sondern voller Hoffnung.

Alle warteten auf Konrad Wolfs Meinung. Er sagte, bei ihm sei nach Ansehen des Films Chaotisches im Gange. Er frage sich, ob der Film in seiner prononcierten Bitterkeit die Gesellschaft, wie sie ist, überfordere. Er frage sich, ob die Realität, die er kenne, überhaupt noch die wirkliche sei. Er wisse nicht, ob er das verkraften könne. Aber vielleicht müsse man gerade das lernen, wenn man es noch könne. Leute, wie er seien angetreten mit bestimmen Idealen. Doch die Wirklichkeit hätte sich extrem weit von diesen Idealen entfernt, und wir müßten ungeheuer viel gemeinsam verändern, sonst wäre dieser Riß nicht zu reparieren.

Am Schluß fügte er an: Was er gesagt habe, sei nicht zur Verwendung bestimmt, zu viel stehe auf dem Spiel.

Er möchte seine Formulierungen als positiven Appell verstanden wissen.

Das Wort Appell fand allgemeine Zustimmung. Was blieb uns auch anderes, als zu appellieren, erst mit dem Film und nun an die politisch Verantwortlichen, ihn an die Öffentlichkeit zu lassen, wofür alle plädierten, und alle wußten oder ahnten, daß Appelle nie zu etwas geführt hatten.

Nächster Tag, nächste Vorführung.

Nun informierte sich die Direktion, die Leiter der anderen Dramaturgengruppen Thea Richter, Werner Beck, Andreas Scheinert, des Lekorats, Ursula Püschel, die Parteisekretäre Wätzold und Wagner und der Produktionsdirektor Golde kamen dazu. Alle hatten schon etwas »gehört«. Mäde nannte die Diskussion eine politische Arbeitsberatung, die Urteilsfindung sei keine einfache Sache. Entsprechend wurde laviert. Wie schwierig doch alles sei, wiederholten alle anderen immer wieder. Jürschik immerhin sagte: Ich habe das Projekt gewollt und will es.

Ursula Püschel brachte die Einschätzung der Gegenseite auf den Punkt: Wir leben in dieser verdammten DDR, sage der Film.

Die Stichworte aus meinem Protokoll scheinen der Atmosphäre damals nicht gerecht zu werden, denn über das, was sich heute relativ sachlich liest, empörte sich Paul Kanut Schäfer während der Diskussion tief betroffen: Nicht nur für Lärm gäbe es eine Schmerzgrenze, auch für Würde. Das mag auch damit zusammenhängen, daß kaum jemand offen sprach, weil alle auch zwischen den Worten hörten, man mußte nicht übermäßig direkt sein, zur politischen Diskreditierung reichte manchmal ein Nebensatz. Es gab wahre Meister in solcher Argumentationsstrategie, die sich immer nach allen Seiten ein Türchen offenhalten wollten. Doch das geschah mehr aus Absicherung vor sich selbst. Es war nicht mehr die Zeit, wo man sich in der Rolle eines Häschers gefallen konnte. Zu offensichtlich waren schon die Konflikte in der Gesellschaft. Kein Zweifel aber, Mäde und ich, wir wußten genau, wer bei dem, was folgen würde, auf welcher Seite stehen würde. Mäde sagte abschließend, eine Freigabe des Films würde nach dem gegenwärtigen Erkenntnisstand nicht erfolgen, ordnete eine Denkpause an und schrieb am 12. Mai 1980 an Produktionsleiter Herbert Ehler:

»In Auswertung der bisherigen Beratungen über die Arbeitsergebnisse am Kinospielfilm *Jadup und Boel* – Dramaturgengruppe Babelsberg – wurde von mir folgende Festlegung getroffen:

1. Die Arbeit wird für ca. 10 Tage unterbrochen.

2. Die Dramaturgengruppe und das Schöpferkollektiv sind aufgefordert, die in der Beratung leitender Mitarbeiter beim Generaldirektor aufgeworfenen Problemstellungen gründlich zu durchdenken. Es wird erwartet, daß sie konzeptionelle Vorschläge unterbreiten, welche Veränderungen sie für möglich und realisierbar halten, einschließlich des Neu- oder Nachdrehens ganzer Szenen.

3. Vorführungen für größere Mitarbeiterkollektive oder für Zuschauer, die nicht dem Studio angehören, werden in dieser Zeit nicht durchgeführt. Die Arbeitskopie steht dem Schöpferkollektiv zur weiteren Selbstverständigung zur Verfügung. Der Generaldirektor ist über den Teilnehmerkreis vor solchen Vorführungen zu unterrichten.«

Von Anfang an fielen diesen Auseinandersetzungen Sequenzen zum Opfer, die ich gern im Film gehabt hätte.

Wir drehten eine der Schlußszenen: Jadup war mit seinem Sohn Max auf den Kirchturm gestiegen, um ihm zu zeigen, wo er und all die anderen Feuerrufer gehaust hatten. Gerade da fuhr uns zufällig eine sowjetische Militärkolonne ins Bild, es paßte wie die Faust aufs Auge: Alles, was in dieser DDR geschah, war nicht nur von den Bürgern dieses Landes abhängig. Der real existierende DDR-Sozialismus, wie er sich selber relativierend nannte, hatte nur mit »den sowjetischen Freunden« an unserer Seite entstehen können. Es war klar, daß dieses Bild schon nach den ersten Vorführungen geschnitten werden mußte. Auch daß wir uns darauf beriefen, es dokumentar gedreht zu haben, half nichts.

Ein anderes Beispiel, im Drehbuch stand: »Herr Gwissen bleibt stehen vor einer Anschlagtafel mit der Aufschrift: ›Der Sozialismus ist so gut, wie wir ihn selber machen.‹ Der Zustand der Tafel steht in schreiendem Gegensatz zum Inhalt der Aufschrift.«

Als wir drehten, schneite es, und ich ließ Kinder Schneebälle auf die Tafel mit der abblätternden Losung werfen, wurde moniert, mußte raus. Von Vorführung zu Vorführung wurde die Einstellung mit dieser Tafel gekürzt, wie einst die Nackten im *Till Eulenspiegel*.

Von Anfang an wurde der Gebrauch des Wortes »Russe« moniert, denn im offiziellen Sprachgebrauch hießen sie »sowjetische Genossen«, der »große Bruder« oder schlicht »Freunde«. Das Tabu, nach 1945 erfolgte Vergewaltigungen zu thematisieren, war zwar gerade durchbrochen worden, aber wohl war einigen dabei gar nicht.

Dann gab es eine Rückblende unter einem Stalinbild. Der junge Jadup hatte sich kurz nach 1945 in einem Zimmerchen auf dem Kirchturm einquartiert. Doch die Genossen befanden, dies sei ein zu weltfremdes Domizil für den künftigen Bürgermeister und forderten ihn in einer Parteiversammlung auf, herunterzuziehen. In Erinnerung an jene Versammlung sieht Jadup die Gesichter von damals unter einem großen Stalinbild an sich vorbeiziehen, alltägliche Gesichter, keine Schauspieler, Kleindarsteller von der Straße, man hörte ihre Argumente, sah aber nie, wer welche Worte sprach. Mir kam es mit diesem Arrangement darauf an, die Auswechselbarkeit der Leute deutlich zu machen. Stalin in ihrem Rücken bestimmte, was sie sagten. Eine künstlerisch miserable Lösung, befand Mäde.

Erst einmal versuchten wir, die Szene zu retten, indem wir ein paar Sätze austauschten. Doch später mußten wir eine ganz neue Szene drehen, mit fast dem gleichen Text, aber als eine reale Erinnerungsszene, wo Jadup seinen Genossen gegenübersitzt und diese mit ihm – unterm Stalinbild – diskutieren. Daß Zensoren sich auf solche Feinheiten verstanden, mag heute absurd erscheinen.

Daß die Stasi damals ständig über alles unterrichtet wurde, ist fast überflüssig zu erwähnen.

Doch welche Kreise nun einbezogen wurden, läßt der Bericht vom 19. Mai 1980 erkennen: Oberstleutnant Unrath schrieb an Stellvertreter Operativ Gen. Oberst Ribbecke:

»Ich halte es für zweckmäßig, besonders die Information zu dem Spielfilm *Jadup und Boel* dem Leiter der BV *(Bezirksverwaltung der Stasi)* Gen. Generalmajor Leibholz, zur Kenntnis zu geben, da der Gen. ... *(Jahn, 1. Sekretär der Bezirksleitung Potsdam der SED)* aufgrund von Informationen durch Gen. ... *(Mäde)* ebenfalls informiert ist.

Nach neuestem Stand wird aufgrund eines Gesprächs zwischen Gen. ... *(Mäde)* und dem Gen. Erich Honecker in Vorbereitung des X. Parteitages zum Film *Jadup und Boel* mit Rainer Simon eine Auseinandersetzung mit allen Konsequenzen geführt, um nicht nur bei ihm, sondern auch bei anderen mit gleicher Geisteshaltung auftretenden Kulturschaffenden eine deutliche Grenze zu demonstrieren.«

Wir hatten am 19. Mai einen elf Seiten langen Brief geschrieben: Vorschläge für die Endbearbeitung des Films, wo wir auflisteten, was wir bereits verändert hatten und noch verändern wollten.

Am 27. Mai fand darüber ein Gespräch bei Mäde statt. Von der Diskussion habe ich nichts anderes als Mädes Aussagen protokolliert. Sie sollten uns den Ernst der Lage unmißverständlich klarmachen. Mäde dozierte über die Grundwerte des Sozialismus, die keine »allgemein ethischen Kategorien« seien, sondern klar bezeichenbar: Übernahme der Macht durch die Arbeiterklasse, Bildungschancen für alle, Einheit von ökonomischer und Sozialpolitik, kostenloses Gesundheitswesen für alle. Das wichtigste Ergebnis sei: Die Erziehung eines neuen Menschen. Daß es, was wir im Film zeigten, in der Realität gäbe, vielleicht sogar vielfach gäbe, sei nicht die Frage und kein Argument. Das Maß unserer Kritik hänge davon ab, wie weit wir die Konflikte als lösbar darstellten. Das Grundklima des Films müsse ein anderes werden. Dabei ginge es um Grundsätzlicheres als um Mißverständnisse. Wenn man es zu Ende dächte, bedeute das möglicherweise wirklich einen anderen Film. Er betonte, ihm gehe es um Integration und Sicherung eines Verabredungsspielraums – ein Wort, das von nun an oft gebraucht wurde. Er fragte auch: Die das Geld gäben, inwieweit sähen die sich durch die Identifikation mit unserer Kritik herausgefordert?

Wir, die Schöpfer, seien nur für uns verantwortlich, die Leiter aber für die Strategie. Vor einer endgültigen Entscheidung müsse man verschiedene Seiten anhören und sich deshalb auf einen längeren Gedankenaustausch einrichten.

Nächste Vorführungen einer inzwischen teilweise vorgemischten Fassung fanden Anfang Juli statt. Weitere Schauspieler und Kollegen hatten die Gelegenheit, den Film zu sehen.

»IM Rose« kam zu der Einschätzung: »Simon hat durch umfangreiche Montage- und Nachsynchonisationsarbeiten in allen vorher kritisierten Szenen entsprechend der durch die Studioleitung bestätigten Konzeption wesentliche Detailaussagen des Films im positiven Sinne verändert, ohne jedoch damit erreicht zu haben, daß jetzt ein Film vorliegt, der parteilich sich mit unserer Geschichte auseinandersetzt und optimistisch in die Zukunft weist.«

Zur Direktionsvorführung am 11. Juli kamen neben dem bekannten Direktionskreis auch meine Regiekollegen Roland Oehme, Lothar Warneke, Roland Gräf und Iris Gusner und der Leiter der HV Film Horst Pehnert. Auch die Genossin Loni Trinkgut war eingeladen worden, kulturpolitische Mitarbeiterin der Bezirksleitung der SED. Klar, daß sie mit aller Kompetenz der Partei zuschlug – denn die Partei, die Partei hat immer recht: Dieser Film habe sie ganz kalt gelassen und sehr deprimiert. Sie lebe in einer anderen Welt und möchte in der Welt, die der Film zeige, nicht leben. Der Film aktiviere sie nicht. Wenn sie mit ihren Genossen ins Kino gehe, würde es sehr schwer werden, diesen Film zu vertreten.

Mäde hatte mit gutem Grund einleitend erwähnt, die Geduld des Zuhörens sei die erste Bürgerpflicht.

Meine vier Kollegen betonten, wie wichtig der Film sei, und sprachen sich für seine Aufführung aus; auch im Interesse der Filme, die noch zu machen seien.

Pehnert versuchte, den Ton der Trinkgut aus der Diskussion zu nehmen, und sagte einiges, was erstaunlich war. Er sei sehr beeindruckt, und er unterstelle keine Bösartigkeit. Jadup sei ein Feuerrufer, der der Gesellschaft ins Gewissen rufe. Aber es sei nun mal »wie in der katholischen Kirche: Wir haben eine Lehre.«

Nach dreistündiger Sitzung faßte Mäde auf überraschende Weise zusammen: Die Diskussion, daß der Film verboten werden soll, könne eingestellt werden. Für vier Szenen ordnete er neues Drehen an.

Am 10. September erklärte Mäde, daß unsere Änderungsvorschläge seinen Forderungen nicht genügten: Ein ermüdender Kreislauf der Argumentation sei eingetreten, daraus müsse der Leiter seine Schlußfolgerungen ziehen. Er sehe gegenwärtig keine andere Möglichkeit als eine längere Unterbrechung der Endbearbeitung von circa zwölf Monaten. Diese Entscheidung sei vor den tagespolitischen Zuspitzungen *(dem Anwachsen der Streikbewegungen in Polen)* gefallen, aber unter aktuellem Aspekt sei eine unmißverständliche Haltung zur Partei besonders unverzichtbar.

Nach zwölf Monaten könnte man sich die Sache frisch und neu angucken. Wir wüßten, daß sich in der Kunst Entscheidungskriterien schnell veränderten, im Positiven wie im Negativen, die Zeit könne für uns oder gegen uns arbeiten, und er hätte die Hoffnung, daß es in dieser Zeit für jeden von uns einen Zuwachs an realer gesellschaftlicher Erfahrung gäbe.

Am 22. September informierte Mäde Kurt Hager, Mitglied des Politbüros und Sekretär des ZK der SED, die Stasi erhielt eine Kopie, neben schon Bekanntem sind zwei Passagen interessant: »Ich habe diese *(Entscheidung)* auch in der Planberatung der Regisseure am 11. 9. erläutert. Genosse Simon nahm dort in seiner Erwiderung die bekannten Positionen ein. Jedoch ergriff keiner der anwesenden 15 Regisseure zu seiner Unterstützung das Wort.«

Das war wohl wahr.

Bis November hatten Schäfer und ich zwei neue Szenen geschrieben. Wir wollten ja unseren Film retten, wenn auch nicht um jeden Preis. In einem begleitenden Brief an Mäde bezeichnete Dieter Wolf die Szenen als außerordentlichen Gewinn für die Gesamtatmosphäre. Auch Mäde fand, daß unsere Veränderungen einen »echten Qualitätszuwachs« ergäben. Wir durften weiterarbeiten. Noch im Dezember 1980 drehten wir die neuen Szenen.

Am 4. 2. und 6. 2. 1981 dann die Rohschnittabnahmen. Meine Kollegen Roland Oehme, Siegfried Kühn und Roland Gräf beglückwünschten die Filmemacher und die Leitung, daß sie diesen Prozeß durchgestanden hätten. Kühn zitierte: »Der Sozialismus ist so gut, wie wir ihn selber machen.« Kritisch wurde es noch einmal, als ein bisher noch nicht einbezogener Regie-Kollege erneut gewisse Vokabeln ins Spiel brachte: Die Personen des Films würden in einer Welt des Opportunismus und der Unwahrhaftigkeit leben. Er frage sich selbst, wieso ihn im Film dieses Leben störe, das er eigentlich kenne. Genau darin bestand die Schizophrenie. Trotzdem konnte er es nicht lassen zu sagen, der Film zeige ein Leben »am Rande der Erträglichkeit«, was Mäde natürlich sofort aufgriff. Wer solche Reizworte gebrauchte, dem konnte ich nicht zugestehen, daß er es arglos tat. Dazu kannten wir alle die Spielregeln viel zu genau. Doch die Weichen schienen vorher schon gestellt. Mäde blieb dabei, daß es grundsätzliche Meinungsverschiedenheiten gäbe, dagegen war ja nichts einzuwenden. Aber er gab den Film zur Fertigstellung frei, allerdings nicht ohne in vier Punkten nochmals dringliche Empfehlungen zu weiteren Veränderungen zu geben.

Heute lese ich diese Protokolle wie ein absurdes Kapitel einer eigenen, mir fremden Geschichte.

Seit Ende der siebziger Jahre waren immer mehr »Kulturschaffende«, Schauspieler, Schriftsteller, Musiker in den Westen gegangen. Auch von mir setzte man ein solches Gerücht in Umlauf. Sicher ließ es sich nicht vermeiden, auch darüber nachzudenken, vor allem solange nicht klar war, ob sie mich weiter arbeiten ließen. Doch das Leben hängt nicht nur von der Arbeit ab. Aus familiären Gründen wollte ich auf jeden Fall vermeiden, diesen letzten Gang gehen zu müssen. Bindungen wären zerstört worden, und ob sich meine Arbeitssituation im Westen verbessert hätte, wage ich aus heutiger Sicht stark zu bezweifeln. Den Humboldt-Film hätte ich dann nie gedreht und damit alles versäumt, was sich daraus entwickelte.

Am 3. März 1981 fand im DEFA 70 endlich die Studioabnahme statt, mir wurde dringlich geraten, keine »falschen Leute« dazu einzuladen. Erika Richter trug eine siebenseitige Stellungnahme der Gruppe vor. Die Regisseure Roland Oehme und Ralf Kirsten sprachen sich für die Abnahme aus. Es wurde festgestellt, daß die »einschneidenden« Veränderungen keine »Kompromißlösungen« seien.

Es wurden auch Änderungen gelobt, wo es gar keine gab. Mäde stellte fest, daß es nun nicht eine einzige Stimme mehr gegen die Abnahme des Films gäbe, und daß er somit den Antrag auf staatliche Zulassung stelle und die Einladung in die HV Film dazu in den nächsten zehn Tagen erwarte.

Drei Monate später schrieben Schäfer und ich an Horst Pehnert und fragten, warum es auf den Antrag auf Zulassung noch keine Reaktion gäbe. Einen Monat später hatten wir immer noch keine Antwort. Wenn ich anrief, ließ sich Pehnert verleugnen.

Dann schrieb er: »Ich verstehe Ihre Ungeduld in bezug auf die ausstehende staatliche Zulassung Ihres Films *Jadup und Boel*. Die Gründe dafür sind die gleichen, die die Diskussionen um diesen Film bis zu seiner Studiozulassung bestimmten. Es ist dies ein Film, der es mir ratsam und zweckmäßig erscheinen läßt, im Zuge des Zulassungsverfahrens den Minister für Kultur zu konsultieren und an der Entscheidung, die zu treffen ist, zu beteiligen ... Ich denke, daß ich in allernächster Zeit in der Lage sein werde, Ihnen eine Einladung zum Zulassungsgespräch in der Hauptverwaltung Film zu übermitteln.«

Aber es geschah nichts. Weitere vier Monate später hatten Schäfer, Erika Richter und ich einem Beschwerdebrief an Politbüromitglied Kurt Hager fertig, da erhielten wir Anfang Oktober 1981 die Einladung zur Staatlichen Zulassung. Aufführungen des Films wurden aber nur für die Filmkunsttheater genehmigt, weil der Film eine komplizierte ästhetische Struktur und einen besonderen künstlerischem Rang habe, doch die Wirkungsmöglichkeiten würden auch mit Absicht eingeschränkt, sagte Pehnert.

Vom PROGRESS Filmverleih wurde schließlich die Premiere für den 17. Dezember 1981 im »Colosseum« anberaumt. Natürlich waren wir froh, soweit gekommen zu sein und unseren Film bald in der Öffentlichkeit zu sehen.

Spanisches Intermezzo

Zwischen zwei meiner nächsten Filmprojekte, der *Räuberbande* nach dem Roman von Leonhard Frank und dem *Luftschiff* nach dem Roman von Fritz Rudolf Fries waren inzwischen die Würfel zugunsten des Luftschiffs gefallen. Ohne daß ich Genaues erfuhr, kam ein Vorabverkauf ans ZDF ins Gespräch, was uns erlauben würde, ein paar Szenen in Spanien zu drehen. Im Oktober 1981 flogen Autor Fries, Produktionsleiterin Dorothea Hildebrandt, Roland Dressel, Szenenbildner Hans Poppe und ich nach Spanien auf Motivsuche. Ich flog das erste Mal in ein nichtdeutschsprachiges Land des »NSW« (nichtsozialistisches Währungsgebiet), es war eigentlich nicht zu glauben. Und das, obwohl die Stasi weiterhin seitenweise über mich berichtete.

Von Madrid aus fuhren wir am nächsten Morgen gleich weiter nach Zaragoza, wo einer der letzten Stierkämpfe der Saison stattfand, aber natürlich hatte außer dem weltgewandten Fries keiner von uns je eine *corrida* gesehen. Fries war im Baskenland geboren, das Leben seines Großvaters hatte ihm Anregungen geliefert für diesen verrückten Luftschifferfinder Franz Xaver Stannebein, der die Hauptfigur unseres neuen Films war. Sein Leben spielte sich in Deutschland und Spanien ab.

Ich fand mich wieder im Kessel der riesigen Stierkampfarena von Zaragoza, als wäre ich in einem Traum. Was die *toreros* und ihre *picadores* und *banderilleros* vorführten, erschien mir spektakulär und interessant. Ich verstand nicht, warum die Zuschauer beinahe pausenlos pfiffen. Man konnte kaum die *pasadobles* in den Pausen hören. Es war eine *corrida escándola*, skandalös, die *matadores* gefielen den *aficionados* überhaupt nicht. Am Schluß schmissen alle ihre Sitzkissen in die Arena.

Unsere spanische Produktionspartnerin Maite Mannchen bemühte sich, uns einigermaßen aufzuklären. Sie war eine wunderbare und taktvolle Partnerin. Schon bald merkte sie an, daß wir anders wären als die westdeutschen Filmleute, die sie normalerweise betreute.

Wir fuhren weiter über Pamplona ins Baskenland. Wir sahen uns *pelota*-Spiele an, den baskischen Nationalsport. In einer langen Halle, dem *frontón*, schmettern Spieler zweier Mannschaften mit korbartigen oder Holzschlägern oder mit der blanken Hand einen kleinen harten Ball gegen eine Wand. Dabei werden Wetten auf die Teams abgeschlossen. *Pelota*-Wände gibt es in jedem Ort. In unserem Film würde es auf einer zweckentfremdeten Rollbahn gegen die Wand einer Flugplatzbaracke gespielt werden, die wir in Karlovy Vary in der Tschechoslowakei aufbauen würden.

Wir waren nur zehn Tage in Spanien, aber es kam mir wie ein Monat vor. Ich sah die Altstadt von Segovia, die Kathedrale von Burgos, den Escorial. Ich sah die Goyas im Prado. Ich wußte jetzt, was *chinchón* ist, *jamón jabugo* und *Rioja*. Ich war in jenem Jahr 40 geworden.

Wir suchten bei dieser Reise Motive für jene Szenen, die unverwechselbar nur in Spanien gedreht werden konnten,

Stierkampf zum Beispiel, Stadtbilder von Bilbao oder San Sebastián, und speicherten spanische Landschaften und spanisches Interieur in unseren Köpfen, um andere Szenen zu Hause im Atelier, in Bulgarien oder der Tschechoslowakei nachzugestalten.

Im November flogen wir deshalb nach Bulgarien. Ich kehrte zurück über Budapest, weil ich noch mit ungarischen Schauspielern verhandeln wollte, und traf meinen DEFA-Regiekollegen Rolf Losansky, der mir erzählte, daß in jener Woche im »Neuen Deutschland« ein ominöser Brief erschienen sei, von einem Genossen Vater aus Erfurt, zur Filmpolitik. Er hätte im Studio große Besorgnis ausgelöst. Rolf mutmaßte schon, na hoffentlich hat das keine Auswirkungen auf deinen Film.

Jadup und kein Ende

Der Artikel vom 17. November lag schon auf meinem Schreibtisch, er war überschrieben:
»Erwartungen eines Lesers an DEFA und Fernsehen
Was ich mir mehr von unseren Filmemachern wünsche ...
Von Hubert Vater, Hauptmechaniker im VEB Kraftverkehr Erfurt«

In dem Artikel, der über zwei lange Spalten des großformatigen Parteiorgans ging, hieß es unter anderem: »Ich bin kein Fachmann, auch wenn mein besonderes Interesse immer dem Film galt. Ich weiß also nicht, wo die Gründe dafür liegen, daß Streifen in unsere Kinos kommen, von denen ich der Meinung bin, daß sie ihr Publikum kalt lassen. Vom Thema und auch von der künstlerischen Ausdruckskraft her finde ich kaum einen unserer jüngsten Filme bemerkenswert. Die meisten sagen mir über uns und unsere Zeit viel zu wenig aus.

Ich spüre darin zu wenig Stolz auf das, was die Arbeiterklasse und ihre Partei im Bunde mit allen Werktätigen unseres Landes an großem vollbracht hat in den Jahrzehnten bis heute. Wo sind die Kunstwerke, die das – ich nenne es so – Titanische der Leistung bewußt machen, die in der Errichtung, im Werden und Wachsen unseres stabilen und blühenden Arbeiter-und-Bauern-Staates besteht? Wir haben ihn doch unter Opfern und Entbehrungen buchstäblich aus Ruinen, und zwar aus geistigen und materiellen Trümmern, aus Hoffnungslosigkeit und Lethargie zu dem gemacht, was er heute ist.«

Jeder wußte, daß so ein Artikel auf Bestellung von oben erschien. Es war unwichtig, ob es diesen Genossen Vater wirklich gab oder nicht, er wurde als Sprachrohr benutzt.

Gleich nach meiner Rückkehr wurde ich zu Generaldirektor Mäde bestellt, und er teilte mit, daß aufgrund der sich entfaltenden komplizierten öffentlichen Debatte Kulturminister Hoffmann entschieden habe, daß *Jadup und Boel* nicht wie geplant im Dezember in die Kinos käme. Dies sei aber kein Widerruf der staatlichen Zulassung, ein neuer Aufführungstermin werde zu einem späteren Zeitpunkt festgelegt. Mäde sprach von besonders verschärften Bedingungen in der Gesellschaftspolitik dieses Landes, der Brief im »Neuen Deutschland« sei nur in solchen Zusammenhängen verstehbar. Er möchte den Film nicht in eine Diskussion einspeisen, die von Leidenschaften begleitet sei. Diese Entscheidung falle zum Schutz der DEFA und der Schöpfer, die neue Aufgaben hätten. Er wolle nicht, daß Simon und Schäfer diesen Leidenschaften ausgeliefert würden.

Am folgenden Wochenende trafen wir uns bei Paul Kanut Schäfer, Dramaturgin Erika Richter, Hauptdramaturg Dieter Wolf, Kameramann Roland Dressel und die Schauspieler Kurt Böwe, Gudrun Ritter, Käthe Reichel und Katrin Knappe, und verfaßten einen Brief an Kulturminister Hoffmann, in dem wir die Aufführung unseres Films forderten. Doch Dieter Wolf und Erika Richter zogen ihre Unterschriften am nächsten Tag zurück, vermutlich wurden sie dazu veranlaßt. Der Brief wurde nicht abgeschickt.

Am 8. Dezember wurden wir zu Pehnert bestellt. Er wollte mit uns zu einer Verabredung kommen. Eine solch prononcierte Veröffentlichung wie der »Vater-Brief« sei nicht zufällig, da stecke die Führung dahinter. Es hätte Folgen nicht nur für diesen Film, »wenn die Hunde von der Leine« wären. Er könne in der schwierigen politischen Situation nur um unser Verständnis bitten.

In jener Woche besuchte mich mein polnischer Schauspielerfreund Franciszek Pieczka, er drehte gerade wieder bei der DEFA. Die Situation in seiner Heimat spitzte sich zu, Kania kam an die Macht. »Lieber Kania als Wanja«, sagte man in Polen. Wir fürchteten alle einen sowjetischen Einmarsch mit unabsehbaren Folgen.

Kurz vor Weihnachten hörte ich auf einem Radiosender die Meldung, daß der weltbekannte polnische Regisseur Andrzej Wajda verhaftet worden sei. Am Montag, dem 21. Dezember rief ich bei Christa und Gerhard Wolf an und dann bei Konrad Wolf, um zu fragen, ob sie davon wüßten, immerhin war Wajda Mitglied der Akademie der Künste der DDR und Konrad Wolf deren Präsident.

Die Stasi hörte die Gespräche ab: »Herr S. *(Simon)* ist

der Meinung, daß man etwas unternehmen müßte. Herr W. *(Gerhard Wolf)* will überlegen, glaubt aber nicht, daß man da viel machen kann. Es wird sicher noch einiges kommen. Herr S. stellt ironisch fest, daß es ihnen ja noch glanzend geht …

Herr Simon erkundigt sich bei Herrn *(Konrad Wolf)* aus Berlin, ob er Kenntnis darüber hat, daß der Wajda eingesperrt sein soll. Herr K. verneint … Herr S. schätzt das Problem als sehr ernste Sache ein. Herr W. erklärt, daß man sich etwas überlegen müsste, was Hand und Fuß hat *(Unterstreichung von der Stasi)* … Morgen weilt Herr W. im Studio. Er vereinbart mit Herrn S. morgen ein Zusammentreffen im Studio.«

Am Nachmittag jenes Montags rief mich Produktionsleiterin Dorle Hildebrandt an, daß wir am nächsten Morgen nach Stockholm fliegen könnten. Stockholm? Der Luftschifferfinder Stannebein war mit einer Spanierin verheiratet, und wir suchten eine spanischsprachige Schauspielerin für diese Rolle, die für DDR-Geld spielen würde. Wir hatten erfahren, daß im Stockholmer Exil zwei bekannte chilenische Schauspielerinnen lebten, und den Antrag gestellt, mit ihnen über die Rolle zu verhandeln. Unser Ersuchen wurde von der Auslandsabteilung der HV seit August verschleppt. Nun durften wir von einem Tag auf den anderen fliegen.

IME »Wendt« informierte die Stasi: »S i m o n hat am 23. 12. 1981 *(es war am 22. 12.)* gemeinsam mit der Prod.-leiterin … um 8.00 Uhr die DDR mit dem Flugzeug ab Schönefeld verlassen. Rückreise am 24. 12. 1981, Ankunft in Schönefeld um 14.00 Uhr.

Der IM hat am 23. 12. 1981 … *(Konrad Wolf)* nicht im Studio gesehen.«

Auf solch effektive Weise hatte die Stasi das Zusammentreffen von Konrad Wolf und mir »verhindert«.

Jenes Telefonat war mein letzter Kontakt mit Konrad Wolf. Kurze Zeit später hörte ich, daß er an Krebs erkrankt sei. Kollegen, die ihn im Krankenhaus besuchten, erzählten mir, daß er sich bis zuletzt nach *Jadup und Boel* erkundigt hätte, und ob der Film endlich zur Aufführung käme. Im März 1982 starb Konrad Wolf. Er war nur 56 Jahre alt geworden.

Im Februar 1982 begannen die Dreharbeiten zum *Luftschiff*, der Streit um *Jadup* geriet in den Hintergrund, aber vergessen war es nicht. Ich wandte mich an den Verband der Film- und Fernsehschaffenden der DDR und forderte sie auf, sich für die Aufführung des Films einzusetzen. Wir schrieben an Politbüro-Mitglied Hager.

Am 25. September 1982 wurde *Jadup und Boel* in einer Betrachtung der FAZ erwähnt:

»Seine *(Rainer Simons)* Leinwandadaption des DDR-Kleinstadtromans *Jadup* von Paul Kanut Schäfer wird von den verantwortlichen Funktionären seit nunmehr zwei Jahren zurückgehalten, offensichtlich wegen der darin enthaltenen vorsichtigen Kritik.«

Natürlich hatte in der ganzen Zeit die DDR-Presse zu dem Vorgang keine Zeile geschrieben. Sie wußten ja genau, was sie durften. Weder von der Presse noch vom Filmverband gab es auch nur die geringste Solidarität. Auch in unseren Filmographien wurde der Film nicht erwähnt, nicht mal in einer des beteiligten polnischen Schauspielers Pieczka.

Am 28. März nun schon 1983 schrieb ich gemeinsam mit Schäfer, Dressel, Böwe, Ritter, Reichel und Knappe an Honecker, drei Seiten lang den Vorgang skizzierend, um Beschwerde zu führen und Protest einzulegen.

Am 22. April 1983 wurden wir zu Pehnert geladen. Die Entscheidung war, daß die staatliche Zulassung zurückgezogen wurde. Als Grund wurde genannt die sich zuspitzende existentielle Bedrohung des Sozialismus. Die Gefahr der Ausnutzung von Kunstwerken sei größer als vor zwei oder drei Jahren. Auch in der Verbandsdebatte, die irgendwann ohne uns stattgefunden hatte, hätten schwere Bedenken dominiert. Meine Frage nach der Aufbewahrung des Filmnegativs und der vorhandenen Kopien wurde von Pehnert ausweichend beantwortet, er müsse das mit dem Kulturminister besprechen. Anfangs hatte Mäde mal gesagt: Er sei keiner, der Arbeit vernichte. Nun waren sie beide zu feige, uns eine klare Antwort zu geben, mußten sich weiter oben rückversichern. Im Juni 1983 wurde ich aus der HV Film verständigt, daß das Negativ und eine Kopie an das Staatliche Filmarchiv übergeben worden seien. So blieb unserem Film das Schicksal von Schlegel/Roths *Ritter im Regen* erspart.

Mäde betonte, daß dies keine Debatte sei über Leute, sondern über ein Werk. Der Regisseur hätte einen neuen Film unter schwierigen ökonomischen und Reisebedingungen machen können. Im Falle *Jadup* hätten wir uns geirrt, doch ein solcher Irrtum sei kein gesellschaflicher Makel.

Wie ich später in den Stasi-Akten las, wurde schon 1982 meine Observation verschärft, die OPK (Operative Personenkontrolle) wurde in den OV (Operativen Vorgang) »Schreiber« umgewandelt: Die Berichte enthielten Vorwürfe feindlich-negativer Tätigkeiten, die außer in meiner Filmarbeit in der Kontaktaufnahme mit negativ-feindlichen

Kulturschaffenden bestand, die ich kaum oder gar nicht kannte.

Jahre sollten vergehen, bis es wieder einen Sinn machte, an dem lebenslänglichen Hafturteil für den Film zu rütteln. Ein gewisser Gorbatschow war an die Macht gekommen, bislang unbekannte russische Worte fanden ihren Eingang in die deutsche und internationale Sprache, *glasnost* und *perestroika*, Vokabeln, die dem kleinen Bruder gar nicht gefielen, zum ersten Mal muckte er auf, wagte es sogar, ein sowjetisches Presseorgan, den »Sputnik«, zu verbieten.

Verbotene sowjetische Filme kamen an die Öffentlichkeit, auf den Berliner Filmfestspielen 1987 liefen Gerassimovs *Am See* aus dem Jahre 1969, *Das Thema* von Gleb Panfilow, 1979, und *Abschied von Matjora*, 1983 gedreht, Regisseur Elem Klimow, Präsident des sowjetischen Filmverbandes, wurde von Podium zu Podium gereicht und wie ein Held gefeiert (das änderte sich nach der Wende). 1988 war *Asjas Glück* von Andrej Michalkow-Kontschalowski aus dem Jahre 1967 zu sehen, der Regisseur verdiente sein Geld längst in Hollywood, mit schwachen Filmen. Alexander Askoldows furiose *Kommissarin* aus dem Jahre 1967 lief im Wettbewerb, der Regisseur konnte danach nie wieder drehen, soviel ich weiß, auch nach der Wende nicht. Er schaffte es nicht nach Hollywood. Die Jury zeichnete ihn mit einem »Silbernen Bären« aus, der »Goldene« wäre verdient gewesen, doch den bekam *Rotes Kornfeld* von Zhang Yimouh, womit die Vorliebe internationaler Jurys für historische chinesische Filme ihren Anfang nahm.

Und die verbotenen Filme der DDR? Es wurde glatt behauptet, außer den schon sehr alten und längst überholten Filmen aus dem Jahre 1965 gäbe es keine, und man brüstete sich generös damit, Carows 1968 gedrehten Film *Die Russen kommen* 1987 herausgebracht zu haben. Was aber war mit Iris Gusners interessantem Debütfilm *Die Taube auf dem Dach* aus dem Jahre 1973 und Maxim Dessaus 1984 abgebrochenem *Schnauzer*?

Zum Glück hatten ein paar westliche Journalisten von *Jadup und Boel* erfahren, Heinz Kersten zum Beispiel und der Wiener Journalist Otto Reiter, sie halfen, den Film wieder ins Gespräch zu bringen.

Die Entwicklungen in Moskau machten auch in der DDR die Leute etwas mutiger. Der Filmverband und die Akademie der Künste waren nun endlich bereit, etwas für den Film zu tun. Im Januar 1988 durfte er zum ersten Mal wieder gezeigt werden, im Filmmuseum Potsdam, intern vor Filmverbandsmitgliedern. Er hatte nichts von seiner Aktualität eingebüßt, aber er würde eben viel zu spät kommen.

Am 12. Mai 1988 war es dann soweit, um Mitternacht hatte *Jadup und Boel* auf dem Spielfilmfestival der DDR in Karl-Marx-Stadt seine Premiere. Er lief nicht etwa im Wettbewerb, so mutig war die Auswahlkommission dann doch nicht. Im Wettbewerb wurde von mir am gleichen Abend 20 Uhr *Wengler & Söhne* gezeigt. Trotz der ungewöhnlichen Mitternachtsvorführung war das Kino voll, es gab viel Beifall.

Der Film wurde mit fünf Kopien aber wieder nur für die Filmkunsttheater zugelassen. Gegen eine Berliner Premiere stemmte sich die HV Film bis zuletzt, sie fand schließlich doch am 26. Mai im »Babylon« statt. Die Kinderdarsteller waren inzwischen längst Erwachsene, Rolf-Martin Kruckenberg und Berthold Schulze konnten den

Film nicht mehr sehen, sie lebten nicht mehr. Kurt Böwe forderte in seinen Worten an das Publikum den Genossen Hager und die Parteiführung auf, sich endlich den Realitäten in diesem Land zu stellen.

Und was tat die linientreue DDR-Presse, die so lange geschwiegen hatte? Sie lobten nun fast einhellig. Selbst Horst Knietzsch im »Neuen Deutschland« lobte. Deutlicher wurde Heinz Kersten im Westen: »Was heute mit den Schlagworten *glasnost* und *perestroika* in aller Munde ist: Rainer Simon machte es vor acht Jahren schon zu seinem Thema. Dafür mußte seine siebente Arbeit allerdings bis heute warten, um wenigstens in den Studiokinos der DDR ein Publikum zu finden.«

Im Dezember 1988 durfte der Film auf einer Woche des DDR-Films in Lübeck erstmals in Westdeutschland gezeigt werden. Das »Forum des Jungen Films« der Berlinale konnte sich 1989 nicht entschließen, den Film aufzuführen. Auch in die Reihe der Verbotsfilme, die das »Forum« 1990 zeigte, wurde er nicht aufgenommen. So blieb *Jadup und Boel* bis heute ohne englische Untertitel, kam nicht wie die anderen Verbotsfilme in die Reihe des Goethe-Instituts und ist im Ausland weithin unbekannt. Leider habe ich damals nicht hartnäckig genug insistiert, weil mir die neuen Filme wichtiger als die alten waren.

Auf der Berlinale wurde *Jadup und Boel* schließlich doch noch gezeigt, 1992 in einer dem Filmstudio Babelsberg gewidmeten Retrospektive. Genau an diesem Tag, als der Film lief, hatte ich in der Außenstelle Potsdam des Bundesbeauftragten für die Unterlagen des Staatssicherheitsdienstes das erste Paket meiner ungefähr tausend Seiten umfassenden und dabei noch unvollständigen Stasi-Akten lesen können. Ich fuhr direkt von der Behörde zum

Kino nach Berlin und traf dort einige der Leute, von denen ich nun wußte, daß sie mich jahrelang bespitzelt hatten. Für den Katalog der Retrospektive hatte unter anderen auch Albert Wilkening einen Artikel über die DEFA geschrieben.

1989 wurde der Film zum Wettbewerb des Internationalen Filmfestivals nach Moskau eingeladen. Eigentlich wollte die DDR einen anderen Film schicken, doch die Veranstalter bestanden auf *Jadup und Boel*, was den Funktionären der HV Film keineswegs gefiel. So fuhren also Schäfer, Dressel, Katrin Knappe und ich mit jenen, die den Film einst verboten hatten, gemeinsam nach Moskau. Am Tag bevor der Film laufen sollte, erfuhren wir, daß seine Abendaufführung gestrichen werden sollte, es bliebe nur die Pressevorführung vormittags, das war mehr als ungewöhnlich. Dafür sollte am Abend ein amerikanischer Film mit dem Titel *Briefe an Gorbatschow* gezeigt werden. Eine solche Diskriminierung konnten wir uns nicht gefallen lassen, und es trat die kuriose Situation ein, daß nun ausgerechnet Horst Pehnert bei offiziellen sowjetischen Stellen Protest einlegen mußte. Verbandssekretär Peter Ulbrich traf sich gar mit den Japanern, deren Wettbewerbsbeitrag von dieser Umstellung ebenso betroffen war, um eine gemeinsame »Achse« des Protestes in die Wege zu leiten. Ich sprach mit Journalisten und informierte Andrzej Wajda und Jiří Menzel, die beide in der Jury arbeiteten. Aufgrund der Proteste wurden die Filme dann wie angekündigt gezeigt. Doch für das Moskauer Festivalpublikum kam *Jadup und Boel* viel zu spät. Dieser *Jadup* vertrat ja sozialistische Ideale! Jiří Menzel rümpfte die Nase und betrachtete mich fast mitleidig. Ein Film, in dem Lenin zitiert wurde!

Für das West-Fernsehen interviewte mich Hans-Jürgen Rosenbauer auf dem Roten Platz mit dem üblichen Interesse für die Kuriositäten der DDR-Kulturpolitik. Ob er damals ahnte, einmal Intendant eines ostdeutschen Fernsehkanals zu werden? Immerhin, im ORB wurde *Jadup und Boel* nach der Wende gezeigt, aber weder in der ARD noch im ZDF noch auf arte.

Im Jahre 1989 bekam *Jadup und Boel* einen Sonderpreis der DDR-Kritiker für die besten Filme des Jahres 1988, und Pehnert übergab mir die Urkunde für das Filmprädikat »wertvoll«.

1990 wurde der Film auf dem 6. und letzten Spielfilmfestival der DDR gemeinsam mit Carows *Coming out* mit dem Regiepreis ausgezeichnet. Ich fuhr nicht zu diesem Festival des Abgesangs.

Wenn ich Freunden oder Kollegen aus dem Westen von dem Streit um den Film erzählte, hatte ich oft das Gefühl, daß sie gar nicht verstanden, warum wir diesen Kampf aufgenommen hatten, daß sie mich für eine Art Don Quijote hielten, bemitleidenswert in meiner Naivität: Wußte doch jeder, wer das Geld hat, hat die Macht, und wer sich mit der Macht anlegt, ist selber schuld. Ehrenwert vielleicht, was aber kommt dabei raus? Kann sich so etwas rechnen? Sagten sie zwar nicht, aber später verstand ich, daß sie das meinten.

Ende der neunziger Jahre hatte ich die Idee, einen Film über *Jadup*s *Kinder* zu machen. Die Personen des alten Films sollten sich wiederbegegnen anläßlich von Jadups Beerdigung. Die Idee war (oder ist), daß Jadup seinem Sohn Max einen Brief hinterläßt, in dem er ihm gesteht, daß Boel damals ein Kind von ihm erwartete. Im alten Film war davon nie auch nur in Andeutungen die Rede.

Aber konnte es nicht sein, daß die Vergewaltigung durch einen Dritten die eine Sache war, ein Verhältnis Jadups zu Boel, zu dem der sich nicht bekannte, eine andere. So wäre Boels Verschwinden zu erklären, und Jadup hätte es zwar ertragen, sein Geheimnis bis zum Grab, aber nicht, es mit ins Grab zu nehmen. Es soll ja geschehen, daß wir manchmal auf komplizierte Weise in unserem eigenen Leben agieren, als wären wir andere. Da spielt das gesellschaftliche System, in das wir zufällig hineingeboren werden, gar keine Rolle.

Im Zentrum der Handlung aber sollte die Wiederbegegnung von Jadups Sohn Max mit Edith Unger stehen, deren beider Leben sich vollkommen anders entwickelt hatten, als zu erwarten gewesen war.

Ich arbeitete mit einer Redakteurin des ORB zusammen, die ein verhaltenes Interesse signalisierte. Später interessierten sich auch zwei junge Produzenten, aber schon ihr Antrag auf Drehbuchförderung wurde 2003 vom Filmboard Berlin-Brandenburg abgelehnt.

Jadups Ende.

Geschichte und Gegenwart

Nach den Querelen um *Jadup* vermerkte die Stasi: »Grundsätzlich fühle sich Simon in seiner Haltung bestätigt, daß unter den derzeitigen innenpolitischen Verhältnissen, unter dem derzeitigen Kurs in der Kulturpolitik für ihn keine Gegenwartsfilme möglich seien. Er könne zu den gesellschaftlichen Problemen und Widersprüchen nicht schweigen und diese nicht in der durch die Partei geforderten Art und Weise verniedlichen oder gar glorifizieren.«

Das hatten sie völlig richtig protokolliert. Ich hatte jedem, der es hören wollte oder nicht, gesagt, daß ich keine DDR-Gegenwartsfilme mehr drehen würde, denn ich wußte, was ich auch anpacken würde, sie würden es wieder verbieten, mein Blick auf dieses Land unterschied sich zu gravierend von der offziellen Politik. Ich bin mir sicher, daß diese Aussagen behilflich waren, daß ich weiterarbeiten konnte.

Anderen erging es schlimmer als mir, Ulrich Weiß zum Beispiel. 1981 drehte er *Dein unbekannter Bruder*, eine Geschichte um Angst und Verrat in Zeiten des antifaschistischen Widerstands, ein Tabubruch, der den heiliggesprochenen Widerstandskämpfern nicht gefallen konnte und noch weniger jenen, die sich in ihrer Nachfolge gefielen, obwohl sie nie etwas riskiert hatten. Außerdem galt der Film als »modernistisch«. Er kam zwar in die Kinos, aber die DDR ließ ihn nicht zum Festival nach Cannes, wohin er eingeladen worden war.

1983 drehte Ulrich Weiß *Olle Henry*, die Liebesgeschichte zwischen einem Profiboxer und einem Animiermädchen in der Nachkriegszeit. Dann war Schluß. Immer wieder schlug er Filmstoffe vor und schrieb Drehbücher, aber Mäde ließ ihn nie wieder drehen.

Unmittelbar nach der Wende gab es für kurze Zeit ein ideologisches Vakuum und ein reichliches Jahr keine Zensur, aber nur zwei Filmemacher nutzten radikal die einmalige Chance. Herwig Kipping drehte *Das Land hinterm Regenbogen* und Weiß drehte *Miraculi*, eine düstere Parabel über Ende und Neuanfang, aus deren Sog man sich am liebsten herausreißen und davonrennen wollte und es doch nicht konnte. Gefesselt im Kinosessel sah ich dem Untergang der Welt zu. In den wiedervereinigten deutschen Kinos hatte der Film nie auch nur die geringste Chance. Danach drehte Ulli fast nichts mehr.

Wenn ich an Filmen arbeitete, die in der Vergangenheit spielten, ging es mir natürlich weder um Nostalgie noch um Geschichtsunterricht. Auf der Spurensuche im Vergangenen wollte ich der Gegenwart auf die Spur kommen. Bisher hatte in meinen Filmen immer das Verhältnis des Einzelnen zur Macht eine Rolle gespielt. Die Grenzen der Einflußnahme waren mir allzu deutlich gemacht worden. Nun ging es mir darum, herauszufinden, welche Chance denn der Einzelne hat, ein menschenwürdiges Leben zu führen, Verantwortung zumindest für sein Leben zu übernehmen, und nicht nur zu funktionieren oder zu vegetieren oder gar, als fragwürdige Alternative, sein Heil in der Ausübung von Macht zu suchen. Um es mit heutigen Worten zu sagen, ob er eine Chance hat, nicht bloß Konsument oder Verbraucher zu sein, verfügbar und solange zu gebrauchen, bis er verbraucht ist.

Ich trat nicht mit einer solchen Konzeption an, doch es ergab sich, daß es in allen folgenden Filmen um diese Frage ging. Da war es relativ uninteressant, wo und wann sie spielten, zu Humboldts Zeiten, im Ersten oder Zweiten Weltkrieg, in der russischen Steppe, in den Ruinen von Delphi, in Deutschland, in Südamerika oder in Spanien, wie mein nächster Film *Das Luftschiff*.

Stannebein, dem Luftschifferfinder, ging es wie den meisten Filmregisseuren, er hatte ein traumhaftes Projekt, aber kein Geld, es zu realisieren, ein die Luftfahrt revolutionierendes Windmühlenluftschiff schwebte ihm vor, das sich »von jeder halbwegs gemähten Wiese in den Himmel erheben konnte«, in dem sich »die Passagiere in wahrhaft königlichen Suiten ergehen können«. Ein Gefährt für die »Erhebungen der Seele«, nicht etwa für militärische Zwecke, wollte er konstruieren, und dafür benötigte er Geldgeber, er suchte sie in Deutschland und in Spanien. Er fand nie welche, er wurde von den Nazis ausgenutzt, geriet zwischen die Fronten und wollte gar mit dem Reichsluftfahrtminister über Berlin aufsteigen. Ein Besessener, doch die Phantasielosen erklärten ihn für verrückt und schlossen ihn ein in Dösen, jenem Vorort von Leipzig mit dem bezeichnungsvollen Namen, wo sich die Landesirrenanstalt befand und noch befindet.

Weil er »den Hitler beinahe auf den Mond geschossen hätte mit seinem Luftschiff«, mutmaßt sein Enkel Chico, und macht sich nach dem Krieg im zerstörten Leipzig auf den Weg, seinen Opa zu suchen. Nun, »da alle Antifaschisten waren«, konnte ein Großvater, »den der Hitler eingesperrt hatte«, eine Goldgrube sein. Kießling, Knopfhändler von Beruf, Kriegsheimkehrer, der »geradewegs aus Sibirien« zurückkommt, erkennt sofort diese Chance.

Chico findet seinen »Herrn Großvater« nicht in der verwaisten Irrenanstalt. Selbst dort hatte er mit den Verrückten an einem Luftschiff gebastelt, ein Flügel war fast fertig. Doch die Nazis schickten alle auf Transport, bevor das Werk vollendet war.

Die beiden Handlungsebenen, das verschwenderische, getriebene Leben Stannebeins und Chicos Suche nach ihm, sind im Film ineinander verschlungen. Im Roman war es anders, da debattierten die Enkel nur über den Großvater, das war wenig reizvoll, deshalb erfand Fries für den Film die Chico-Geschichte. Fries war ein großer Fabulierer, er schöpfte aus dem Füllhorn seiner ungewöhnlichen Phantasie, inwieweit das dann im Film machbar war, interessierte ihn nicht. Dafür war der Regisseur da und dessen Team. Ein solches Schreiben hatte den Vorteil, daß man sich nicht gleich verbot, zu denken, was unrealisierbar schien. Es stachelte mich an, filmische Lösungen dafür zu suchen.

Es wäre langweilig gewesen, den Zuschauer anhand von Modellen und Zeichnungen genau aufzuklären, wie sich Stannebein sein Luftschiff vorstellte. Jeder Zuschauer sollte die Chance haben, mit der eigenen Phantasie sein Flugobjekt zu erfinden. So kam mir die Idee, den Leipziger Maler und experimentellen Filmemacher Lutz Dammbeck in die Arbeit einzubeziehen. Er würde Stannebeins Visionen direkt auf den Filmstreifen zeichnen, fragile Gebilde sollten entstehen, zitternd, schwebend, Tunnel in die Welt des Unterbewußtseins, verführerisch und beängstigend. Und Friedrich Goldmann würde die entsprechenden Töne dazu erfinden. Manches, was wir uns damals ausdachten, erschloß sich mir erst viel später, als ich auf Pfade in mein Unterbewußtsein gelangte, von denen ich damals noch gar keine Ahnung hatte.

Für Stannebein suchte ich einen Schauspieler, dem ich die Intelligenz und die Obsession glauben konnte, und fand ihn in Jörg Gudzuhn, es war seine erste Hauptrolle beim Film. Ich blieb meinem Prinzip treu, mit Schauspielern zu arbeiten, die ich mochte: Gudrun Ritter spielte Stannebeins Tochter Polonia, Chicos Mutter. Katrin Knappe war Stannebeins jüngste Tochter, Chicos Tante Flora. Als Kind wurde Flora von meiner Tochter Jana gespielt. Böwe war der Nervenarzt, der Stannebein in die Psychiatrie einweist. In der Anstalt war in einer kleinen Rolle auch Timo Jacob mit seinen traurigen Augen zu sehen, auch der Autor Fries, der Dramaturg Hocke, der Astrophysiker Rüdiger traten dort auf. Den Knopfhändler spielte Hermann Beyer und einen Geschäftspartner Stannebeins Jürgen Holtz, Horst Lebinsky gab einen Wirtschaftsboss, der als Kriegsverbrecher enden würde, Rolf Martin-Kruckenberg einen Antifaschisten, der den schlafenden Chico nebst einem Esel in einem zerstörten Theater findet. Im Fundus des Theaters pissen sie gemeinsam auf die dort massenhaft zur Seite gestellten Führerbilder.

Für Chico fand ich den Sohn meiner Freunde Dieter und Anette Roth. Ein Jahr vor dem Drehen hatte ich die Roths in Weimar besucht, wo sie auf ihrer Theater-Odyssee damals angelangt waren. Ich hatte Daniel sofort ins Herz geschlossen. Eigentlich war da schon klar, daß ich keinen Besseren finden würde als dieses selbstbewußte, freche, witzige Bürschchen mit dem liebenswert thüringisch-sächsischen Akzent. Aber ich drehte noch eine Menge Probeaufnahmen mit anderen Kindern, um mich endgültig davon zu überzeugen.

Daniel war der Liebling des Drehstabs, das Maskottchen des Films. Ich arbeitete mit ihm kaum anders als mit erwachsenen Schauspielern, da gab es keine Tricks, ich erklärte ihm die Szene, und er spielte sie. Er alberte noch herum, wenn die Klappe fielt, um dann, wenn mein »Bitte!« kam, von einer Sekunde auf die andere sich in die

Filmszene zu begeben. Nach meinem »Aus« schaffte er es immer noch, eine Grimasse ins Bild zu zaubern, bevor Roland die Kamera ausstellte.

Am Schluß des Films, als Chico klar wird, daß der Großvater nicht mehr lebt, krümmt er sich auf einem Weg in der Irrenanstalt, und ich wollte eine Großeinstellung drehen, in der er weint. Daniel sagte: »Heulen kann ich nicht.« Glyzerintränen kamen nicht in Frage.

Wir drehten es also in einer Totalen und wollten seinen Schmerz erkennbar machen in der Haltung, wie er am Boden lag. Daniel rief mich leise: »Rainer, der Roland soll mit der Kamera herkommen«, schniefte er mit verweinten Augen.

Wir drehten es, und ich nahm ihn in den Arm. Später erzählte er mir, woran er gedacht hatte.

Ich habe die Einstellung nicht eingeschnitten, es kam mir unlauter vor.

Daniel wird auch noch in *Die Frau und der Fremde* und in *Wengler & Söhne* zu sehen sein, bevor er mit seiner Mutter in den Westen übersiedelte. Später haben wir uns in Braunschweig wiedergesehen, als 1988 dort auf dem Filmfest meine Filme gezeigt wurden, da war er achtzehn, und ich erinnere mich, als die Zuschauer in einem Film an einer unpassenden Stelle lachten, sagte er: »Nimm's ihnen nicht übel, die Leute hier sind anders, die amüsieren sich wie verrückt über jeden Scheiß. Du denkst, du bist im falschen Film.«

Aufgrund des Vorabverkaufs ans Westfernsehen stand etwas mehr Westgeld zur Verfügung, aber man hütete sich, uns Zahlen zu nennen. Ich konnte die Spanierin Elisa Montes als Stannebeins Frau besetzen, denn aus der Verpflichtung einer der in Stockholm lebenden Chileninnen war nichts geworden. Die ersten Szenen mit Frau Montes wurden im Babelsberger Atelier gedreht, und es war für sie höchst erstaunlich, daß wir ständig auf Schauspieler warten mußten, die nur für kurze Zeit zum Drehen von den Berliner Theatern geholt wurden. Das könnte sich in Spanien keine Filmproduktion leisten.

Die anderen spanischsprachigen Rollen wurden von in der DDR lebenden Exil-Chilenen gespielt, Hausfrauen, Sänger, Diplomaten und deren Kinder wirkten mit. Victor Carvajal, Schriftsteller und Schauspieler, spielte Stannebeins Chauffeur, Famulus und Faktotum Sorigueta, der schließlich seinen Herrn verläßt und sich den Kämpfern für die Spanische Republik anschließt: »Schade, daß Ihre Luftschiffe nicht schon fliegen. Wir könnten sie jetzt gebrauchen, gegen die Heinkels und Junkers ihrer Landsleute.«

Wir konnten ein paar Szenen mehr im spanischen Baskenland drehen, als wir dachten. Wir drehten in Bilbao, San Sebastián und Tolosa und das Wohnhaus für die Familie Estanebín fanden wir in einem Ort namens Deva, das klang wie unsere DEFA.

Zum Schluß drehten wir in Santander einen Stierkampf. Die Veranstalter erlaubten uns, daß wir direkt aus dem Gang hinter der Bande filmten. Kameraassistent Wolfgang Ebert und ich hatten alle Hände voll zu tun, unseren verrückten Kameramann festzuhalten, denn der wäre am liebsten mit der Kamera über die Bande gesprungen, um zu testen, ob ein Stier auch auf Kameras reagiert. Von den drei *matadores* war einer sehr gut, ein junger Mexikaner, Gutiérrez hieß er, und das Publikum feierte frenetisch seine eleganten und waghalsigen *pases*. Als er den Stier soweit hatte, daß er ihn töten konnte, stellte er ihn direkt vor unsere Kamera, denn natürlich hatten auch die *toreros* bemerkt, daß ein Filmteam anwesend war. Er stach zu, traf den Knochen, die Klinge schnellte heraus. Ein zweites Mal lancierte er das Tier vor Rolands Kamera. Er stellte sich auf, fixierte den Stier, stieß zu, traf wieder nicht. Das passierte noch weitere dreimal, die Begeisterung des Publikums war längst in ein wütendes Pfeifkonzert übergegangen. Irgendwann, war zu befürchten, würde der *torero* statt den Stier die Kamera anvisieren.

Im Drehbuch war ein alptraumartiges Schlußbild skizziert. Stannebein hängt, in der Gondel eines riesigen Ballons gefangen, im Inneren des Leipziger Völkerschlachtdenkmals, an jenem Ort, wo ihn einst die Koryphäen der deutschen Wirtschaft in ihre Kreise aufnahmen, um ihn für ihre Ziele in Spanien zu benutzen. Wer aber könnte in diesem Monument einen Ballon aufblasen? Ballonfahren als Sport war in der DDR streng verboten, man hätte ja auf diese Weise in den Westen schweben können. Wir setzten uns mit Ballonfahrern aus der Tschechoslowakei in Verbindung, es waren ähnlich liebenswert verschrobene Typen wie Stannebein. Natürlich konnte sich auch ein mit deren Hilfe organisierter Ballonaufstieg als raffiniert geplanter Fluchtversuch entpuppen. Aber wir würden den Ballon ja innen drin aufblasen, versuchte die Produktionsleiterin die Bedenken der Leipziger Sicherheitskräfte zu zerstreuen. Ein solches Ansinnen kam denen erst recht verdächtig vor. Womit aber den Ballon füllen? Es stellte sich heraus, daß Wasserstoff als Füllung ausschied, wir hätten das ganze Denkmal und alles drumherum in die Luft sprengen können. Nur Helium kam in Frage, aber wir hätten die Jahresproduktion des ganzen sozialistischen

Lagers aufkaufen müssen, das war natürlich viel zu teuer. Wir müßten unsere Idee aufgeben? Taten wir nicht, wir formten sie um und hängten nur die Gondel an Seilen in das Denkmal und nutzten die Kuppel selbst als Bild für den Ballon. Es war die stärkere Metapher, nicht immer führen Beschränkungen im Film zu schwächeren Lösungen, oft zwingen sie einen zu originelleren »Erhebungen« der Phantasie.

In Spanien kämpften wir mit dem berühmten baskischen Nieselregen. Für eine Szene hatten wir einen mondänen Hispano-Suiza gemietet, doch es regnete den ganzen Tag. Das Auto einen zweiten Tag auszuleihen, reichte das Geld nicht. Also mußte ich über Nacht eine neue Szene ohne Auto schreiben. Für DDR-Produktionsverhältnisse war das lächerlich – wegen einer fehlenden Automiete eine Szene zu verändern!

Der Film paßte sowohl von seinem Thema, als auch in seiner Struktur überhaupt nicht ins Bild vom DEFA-Film, das wird mir bis heute immer wieder versichert.

Heinz Kersten schrieb damals: »Rainer Simons *Luftschiff* ist der erste abendfüllende Experimentalfilm der DEFA.«

Unser Film wäre sicher für Festivals geeignet gewesen, ich hätte es gern gesehen, wenn er bei der Berlinale gelaufen wäre. Warum es dazu nicht kam, ist in einem Stasi-Bericht von 1983 zu lesen: »Nachdem im Februar 1983 der DEFA-Spielfilm *Der Aufenthalt* Regie: Frank Beyer kurzfristig als Beitrag der DDR zu den Internationalen Filmfestspielen in Westberlin ersatzlos zurückgezogen wurde, unternahm S. vielfältige persönliche Aktivitäten, um *Das Luftschiff* als Beitrag für die Berlinale ins Gespräch zu bringen. Durch geeignete operative Maßnahmen im Zusammenwirken mit leitenden Studiomitarbeitern wurden Voraussetzungen zur Unterbindung dieses Vorhabens geschaffen, um vorbeugend jegliche Publizierung Simons im Westen zu verhindern.«

Die Premiere des *Luftschiffs* fand im März 1983 im Berliner Kino »International« statt. Am nächsten Tag fuhr eine von einem »Reiseleiter« des PROGRESS-Filmverleihs geleitete »Filmdelegation« nach Leipzig. Wir reisten per Zug. Die Zeiten, wo solche Premierenfahrten in repräsentativen Limousinen stattfanden und die Vertreter von Bezirksfilmdirektionen und Parteikreisleitungen die Gäste schon an der Bezirksgrenze erwarteten und zu Weinproben oder ähnlichem einluden, waren vorbei oder betrafen nicht Filme wie *Das Luftschiff*. Benzin war knapp. Überall mußte gespart werden. Selbst die Drehbücher wurden kaum leserlich auf krudem grauem Recycling-Papier abgezogen, das die Konsistenz von kratzendem Toilettenpapier hatte. Es könnte ein Trost sein, daß dafür vielleicht ein paar Hektar Urwald weniger abgeholzt wurden. Die Bezirksfilmdirektion Leipzig karrte uns in den Vorort Böhlitz-Ehrenberg, wo im typischen Ambiente eines DDR-Gasthofs Rentner zu einer Filmdiskussion eingeladen waren, die alten Leutchen kannten den Film aber gar nicht, nur ein paar der anwesenden Funktionäre hatten ihn gesehen und diskutierten in deren Namen.

Einmal sagt Stannebein in Bilbao zu seinen deutschen Geschäftspartnern:

Más vale huir por una noche que morir para toda la vida.

Besser eines Nachts fliehen, als sterben fürs ganze Leben.

Aber wohin?

Paul Kanut Schäfer und ich hatten seit *Jadup* überlegt, wie wir unsere gute Zusammenarbeit fortsetzen könnten. Das Leben Alexander von Humboldts interessierte uns beide. Wir unterbreiteten dem Studio erste Vorschläge. Die einzige realistische Variante, auch Humboldts Amerikareise in den Film einzubeziehen, sahen wir damals in einer Zusammenarbeit mit Kuba. Doch Kuba ging nicht auf das DEFA-Angebot für eine Koproduktion ein. Wir wollten das Projekt dennoch nicht aufgeben. Besonders interessant und aktuell erschienen uns Humboldts Jugendjahre, der unabdingbare Wille eines jungen Mannes, sein Lebensziel zu erreichen, sich seinen Traum vom Leben zu erfüllen, gegen alle Hindernisse, die ihm die Familie, die Verhältnisse und seine eigene Disposition in den Weg stellten. Wir konzipierten einen Film über diese Jugendjahre, der am Ende in einem Bild von der Besteigung eines südamerikanischen Vulkans kulminieren sollte, als Metapher für die Realisierung seiner Träume. Einen Film über Alexander von Humboldt zu drehen, ohne wenigstens auf seine Amerikareise zu verweisen, wäre absurd, aber mehr als ein paar in Auftrag gegebene dokumentare Einstellungen aus den südamerikanischen Anden zu bekommen, schien uns damals vollkommen unrealistisch.

Ich dachte mit Fries über weitere Projekte nach. André Heller unternahm einen Versuch, die *Vorstadtmusikanten* wiederzubeleben. Ich bearbeitete Melvilles Erzählung über den Schreiber *Bartleby*, eine kafkaeske Studie zum Thema eines in den Verstrickungen des Alltags gefesselten Menschen, ein Gegenbeispiel zu Humboldt und Stannebein. Auch eine Stoffentwicklung über den hoffnungsvollen jungen Friedrich von Preußen interessierte mich, den die Welt einmal »den Großen« nennen würde, nachdem der Vater ihn gedemütigt und die Lebensumstände ihn klein gemacht hatten. Das Projekt kam aber nie richtig in Gang.

Daß sich die Lage für realistische Gegenwartsfilme überhaupt nicht gebessert hatte, bekam Hermann Zschoches Film *Insel der Schwäne* zu spüren. Die »Junge Welt« initiierte wieder mal eine jener perfiden Leserzuschriften-Kampagnen mit dem Titel: »Das ist wieder kein DEFA-Film über uns.« Knietzsch schrieb im »Neuen Deutschland«: »Verstellte Sicht auf unsere Wirklichkeit.« Schon vorher war Evelyn Schmidts Film *Das Fahrrad* angefeindet worden, mit der großartigen Heidemarie Schneider in der Hauptrolle und von Roland Dressel beklemmend nah an der DDR-Tristesse fotografiert. Auch bei diesen Auseinandersetzungen spielte die Presse eine unrühmliche Rolle. Es hatte sich bei den Rezensenten herumgesprochen, daß man zuschlagen durfte, und man tat es. Besonders die Kritikerin des Satireblattes »Eulenspiegel« Renate Holland-Moritz tat sich bei solchen Anlässen mit Schlägen unter die Gürtellinie hervor. Die Regisseurin bekam keinen Regievertrag und mußte sich weiter »bewähren«.

Mäde hatte eingeführt, daß »junge« Leute erst nach drei Debütfilmen einen festen Vertrag bekamen. Bis dahin hatte er die Hoffnung, sie weichgeklopft zu haben. So blieb bei vielen die unbekümmerte Frechheit, der Mut des Anfängers auf der Strecke, Vorsicht waltete, und manch einer war mit vierzig noch immer im Status des Nachwuchsregisseurs.

Angemerkt sei, daß in den Jahren wiedervereinigter deutscher Filmpolitik weder erfahrene Kollegen wie Hermann Zschoche, Siegfried Kühn, Ulrich Weiß, Lothar Warneke, Roland Gräf die Möglichkeit bekamen, sich mit wichtigen Filmen zu Wort zu melden, noch die Jungfilmer von damals, Evelyn Schmidt, Karl-Heinz Lotz, Jörg Foth, Michael Kann …

Die Frau und der Fremde

Leonhard Franks *Räuberbande* war nun endgültig zu den Akten gelegt worden, wohl auch, weil ein Film über rebellische Jugendliche zu viele Gefahren in sich barg. Meine damalige Lebensgefährtin, die Dramaturgin Tamara Trampe, brachte mich auf die Idee, mir seine Erzählung *Karl und Anna* anzusehen, ein Filmstoff par excellence.

Ich hatte damals bei der DEFA immer das Gefühl, daß die Prozesse der Entscheidungsfindung sehr lange dauerten. Aber wenn ich es mit heute vergleiche, ging es in der Regel viel schneller. Ich wandte mich an den Hauptdramaturgen Andreas Scheinert, in dessen Gruppe »Johannisthal« ich auch *Das Luftschiff* gedreht hatte. Ich schrieb ein Exposé, und schon ein paar Monate später fuhren Scheinert und ich nach München, um mit Charlott Frank und ihrem Anwalt über die Filmrechte zu verhandeln. Im Herbst reisten Scheinert, Roland Dressel, Produktionsleiter Manfred Renger und ich in die Sowjetunion auf Motivsuche.

Jene östliche Steppe, wo bei Frank die deutschen Soldaten Karl und Richard im Ersten Weltkrieg ihr abgeschiedenes, irrsinniges Kriegsgefangenendasein fristeten, fanden wir bei Wolgograd, Stalingrad hieß es nicht mehr und Zarizyn noch nicht wieder. Wir reisten weiter bis in die Usbekische Sowjetrepublik, denn ich wollte Richard, nachdem sein Freund Karl geflohen und längst in die Heimat zurück- und bei Richards Frau Anna eingekehrt war, noch weiter weg, in einer unwirklichen Ferne zeigen.

Beim Flug von Wolgograd nach Samarkand landeten wir mitternachts in Nukus, der Hauptstadt der Karakalpakischen Autonomen Sowjetrepublik, nahe des Aral-Sees. In der Halle des Flughafens saßen auf dem Fußboden an die Wände gelehnt Männer mit hohen Pelzmützen, schwer zu erkennen, ob sie schliefen, dösten, wachten oder schon tot waren. An einem neonbeleuchteten Imbißstand lagen vor einer jungen, hellgrün gekleideten, zahnlosen, gleichgültigen Verkäuferin rosaplastefarbene Hühnerkadaver aus, sie waren das einzige, was es zu kaufen gab. Es war wohl nicht vorgesehen, daß Ausländer hier zwischenlandeten. Da man uns behandelte, als gäbe es uns nicht, begaben wir uns irgendwann aufs Rollfeld, einen Flieger suchend, der uns weiterbringen würde, fort von diesem gespenstischen Nicht-Ort. Wir stiegen eine Gangway hoch, ein Mechaniker aber warnte uns noch rechtzeitig, diese Maschine fliege nach Wladiwostok. Ich stellte mir vor, daß auch in Nukus Menschen leben und daß ich auch dort Freunde finden würde.

Wir besichtigten Samarkand mit seinen in der Herbstsonne glänzenden Mosaiken, seinen Moscheen und Koranschulen, die wie Märchenrelikte inmitten kruder Sowjetarchitektur aufragten, und fuhren weiter in den Süden bis nach Schachrisabz, auf jener Straße, über die der sowjetische Nachschub nach Afghanistan rollte. Wir wurden gut bewacht auf dieser Reise, ein freundlicher, alter Herr aus Moskau von Innenministerium oder KGB begleitete uns auf Schritt und Tritt. Wir fuhren mit dem Auto nach Buchara durch endlose, weißgetüpfelte Baumwollfelder und flogen weiter nach Urgentsch am Amu-Darja, einem in grauen Nebel gehüllten Acheron, Busse setzten hier ihre menschliche Fracht ab, fröstelnd und gleichmütig warteten die Leute auf eine Fähre, die aus dem Nichts vom anderen Ufer kam, um sie über den wie geronnen dahinfließenden Strom überzusetzen ins Nichts. Von Urgentsch aus besuchten wir Chiwa. Die Moscheen, Minarette und Medresen waren frisch getüncht, Touristen konnten auf Kamelen reiten, die Stadt kam mir wie ein Museum vor.

Buchara dagegen lebte, wir durften auf die Kuppeldächer steigen, am Platz vor dem großen Minarett spielten Kinder Fußball, Männer saßen auf »Bettgestellen«, tranken Tee und spielten Schach. Frauen schleppten Einkaufsware von den Märkten, wo sich Melonengebirge auftürmten. Das Tor zur Festung stand wie eine Kulisse eingekeilt zwischen bröckelnden Lehmmauern, ein Monument, hinter dem eine andere Welt begann. Vor diesem Tor würde ich Richard und die deutschen Kriegsgefangenen vorbeiziehen lassen.

Es war wieder von einem möglichen Vorabkauf des Films durch einen westlichen Fernsehsender die Rede, die Produktion nahm Verbindung auf zu Eva Mattes, die ich mir sehr gut als Anna vorstellen konnte, doch sie zeigte kein Interesse.

Ich begann also Probeaufnahmen mit unseren Schauspielern und wollte möglichst unbekannte junge Leute besetzen. Corinna Harfouch, gerade fertig mit der Schauspielschule, war eine Variante, die mir gefallen hätte, doch sie erwartete ein Baby und schied aus.

So fand ich nach langer Suche schließlich Kathrin Waligura, die noch an der Rostocker Schauspielschule studierte, und als Karl Joachim Lätsch, der am Theater in Annaberg im Erzgebirge engagiert war, für beide waren es die ersten Filmrollen. Den Richard spielte Peter Zimmermann, in kleineren Rollen wirkten Katrin Knappe, Siegfried Höchst, Ulrich Mühe, Hans-Uwe Bauer, Herbert Sand, Christine Schorn und Anette Roth mit.

Im Februar 1984 begannen wir zu drehen.

Ich habe die Unterlagen zum Film, der *Die Frau und der Fremde* heißen würde, herausgesucht, die Rezensionen und Produktionspapiere, Fotos von Schauspielern und Drehorten, Berichte von Festivals, ich fand die von Jean Marais unterzeichnete Urkunde zur Verleihung des »Goldenen Bären« und die Fotos mit David Hare, dem anderen Gewinner, und mit den Juroren Jean Marais, Max von Sydow, Alberto Sordi, István Szabó und Wolfgang Kohlhaase. Ich sitze auf dem Teppich und sortiere die Papiere, der »Goldene Bär« steht ein paar Meter entfernt neben Tieren aus Balsaholz, Vögeln, Jaguaren, Schlangen, Affen, Gürteltieren, Fischen, Schildkröten aus den Anden und dem Urwald, neben großen Muscheln und filigran gemusterten Steinen aus Pazifik und Karibik, neben einem Pferd aus Tunesien, einem in Panamá gekauften nackten Heiligen kubanischer Herkunft, neben einem braunen »Bügeleisen«-Stein von jenem Flußufer im Gebiet der Huaorani-Indianer, wo der Rio Shiripuno und der Rio Cononaco zusammenfließen und nebenan die Tagaeri, die letzten »Wilden« leben, neben einem bolivianischen

Patchwork-Lama, gekauft in Sucre von einer auf dem Straßenpflaster sitzenden Bettlerin, neben mit Affen verzierten Keramikstempeln, kleinen Figuren aus dem Kern der Tagua-Palme, guatemaltekischen Katapulten in Hirsch- und Affenform, Salz aus der Wüste Atacama, marmorweißen Steinen von der Insel Naxos, dem Kristall, den mir ein Schamane schenkte, und neben einem mühsam im Topf sich hochreckenden *huachuma*-Kaktus.

Auch der Tod steht da, ein anheimelndes, in Mexiko gekauftes Gerippe, und guckt mir zu, ein Käfer klettert über die Knochen seines Brustkorbs, auf seinem Schädel thront ein Fisch, und zu Füßen des Skeletts wackelt ein blauer, kindlich bemalter, hölzerner Hund mit dem Schwanz, er hatte mich schon in meiner frühen Kindheit begleitet. Ich glaube, er fühlt sich wohl in dieser Gesellschaft – der Bär.

Die Dreharbeiten begannen mühselig. Unsere junge Hauptdarstellerin ließ uns nicht an sich heran. Ich hatte das Gefühl, als wolle sie sich ständig selbst behaupten, gegen mich, die Kamera, den Drehstab. Aber eine solche Rolle kann man nur spielen, wenn man sich öffnet. Ein Schauspieler muß sich nicht preisgeben, aber wenn er nicht losläßt, wenn er sich nicht der Situation hingibt, sich ständig selbst kontrolliert, sich nicht dem Partner anpassen kann, taugt er nur für Konfektion. Nach drei Tagen befürchtete ich, umbesetzen zu müssen. Das war mir noch nie passiert.

Zum Glück drehten wir dann eine Szene, in der als Annas Freundin Katrin Knappe mitwirkte, die kannte uns, hatte Vertrauen und entsprechend brachte sie sich ein. An diesem Tag verstand Kathrin Waligura wohl, worum es ging. Ihrem schönen Gesicht waren von nun an feinste Regungen abzulesen. Es hätte keine bessere Schauspielerin für diese Rolle gegeben.

Kathrin war noch sehr jung, hatte aber schon einige Schicksalsschläge hinter sich. Sie wußte, was Schmerz ist. Auch das war eine Voraussetzung für diese Rolle. Ich glaube nicht daran, daß Schauspieler Gefühle zum Ausdruck bringen können, die sie selbst nicht kennen oder nicht an sich heranlassen, aus welchen Gründen auch immer.

Wir drehten viele Szenen in der Hauptdekoration des Films, Annas Wohnküche. Hans Poppe hatte sie verwinkelt ins Atelier gebaut, so daß sich von Roland Dressel immer wieder ungewöhnliche Kamerablicke realisieren ließen und sich viele interessante Varianten fürs Licht ergaben. Wir legten Wert auf jedes Detail, auch Franks Erzählung charakterisiert auf außergewöhnliche Weise über Detailbeschreibungen.

Anna und Karl, der nach vielen Jahren aus dem Krieg zurückgekehrt war und sich als ihr Ehemann Richard ausgab, begannen in diesem Milieu miteinander zu leben. Natürlich wußte Anna immer, daß dieser Fremde nicht Richard war, doch woher wußte er so vieles über sie? Woher kannte er die Details ihres früheren Lebens, die Gabel mit den drei Zinken, das pfeifende Geräusch des Gasbrenners? Warum schnitt er, genauso wie ihr Mann früher, das Brot in kleine Würfel, bevor er es aß? Warum strich er sich wie ihr Mann mit dem Finger über die Augenbraue?

Anna gab sich dem Fremden hin, der sie mit einer Sehnsucht ansah, wie es schon lange kein Mann mehr getan hatte, denn die Männer waren an der Front. Sie wußten beide, was Sehnsucht ist. »Dagegen kommt auch der Tod nicht an«, sagte Karl.

Und in der Umarmung vergaß Anna, wen sie umarmte. »Richard«, flüsterte sie.

Doch am nächsten Tag versuchte sie sich gegen ihr Gefühl aufzulehnen: »Sie sind nicht Richard. Sie sind anders, ein ganz anderer.« Aber genau das faszinierte sie.

Anna hatte vier Jahre allein gelebt, nicht lange nach Kriegsbeginn hatte sie einen Brief bekommen, der ihr Leben verändern sollte. Ich verwendete den Text, den man meiner Großmutter schrieb, als ihr Mann, der ja auch Richard hieß, 1914 gefallen war.

Karl und Richard hatten sich auf einem Außenposten in der russischen Steppe kennengelernt. Richard hatte Karl immer wieder von Anna erzählt, um die Einsamkeit erträglicher zu machen. Als Kriegsgefangene hatten sie zwei kilometerlange Gräben ausheben müssen. Es ergab keinen Sinn, wie der Krieg keinen Sinn machte, und ihr Aufenthalt in der Ferne nicht.

Als wir in der Steppe drehten, wohnten wir am Rande von Wolgograd in einem Hotel, das zwischen Neubauten, die alle gleich aussahen, jeden Tag von neuem schwer zu finden war. Ein riesiges Lenin-Denkmal aus Beton erleichterte etwas die Orientierung. Im Hotel konnte man Kaviar kaufen und Lachs und *smetana*, wenn auch unvergleichlich teurer als bei meinen ersten Reisen in die Sowjetunion. Das Mittagessen bekamen wir in der Kolchose des Dörfchens Zaza. Sie bemühten sich, aus dem wenigen, was sie selbst anbauten, etwas zu kochen, was man essen konnte. Es war eigenartig, hier in den Weiten von Stalingrad als Deutscher einen Film zu drehen, der in direktem Sinne nichts mit Stalingrad zu tun hatte, und auf Schritt und Tritt der Armut der einfachen Leute zu begegnen. Uns, den Besiegten, ging es um so vieles besser.

Bei den Recherchen hatte ich irrsinnige Details gefunden, mit denen man jene Zeit charakterisieren konnte. Wir bauten in der Stadt Brandenburg ein Hindenburg-Denkmal auf. Während des Ersten Weltkriegs war es Brauch, an solchen Denkmälern Nägel als Opfergabe einzuschlagen. Gemäß der Höhe der Spende erwarb man einen entsprechend großen Nagel. Gymnasiasten taten dies, bevor sie an die Front mußten, Lehrer und patriotische Damen. Karl beobachtet im Film ein Hochzeitspaar, das zum Nageln schreitet, der Mann trägt Uniform. Wir filmten vom großen Kran und legten Wert darauf, daß Hindenburgs Scheitel kräftig mit Taubenscheiße patiniert war.

Das Denkmal taucht im Film als Leitmotiv auf: Eine Frau rennt schreiend vorbei (Anette Roth), nachdem sie die Nachricht erhalten hat, daß ihr Sohn gefallen ist. In der Nähe des Monuments sitzt auf einem Wägelchen ein Kriegskrüppel ohne Beine, der Holzspielzeug schnitzt (Herbert Sand). Später wird Richard daran vorbei nach Hause zurückkommen, in einer Zeit, als dort schon Revolutionslosungen prangen und die Bevölkerung das Denkmal demontiert, weil sie Brennholz braucht.

Doch noch war Richard fern, in der unwirklichen Realität Mittelasiens, so fern, daß es einen Mann wie ihn nur durch einen Krieg dahin verschlagen konnte. Ich fügte eine Szene ein, die es in der Erzählung nicht gibt, wie die Männer nach dem Krieg in einem Güterzug in die Heimat zurückkehren. Nachdem der Zug die deutsche Grenze passiert hat, sehen sie in verschneiter Landschaft als erstes ein grün gestrichenes Holzschild: PFLÜCKE KEINE KORNBLUMEN IM KRIEGSJAHR.

Da wußten sie, daß sie wieder in Deutschland sind.

Anna wird bei Karl bleiben, der ihr nicht mehr fremd ist, und mit ihm weggehen. Sie werden nur die Sachen für das Kind mitnehmen, das Anna erwartet, und ein Puppenhaus, das Karl gebastelt hat. An den Bahngleisen werden sie den beinlosen Kriegskrüppel finden, der dort wartet, um sich vom nächsten Zug überrollen zu lassen – nun da Frieden ist. Als sie ihn wegzerren wollen, setzt er sich ein Messer an die Pulsader.

Richard wird allein in der Wohnküche zurückbleiben. Er lebt.

Die Frau und der Fremde hatte im Januar 1985 Premiere. Die Kritik lobte ihn wie noch keinen meiner Filme. Dann kam die Berlinale. Es war mein erstes großes Festival. Ich hatte vorher weder die Festivals von Moskau oder Karlovy Vary besuchen können, von Festivals im »NSW« ganz zu schweigen. Im Wettbewerb liefen Filme von Benton, Damiani, Deville, Okejew, Marguerite Duras, Jaime de Armiñan, Egon Günther, David Hare. *Je vous salue Marie* von Godard wurde am gleichen Tag aufgeführt wie unser Film. Im Forum wurden Iosselianis *Günstlinge des Mondes* gezeigt.

Als ich vor der internationalen Presse saß, hatte hinten im Saal eine ganze Riege von Funktionären des DEFA-Außenhandels und der HV Film Platz bezogen. Ich wußte, daß ihre massive Anwesenheit mir signalisieren sollte, nichts »Falsches« zu sagen, vor allem nichts über *Jadup und Boel*.

Es war nicht zu übersehen, daß unser Film gut angekommen war. Wir mußten uns nicht verstecken. Besonders die Leistung von Kathrin Waligura wurde gefeiert, sie durfte sogar für zwei Tage aus Ost-Berlin herüberkommen. Am Abend vor der Preisverleihung fand ich im Hotel eine Nachricht von Adi Ugowski aus der HV Film, ihn dringend noch anzurufen. So erfuhr ich, daß wir den »Goldenen Bären« bekämen. Ugowski fügte gleich noch an, daß ausgerechnet ich ihn erhalte, würde einigen »bei uns« sicher gar nicht schmecken. Ich habe in der Nacht noch Wolfgang Kohlhaase angerufen, um es mir bestätigen zu lassen. Es stimmte und war kaum zu glauben.

Am nächsten Abend dann im Zoopalast die Preisverleihung. Es gab zwei »Goldene Bären«, den anderen erhielt David Hare für *Wetherby* mit Vanessa Redgrave in der Hauptrolle.

Am nächsten Morgen fuhr ich mit der S-Bahn in den Osten zurück. Als erstes traf ich mich in einer Prenzlauer-Berg-Hinterhof-Wohnung mit meiner Tochter, bei einer ihrer Punky-Freundinnen jener Jahre. Sie hatten es schon im Radio gehört.

In den Stasi-Akten fand ich, übersetzt, was die »New York Times« damals schrieb. Überschrift:

UNGEWÖHNLICHER FILMPREISTRÄGER

»Die einfache Kleidung und die scheue Art von Rainer Simon – Regisseur des ostdeutschen Films *Die Frau und der Fremde* – der gestern den höchsten Preis des Westberliner Internationalen Filmfestivals erhielt – stand in krassem Gegensatz zu dem Glanz der meisten Festivalteilnehmer. Aber sein borstiges graues Haar, die dicke dunkle Brille und der konzentrierte Blick gaben dem vierundvierzigjährigen Regisseur ein exzentrisches Aussehen, das man nicht oft auf den Straßen Ostberlins sieht – vielleicht das Aussehen eines ostdeutschen Woody Allen … Verhandlungen für die Aufführung des Films *Die Frau und der Fremde* in Westdeutschland sind im Gange. Falls der Film eine breite Wirkung haben sollte, wäre das eine Ausnahme. Laut Herrn Nitschke von der DEFA *(Außenhandel)* werden nur ein oder zwei ostdeutsche Filme jährlich an westdeutsche Verleiher verkauft. Westdeutsche Kritiker haben während des Festivals nicht viel über *Die Frau und der Fremde* geschrieben.

Wie auch immer die professionelle Wirkung des Preises auf Herrn Simon sein mag, er wird ihn nie zu einem reichen Mann machen. Sämtliche Einnahmen – auch diejenigen von der New Yorker Premiere Ende dieses Jahres – gehen an Ostdeutschland oder an die DEFA.«

Unser Preisträgerfilm wurde von Festival zu Festival um die Welt geschickt, ich erfuhr, wenn überhaupt, aus der Zeitung davon: New Delhi, Cork, La Rochelle, Gent, Valladolid, San Sebastián, Kairo, Hyderabad, Montreal, New York. Ich durfte nur zur Viennale nach Wien, nach Bratislava und nach Moskau fahren.

In Moskau lief der Film im Informationsprogramm, in der österreichischen »Volksstimme« lese ich darüber, was ich längst vergessen hatte: »Ohne den Regisseur zu fragen, wurde der Film um seine erotischen Sequenzen geschnitten.«

Eine Anerkennung freute mich besonders: In Kuba wurde der Film geehrt als einer der *»Los filmes más significados de 1986«*, der wichtigsten Filmen, die dort 1986 aufgeführt wurden, neben Fellinis *Schiff der Träume*, Klimows *Geh und sieh*, neben *Amadeus* von Forman und *Wie ein wilder Stier* von Scorsese.

Die Herrschaften vom DEFA-Außenhandel führten Verkaufsverhandlungen in den USA, und es bestand Hoffnung, daß der Film dort einen Verleih fände, was für die DEFA ein beinahe einmaliger Erfolg gewesen wäre. Doch plötzlich munkelte man, mit dem Rechteerwerb sei etwas nicht in Ordnung. Leonhard Frank hätte die Rechte früher schon in den USA vergeben. Von nun an wurde der Film nicht mehr angeboten, nur die bereits getätigten Abschlüsse wurden eingehalten. Nach der Wende hat sich der Videovertrieb ICESTORM, der das Monopol hat, DEFA-Filme auf Video zu vermarkten, um den Erwerb der Videorechte bemüht. Doch auch sie scheiterten an diesem ominösen Rechteerwerb in den USA. Die DEFA hatte damals aus finanziellen Gründen die Film- und Fernsehrechte nur für zehn Jahre gekauft. Deshalb ist der Film seit 1995 auch in Deutschland nicht mehr aufführbar.

Das letzte Mal sah ich ihn im Frühjahr 2003 in Quito. Der Leiter der Cinemateca hatte die einzige spanisch untertitelte Kopie unseres Films und weitere DEFA-Filme auf der Toilette der Deutschen Botschaft gefunden, dort lagerten sie seit der Wende. Auch Raúl und Rubén und ihre Schwester Blanca waren im Kino, und danach erzählten sie die Filmhandlung ihrem Bruder Ricardo, denn er war nach der Operation inzwischen wieder völlig erblindet und wurde zudem von schrecklichen Kopfschmerzen geplagt. Sie hatten einen chinesischen Spezialisten aufgesucht, der behauptete, daß wieder ein Tumor vorhanden sei. Doch der Arzt, der ihn operiert hatte, versicherte das Gegenteil, aber der Sehnerv sei leider schon so weit zerstört gewesen, daß er sich nicht regenieren konnte. Ich war in großer Sorge. Natürlich stellte sich die Frage, ob es sich um eine bösartige Geschwulst handelte, und ob die notwendigen histologischen Untersuchungen des Gewebes gemacht worden waren.

Eine Überraschung: Der nächste kleine Chugchilán wurde geboren, das achte Kind, er heißt Rainer Francisco. Und Ricardo ließ mich wissen, daß auch seine Frau wieder ein Baby erwarte.

1992 war ich der Pate von Ricardos Bruder Pachacutic geworden. 1994 hatten wir in Ecuador die Ausstellung indianischer Malerei aus Tigua vorbereitet, und die ganze Familie Chugchilán war in meinem Film *Die Farben von Tigua* zu sehen. Im Sommer 1995 war ich wieder in Ecuador. Ich leitete dort eine Regiewerkstatt mit Film- und Fernsehleuten und Schauspielern, und als indigene Laiendarsteller wirkten meine Bekannten, die Tigua-Maler mit. Wir bearbeiteten Szenen aus dem ecuadorianischen Klassiker *Huasipungo* von Jorge Icaza.

Danach fuhr ich mit Pachacutic, seinen Brüdern Raúl und Rubén und der Schwester Blanca das erste Mal in die Ferien, ans Meer nach Atacames. Ich hatte einen Bungalow in einer Ferienanlage gemietet, wo die anderen Gäste uns mit gemischten Gefühlen betrachteten. Ein Europäer, der Indios in ihr Urlaubsdomizil schleppte. Wo kommen wir denn da hin?

Am besten verstanden wir uns mit der alten Marta, der Saisonangestellten aus der Hauptstadt, die rund um die Uhr Mädchen für alles war, die von früh bis spät die Zimmer säuberte, die Wäsche wusch, die Gäste empfing und von der Besitzerin malträtiert wurde. Marta trug immer einen Papagei auf der Schulter, der plusterte sich auf, wenn einer seiner *dueña* zu nahe kam. Nachdem sie den Sand aus unseren Betten geschüttelt und schaufelweise aus dem Zimmer geschippt hatte, setzte sie sich für ein paar Minuten zu uns, kraulte das Kehlchen des Papageis und erzählte Fragmente aus ihrem Leben, oder sie beruhigte Pachacutic, wenn der nach seiner Mama weinte, er war ja gerade erst drei Jahre alt und das erste Mal weg von ihr, von einer Mama, die ihn bis dahin nie von ihrer Seite gelassen hatte. Indianische Mütter sind ihren Kindern viel näher als europäische. Das Kindchen wird bei jeder ihrer Verrichtungen auf dem Rücken getragen und beim geringsten Greinen an die Brust genommen. Diesen Babys geht es gut, sie fühlen sich geborgen, selbst wenn die Eltern im Elend leben.

Nun war er mit mir in einer vollkommen anderen Welt, ein großes Wasser vor der Tür und außer Marta nicht eine Frau in der Nähe, die seiner Mama auch nur im geringsten ähnelte. Den älteren Geschwistern waren Pachacutics Tränen peinlich, sie versuchten ihn mit allen Versprechungen der Welt zu beruhigen, mit mäßigem Erfolg. Wenn gar nichts half, steckten sie den kleinen Bruder unter die Dusche, dieses fremde Dingsda, aus dem einfach so Wasser von der Decke kam.

Wir waren am Meer angekommen, als es schon dunkel wurde. Wir zogen die Schuhe aus, und vorsichtig, Schritt für Schritt, gingen wir, uns an den Händen haltend, mit den Fußspitzen hinein in die mit weißen Schaumkronen aus der Nacht heranrollenden Wellen, hinein in das Unbekannte und wichen zurück, wenn der Schaum uns die Füße beleckte, allmählich mutiger werdend, hinein bis zu den Waden, zu den Knien, bis zum Saum der kurzen Hosen. Wie *diablitos* waren winzige, unfarbene *cangrejos* über den Strand gehuscht und in ihren Löchern verschwunden. Der Strand war übersät von ihren krakligen Spuren. An den folgenden Abenden hatten die Kinder die Krebse gejagt, sie mit der hohlen Hand gefangen, unter Sand in alten Flaschen oder Bechern versteckt und dem *padrino* als Leckerbissen serviert.

Die anderen Feriengäste hatten sich allmählich an uns

gewöhnt. So wie sich Pachacutic an die *negros* von Atacames gewöhnt hatte, vor denen er anfangs geflüchtet war, so schwarz waren die, und die Kinder hatten riesengroße Macheten bei sich, aber nur zum Aufspalten der Kokosnüsse, damit man die Milch daraus trinken konnte. Ihre Väter mixten an den Bars *piñas coladas*, die Mütter verkauften am Strand *cebiche*, kalten Meeresfrüchte-Auflauf, und die kleinen Mädchen halfen ihnen, Orangen auszupressen und Muscheln aufzuschlagen. So trug jeder bei zum Lebenserhalt.

Während wir eine ganze Wochen lang nichts zu tun hatten, nichts! Nur baden, Ball spielen, Krebse fangen, vom Meer angespülte Schätze sammeln, Muscheln in allen Formen, stachlige und glatte Gehäuse, perlmutten und jaguarfellgemustert, Schnecken mit Gängen, die in unendliche Tiefen sich wanden, mütterlich runde und männlich spitze, Seesterne und wunderschöne Steine mit von der Natur eingravierten Mustern.

Wir aßen an für uns gedeckten Tischen. Wir schliefen in weißen Betten im eigenen Häuschen, und es gab so viele Betten, daß jeder in einem eigenen schlafen konnte. Die Kinder waren das nicht gewohnt, so daß man das größte Bett zum Märchenbett erkor, darin mußte der *padrino* abends deutsche Märchen erzählen.

1996 nahm ich mit *Die Farben von Tigua* am *»V. Festival americano de cine y video de pueblos indígenas«*, dem indigenen amerikanischen Filmfestival, teil, das in Bolivien stattfand. Ich war nach der Wende viel unterwegs, nicht nur in Ecuador, ich nahm jede Gelegenheit zu reisen wahr: Um für neue Filmprojekte zu recherchieren, für die ich dann keine Geldgeber fand, ich führte Film-Workshops durch, fuhr zu Filmfestivals, entweder um meine Filme zu zeigen oder als Jury-Mitglied – oder ich reiste einfach nur um kennenzulernen, was vorher unerreichbar war.

Ich flog von Bolivien über Ecuador zurück und fuhr wieder mit den Kindern in den Urlaub. Obwohl es Sommer war, blieb der Himmel grau und düster in Puerto Cayo, und der Pazifik war kalt, und hinter der Küste begann ein Dschungel aus Kakteen. Die Ferienanlage lag ein paar Kilometer außerhalb zwischen einem Dorf und einer Baustelle. Außer uns waren nur noch zwei Schulklassen zu Gast. Im *swimming-pool* inmitten der Anlage tobten Kinder aus der Hauptstadt, behütet von ihren Lehrerinnen und Müttern. Wenn der pool von ihnen okkupiert war, wollten meine Kinder da nicht hin. Dann zogen wir es vor, im Regen am Strand zu wandern. Sobald aber die *quiteños* ausgeschwärmt waren, besetzten wir das kleine Becken.

Pachacutic hatte sich in diesem Urlaub oder davor eine Erkältung eingefangen und wurde von einem Husten geplagt, der wie Bellen durch die dünnen Wände der Bungalows drang. Eine Hotelangestellte schlug vor, ins Dorf zu fahren, um in einer *farmazía* Hustensaft zu kaufen, und bat die Lehrerinnen, uns den Schülerbus zu leihen. Aber die Frauen debattierten hin und her und konnten sich nicht einigen, den Bus der Schule für ein Indio-Kind zur Verfügung zu stellen, so schlimm wird's schon nicht sein, Indios halten eine Menge aus. Ich verstand von dem Palaver mehr, als sie ahnten. Um mich nicht einschränken zu müssen, schimpfte ich auf deutsch, ein ganzes Reservoir lange nicht zur Anwendung gebrachter deutscher Flüche brach aus mir heraus. Die Kinder bestanden darauf, daß ich sie ihnen Wort für Wort übersetzte und waren begeistert und übten sich in den folgenden Tagen selbst darin, die Lehrerinnen auf deutsch als Hurentöchter zu titulieren, wenngleich es aus ihren Mündern wie Uhrentrichter klang.

»Das wollen Mütter sein!« hatte die junge Serviererin ausgerufen und war furios wie Anna Magnani zu einer Baustelle gelaufen und hatte dort eine *camioneta* gechartert. Mit dem Lieferwagen fuhren wir zur *farmazía*, die nichts als ein kleiner Gemischtwarenladen war.

Der Hustensaft sei unglaublich teuer gewesen, erinnern sich die Kinder, doch Pachacutic keineswegs geneigt, ihn einzunehmen, obwohl alle ihn gekostet und versichert hätten, wie süß er schmecke. Niemals davor und danach hätte jemand in ihrer Familie eine so teure Medizin gekauft, teuer wie ein Basketball aus Leder, und genützt hätte sie nichts, Pachacutic hätte noch ein Vierteljahr weiter gehustet, erzählten die Großen beim nächsten Mal.

Eine Krankheit ist eine Krankheit und vergeht von selbst, oder der Kranke vergeht. Der Natur ist nicht mit List beizukommen, nur mit Demut.

Da war noch nicht abzusehen, wie schwer ihre Mutter erkranken würde – nach der Geburt des nach Pachacutic übernächsten Kindchens – und nicht, was mit Ricardo geschehen würde.

In jenem Urlaub gaben wir uns Tiernamen. Raúl, das war der *puma*, der gutmütigste Puma der Welt, für die Kleinen war er wie ein zweiter Vater, Rubén ein sehr liebenswürdiges und höchst intelligentes *cocodrilo*, Blanca ein Dinosaurier, der sämtliche Preise im Kopf hatte, und Pachacutic *el monito*, das Äffchen. Später kam noch Suco dazu, der bei den ersten Urlauben noch ein Baby gewesen war, *la tortuga*, unsere Schildkröte, und Iván, Ricardos Sohn, *el jaguar*, der Wildeste von allen. Und später Kevin, der Jüngste, und Jessica, Ricardos Tochter.

Mich kürten sie mal zum Kondor, mal zum Äffchen. So etwas ist wichtiger als ein Goldener Bär.

Doch wir sind noch im Jahre 1985. Ich war in jenem Jahr umgezogen, wieder einmal war eine Lebensgemeinschaft zu Ende gegangen, und wir hatten unsere Wohnung, die wir mit kompliziertem Ringtausch zusammengetauscht hatten, auf ähnliche Weise wieder auseinandergetauscht. Ich war in den zweiten Stock eines Potsdamer Altbaus eingezogen, allein in eine ruhige und helle Dreizimmerwohnung, mir gefiel der Blick in frisches Lindengrün und über die kleinen Gärten und niedrigen Dächer nach hinten raus. An jenem Tag brach in Liverpool bei einem Europapokalspiel eine Tribüne zusammen. Es gab viele Tote. Ich erinnere mich, daß in der noch nicht eingerichteten Wohnung der Fernseher lief und über den Bildschirm Schreckensbilder flimmerten, während ich Möbel rückte und Bücher auspackte. Es begann wieder ein neues Kapitel meines Lebens.

Ich brauchte eine neue Wanne für das schimmlige Bad der neuen Wohnung, Kacheln und Handwerker zum Fliesen, jemand, der mir ein Doppelfenster einbaute, damit ich im Winter nicht in der Wanne erfror, ein elektrisches Heizgerät. Ich behalf mich noch mit einem »Erbstück« aus meiner ersten Ehe, einem lebensgefährlichen Monstrum aus Bulgarien, dessen freiliegende Heizspiralen krächzend Funken sprühten. Jede Besorgung kostete Zeit und Kraft, und ohne Ärger ging es nie. Die Einbauwanne besorgte mir der Vater meiner Freundin über alte Arbeitsbeziehungen. Beim Transport waren mir meine Freunde, die Astrophysiker Rüdiger und Tschäpe, behilflich, später Koryphäen der Bürgerrechtsbewegung. Wir kannten uns schon, als sie noch Studenten in Jena waren und meine ersten

Filme dort im Filmklub zeigten. Wir waren später zusammen zu Ausstellungen von Grimmling, Dammbeck, Wegewitz und Pfeifer, nach Dessau und Halle und Leipzig gefahren, hatten gemeinsam Filmpremieren und Schriftstellerlesungen besucht. Ihr Interesse für Kunst hatte sie der Stasi verdächtig gemacht, und sie waren nie Reisekader geworden, schmorten bis zur Verzweiflung im Mief der DDR. Mit Günther Rüdiger saß ich vor dem Fernseher, als Schabowski die Öffnung der Grenze verkündete. Wir konnten es nicht glauben und dachten darüber nach, was nun wohl aus der DDR würde. Doch in den geschäftigen Nachwendezeiten verloren wir uns aus den Augen. Rudolf Tschäpe, Träger des Bundesverdienstkreuzes inzwischen, starb an Krebs, ich las es in der Zeitung.

Betreffs Humboldt-Film herrschte »Funkstille«. Roland Beer, der Indologe, welcher im *Till Eulenspiegel* mitgespielt hatte, auch er ein Bekannter aus Jenaer Filmklubzeiten, schlug ein Indien-Projekt vor. Im Mittelpunkt sollte das Leben von Herbert Fischer stehen, der 1936 als Jugendlicher von Deutschland mit dem Fahrrad zu Gandhi gefahren war. Fischer arbeitete in Gandhis Ashram, lernte dort seine Frau kennen, eine Krankenschwester aus Jamaika, und wurde viele Jahre später erster Botschafter der DDR in Indien. Roland schwebte die Einbeziehung indischer Sagen vor, ein großes Panorama, das die Welten zusammenführte. In der Wendezeit verlief sich die Sache im Sande.

Das Studio war interessiert an einer Stoffentwicklung nach Franz Fühmanns *König Ödipus*. »Eine Idylle« nannte der Autor die im Zweiten Weltkrieg in Griechenland spielende Novelle. Ulrich Plenzdorf sollte die für meine Begriffe recht unfilmische Vorlage für den Film bearbeiten.

Mir trug man die Regie an, so sollten wir beide wohl an einen historischen Stoff gebunden werden, der unverfänglich schien. Aber gleichzeitig beargwöhnte man diese »Dissidenten«-Zusammenarbeit.

Wengler & Söhne

Andreas Scheinert bot mir Helmut Bez' Szenarium *Die Stiftung* an, eine große historische Epopöe; über mehrere Generationen wurde das Leben einer Arbeiterfamilie im Schatten von Zeiss Jena erzählt, ein Stoff, an dem mich manches interessierte. Aber es war ein weitschweifiges Szenarium, mindestens zwei Filme lang, und Bez, der Dramatiker, der bisher für Theater und Fernsehen geschrieben hatte, transportierte seine Ideen in erster Linie über den Dialog.

Für mich war Dialog im Film schon immer ein naturalistisches Vehikel. Was an meinen Filmen wichtig ist, erschloß sich nie in erster Linie über den Dialog. Deshalb verwundert mich immer, welche Aufmerksamkeit Redakteure, Dramaturgen, Kritiker und Zensoren dem Wort zukommen lassen.

Bez und Scheinert hatten ursprünglich vor, die Idee einer Stiftung, wie sie bei Zeiss Jena geschaffen worden war, in ihrer Funktion als gesellschaftliches Modell zu hinterfragen. Es war mir zu theoretisch. Mich interessierte die außergewöhnliche Geschichte der gewöhnlichen Familie Wengler, dieses Mannes Gustav Wengler, der 1871, dem Jahre der Reichsgründung, aus dem Krieg mit den Franzosen als siegreicher Held in sein friedliches thüringisches Dorf zurückkehrt. Beim Maienfest in blühender Landschaft sind patriotische Töne zu hören: »Die ganze Nation fühlt sich als eine große Familie. Wir sind jetzt ein geeintes Volk, ein einiges Volk. Ein einiges, einziges Deutsches Reich. Von Stund an wird es aufwärts gehen!«

Gustav, der Bauernsohn, bewirbt sich in der kleinen optischen Werkstatt des Herrn Bärwolf und wird ein gelehriger Mechaniker. Als Dank für diese Entwicklungschance vermacht er angetrunken euphorisiert in einem feierlichen Gelöbnis alle seine Kinder, die aus dem Bauch seiner Frau Berta kommen werden, und die Kindeskinder der Firma »Bärwolf & Abel«.

Die Werkstätten prosperieren zur kleinen Fabrik, Abel, der dynamische Wissenschaftler, ist Bärwolfs Compagnon geworden. Es geht aufwärts! Doch wo es aufwärtsgeht, muß Ordnung sein. Gustav ist ein fleißiger, ordentlicher Mann, der seinen Kindern beibringt, daß man nicht die linke, sondern die rechte Hand gebraucht, auch wenn einer nun mal Linkshänder ist. Linkshänder haben bei ihm keine Chance. Und Mädchen dürfen nicht mit nackten Füßen ins Wasser steigen. Frau Berta hat sich dem Mann hinzugeben, so ist das in einer Ehe. Den ersten Sohn hat Gustav auf den patriotischen Namen Friedrich Sedan taufen lassen. Der schlägt aus der Art, widerspricht, will Lokomotivführer werden und nicht zu »Bärwolf & Abel«, ist Linkshänder, onaniert womöglich auf dem Klo im Treppenhaus.

Als Halbwüchsiger flieht Friedrich Sedan vor dem Vater, und erst als alter Mann wird er heimkehren, gestützt auf einen Krückstock, an dessen Knauf sich eine gefiederte Schlange ringelt. Ein ganzes langes kurzes Leben war er weg gewesen, in Mexiko hatte er gar an einer Revolution teilgenommen. Am Ende des Films wird er wieder daheim seiner alten Schwester Luise gegenübersitzen. Luise hatte nie geheiratet, nie Kinder bekommen, nur für den Vater war sie da, nachdem Mutter Berta jung gestorben war, gerade als das eigene Haus zum Richtfest fertig wurde.

Das dritte Kind, der Wilhelm, der war nicht so »helle«, wie sich's der Vater gewünscht hatte. Bei dem reichte es nur zum Chauffeur, natürlich im Dienste der Firma. Dessen Sohn Fritz aber schloß der Opa ins Herz, an ihm wollte er alles gutmachen, was bei Friedrich Sedan schiefgegangen war, denn der Fritz war ein liebes, fügsames Kind, nicht einer, der die Hand wider seinen Vater erhob oder überhaupt gegen jemanden. Wenn der Opa ihn auf den Schultern im Kreise drehte, war der für ihn »wie ein Leuchtturm«, von dem man die ganze Welt sehen konnte. Ein vorbildlicher Lehrling wurde der Fritz, der sich Aufrührern in den Weg stellte, die von Streik und Solidarität redeten bei »Bärwolf & Abel«, einem großen Unternehmen nun schon, wo Arbeitgeber und Arbeiter vereint in einer Stiftung am gleichen Strang zogen. Doch plötzlich wurde er auf unerklärliche Weise krank, lag tagelang, ohne zu erwachen, im Bett und gesundete auf ebenso unerklärliche Weise. Er wäre sicher ein vorbildlicher Meister geworden, auf den der Opa hätte stolz sein können, wäre da nicht der Krieg gekommen. Als der Briefträger den Weg zum Haus heraufkommt, ahnt die Luise schon, welche Nachricht er bringen wird, der Todesbote. Nachts dreht sich der Großvater allein im Regen, als säße der kleine Fritz ihm noch auf der Schulter – oder der Friedrich Sedan – als alter Mann verwechselt er schon mal die Namen.

Fritzens jüngerer Bruder Paul war anders, entzog sich des Großvaters Umwerbungen und dem ganzen altmodischen Kram, der fuhr studieren nach Heidelberg, die Stiftung machte es möglich: »Es gibt keine törichtere Behauptung als die, daß alle Menschen gleich sind. Die Menschen sind unterschiedlich in ihren geistigen und körperlichen Voraussetzungen. Es gibt Begabte und weniger Begabte. Es gibt Genies und Debile. Zum Beispiel der wissenschaftliche Fortschritt. Er fordert seinen Preis. Wer soll ihn bezahlen? Die Elite, die ihn bewirkt? Das wäre ja widersinnig.«

Der Paul schafft es bis in die Führungsetage der Firma, zu einer Zeit, als sie schon Waffen für Hitler baut. Die Schmach von Versailles war vergessen, wo unter Gustav Wenglers Aufsicht die Arbeiter von »Bärwolf & Abel« Scherenfernrohre zerschlagen mußten, »der eigenen Hände Arbeit zerstören«.

Sogar dem Papst wird Paul Wengler in Rom ein Fernrohr verkaufen.

Großvater Gustav schwant, daß man auch zu hoch hinauswollen kann.

Die Fabrikhallen von »Bärwolf & Abel« werden im Bombenhagel zerstört, in der brennenden Fabrik werden Gustav und Paul einen Fremden treffen, den Friedrich Sedan, ohne einander zu erkennen, und der Urenkel, Pauls kleiner Sohn, wird der Tante Luise von dem Inferno in der Stadt berichten: »Alles im Arsch!«

Nicht für lange, es würde bald wieder aufwärtsgehen.

Einer wie Paul würde sicher die Kurve kriegen. Vielleicht würde er nach dem Krieg ja weiter Waffen bauen, für die Russen – oder wohl eher für die Amerikaner, selbst die Erfahrung von KZ-Ärzten war denen ja willkommen.

Als wir bei Zeiss in Jena recherchierten, erfuhr ich, daß auch das DDR-Fernsehen ein Zeiss-Projekt vorbereitete. Wolfgang Held schrieb *Die gläserne Fackel.* Ich wußte nicht, seit wann das der Leitung des DEFA-Studios schon bekannt war.

Nachdem der Generaldirektor des sozialistischen Vorzeigebetriebes VEB Carl Zeiss Jena, Wolfgang Biermann, von seinem ZK-Genossen Mäde unser Drehbuch geschickt bekommen hatte, wo die Namen Zeiss und Abbe längst geändert waren, teilte der Genosse Biermann mit, daß er den Fernsehfilm protegieren werde, und lehnte jede Unterstützung unseres Vorhabens ab. In seinem Betrieb würden wir keinen Meter Film drehen dürfen, optische Geräte würden nicht an uns ausgeliehen usw. Natürlich hatte das inhaltliche Gründe, natürlich gefiel dem ZK-Genossen Biermann keine Arbeiterfigur, bei der die deutschen Tugenden ins Gegenteil umschlugen und die dadurch mitverantwortlich wurde an den Verirrungen der deutschen Geschichte, weil sie diszipliniert hinnahm und ordentlich ausführte.

Es ist ein Wunder, daß wir unseren Film drehen konnten. Logisch war das nicht. Vermutlich profitierten wir von den Animositäten zwischen den Leitungen der DEFA und des DDR-Fernsehens, und vermutlich fühlte sich Mäde persönlich düpiert von Biermanns schroffer Absage. Nun gerade! Unser Film wurde sogar mit einem Staatsauftrag bedacht. Mir war das egal, wenn es uns zu günstigeren Drehbedingungen verhalf, ein anderer Film würde deshalb nicht entstehen. Starszenenbildner Alfred Hirschmeier, mit dem ich nach vielen vergeblichen Versuchen das erste Mal zusammenarbeitete, begann Motive zu suchen, wo wir Jena und Umgebung substituieren, und Museen, wo wir optische Geräte ausleihen könnten. Ohne Zeiss würde es teurer werden. Aber wir waren ja »Staatsauftrag«.

Der Film war äußerst schwierig zu besetzen, weil viele Personen über ein ganzes Leben hinweg auftauchten. Gustav Wengler war 1871 20 Jahre alt, am Ende, 1945, über neunzig. Kinder wuchsen heran, wurden Jugendliche und dann Erwachsene. Viele Rollen mußte ich doppelt oder dreifach besetzen. Ich brauchte nicht nur gute Schauspieler, die in den verschiedenen sozialen Umfeldern glaubhaft agieren konnten, ich mußte auch noch auf Ähnlichkeiten und Wiedererkennungseffekte Rücksicht nehmen.

Die Hauptrolle, den Gustav Wengler, spielten Carl-Martin Spengler (von 20 bis Mitte 40) und Christoph Engel (von 50 bis 90). Es funktionierte gut, und im ganz hohen Alter leistete auch die Kunst der Maske Außerordentliches. Gudrun Ritter spielte die Luise, als junges Mädchen wurde sie von Gudruns Tochter Franziska verkörpert, die gerade die Schauspielschule absolvierte. Die Kinder und Jugendlichen, die als Friedrich Sedan (Andreas Busse, Reno Prokopp), Fritz (Florian Partzsch, Karsten Nitze), Paul (Mario Kade) und in anderen Rollen mitwirkten, machten alle ihre Sache ausgezeichnet. Als alten Friedrich Sedan besetzte ich Fritz Marquardt. Paul, den Aufsteiger in die Chefetage, der seinen Weg ohne einen Hauch von Selbstzweifeln geht, spielte Peter Prager, ein Glücksgriff, er war bis dahin nur in Konrad Wolfs Film *Mama, ich lebe* in Erscheinung getreten.

Als Gustavs Frau Berta wirkte Kathrin Waligura mit, nach dem großen Erfolg in *Die Frau und der Fremde* war es ihre nächste bemerkenswerte Filmrolle, zu Beginn des Films war sie ein 16jähriges Mädchen, und bevor sie starb eine verhärmte, gequälte Frau Ende dreißig. Sie stammt in der Filmgeschichte aus der Mothes-Familie, ihr Bruder (Joachim Lätsch), ihr Neffe (Peter Zimmermann) und dessen Sohn (Herbert Sand) waren in Gustavs Augen die »Aufrührer«. Deren Ideal bestand nicht in Anpassung und Unterordnung, sie versuchten sich zu wehren und mußten dafür zahlen – mit Verlust der Arbeit und Ausgrenzung.

Besonders schwer zu besetzen waren die Vertreter des Bürgertums. Es gab in der DDR nicht viele Schauspieler, die glaubwürdig in solchen Rollen agieren konnten, die diesen Gestus des selbstverständlichen Selbstbewußtseins der Macht im Blut hatten. Oft bestand die Gefahr satirischer Überzeichnung oder negativer Bewertung. Es fehlte an Erfahrung im Umgang mit solchen Leuten. Schließlich spielte der Ungar István Avar den Dr. Conrad Abel, den Gründer der »Stiftung«, der Bärwolfs Handwerksbetrieb zum Weltkonzern dirigierte. In der kleinen Rolle einer jungen Wissenschaftlerin, die sich der nationalsozialistischen Vereinnahmung zu entziehen versucht, wirkte Corinna Harfouch mit, leider unsere einzige Zusammenarbeit. Den Physiker Dr. Zuckschwert, einen Mann, der zu großen Hoffnungen berechtigte, aber an den eigenen Skrupeln scheiterte, spielte Mathias Günther, der kam uns nach dem Drehen abhanden, verschwand gen Westen, so daß ein anderer Schauspieler mit ähnlicher Stimme jene Szenen synchronisieren mußte, die wir aus technischen Gründen nicht im Originalton verwenden konnten. Zum Glück war die Rolle nicht so auffällig und der Darsteller nicht so bekannt, daß es Folgen für unseren Film gehabt hätte.

Denn gerade in jenem Jahr erfuhr ich beim Festival in Karl-Marx-Stadt, wo *Die Frau und der Fremde* den Regie-Preis bekam, von einem Kreisfilmstellenleiter, daß

Filme, in denen bekannte Schauspieler mitwirkten, die in den Westen gegangen waren, nicht mehr gezeigt werden durften, die Kopien sollten aus dem Verleih gezogen und »abgewaschen« werden, nur das Negativ und eine Archivkopie sollten erhalten bleiben. Das betraf u. a. meine Filme *Till Eulenspiegel* und *Zünd an, es kommt die Feuerwehr* wegen Glatzeder, Krößner und Gosch, es betraf Filme mit Krug, Mueller-Stahl, Domröse, Hoffmann usw.

Ich informierte damals die Jury des Festivals.

Ein IMS »Klaus« leitete die Information an die Stasi weiter: »Er *(Simon)* verglich solche ›Zustände‹ mit den Bücherverbrennungen während der Nazi-Zeit. Auch bei den anderen Jurymitgliedern rief die Info Unverständnis hervor. Man beabsichtigte, eine entsprechende Info an die HV Film zu senden, mit der Bitte um Aufklärung und genauer Untersuchung.«

Ich weiß, daß viele Filme wirklich aus dem Verkehr gezogen wurden, und daß manche Kino- und Kreisstellenleiter Kopien retteten, indem sie diese versteckten und an die HV Film als verlorengegangen meldeten. So kam es, daß nach der Wende beim Verleih von manchen Filmen keine Kopien mehr vorhanden waren, und nur in einigen Fällen wurden neue gezogen.

Doch Kopien von DEFA-Filmen wurden auch nach der Wende vernichtet, viele Filme und Bücher, die sich in DDR-Botschaften oder Kulturinstituten befanden, wurden später als Müll entsorgt.

Wenn ich mich recht erinnere, wurde *Wengler & Söhne* ohne Beanstandungen abgenommen. Wie *Die Frau und der Fremde* bekam der Film das Prädikat »besonders wertvoll«. Die Kritiken waren sehr gut, teilweise überschwenglich. In der »Wochenpost« schrieb Hans-Dieter Tok:

»Einen Film solcher Art gab es selten in Babelsberg. Doch international befinden sich Helmut Bez und Rainer Simon in guter Gesellschaft. Mit ihrer Wengler-Familiensaga tangieren sie doch Werke der Weltfilmkunst wie *Das gelobte Land*, *1900* und *Es war einmal in Amerika*: Allesamt sind das Epen, die Familien- und Freundesgeschichten als großes, überwältigendes, erkenntnisträchtiges Kunsterlebnis bieten, die Einklang wie Zwieklang von Geschichte und menschlichem Geschick, Zeit und Zeitgenosse vermitteln – mitreißend, aufschreckend.«

In den Kinos herrschte in jenen Jahren eine eigenartige Stimmung, ich bemerkte es bei der Premierenfahrt im Mai 1987. Ich hatte das Gefühl, die Leute sahen keinen Sinn mehr, über gesellschaftliche Fragen zu reden. Die Karre saß schon zu tief im Dreck. Und unsere Hauptfigur Gustav Wengler machte es den Zuschauern nicht leicht, mit so einem wollte man sich nicht identifizieren, egal ob Deutscher Ost oder Deutscher West. Ich denke, der Film drückt den Finger ziemlich tief in die deutschen Wunden.

Der WDR hatte den Film vorab gekauft, uns somit die Dreharbeiten in Rom finanziert, und kurz nach der Wende lief er in der ARD, seitdem nicht wieder.

Die Rechtesituation der Filme, die damals in Kooperation mit westdeutschen Sendern entstanden, ist schwierig, nach der Wende liegen die Fernsehrechte nicht wie die der anderen DEFA-Filme beim PROGRESS Filmverleih, sondern bei den Sendern oder irgendwelchen Zwischenhändlern, und dort scheinen die Filme vergessen zu sein.

Es war in den letzten Tagen des Jahres 1986, als eine Prädikatisierungsveranstaltung der HV Film in der Berliner »Möwe« stattfand, ich erinnere mich, daß ich schlechtgelaunt hinfuhr, weil es wieder bei den Folgeprojekten nicht voranging. Dort überraschte mich Horst Pehnert mit der Information, daß Intendant Dieter Stolte vom ZDF Interesse »signalisiert« hätte an einer Zusammenarbeit bei einem Film über Alexander von Humboldt, möglicherweise sogar an einer Koproduktion. Schon Ende Januar fanden beim DEFA-Außenhandel erste Gespräche mit den westdeutschen Partnern statt. Ausführender Produzent für das ZDF würde die West-Berliner TORO-Film sein. Die Möglichkeit einer Vorbereitungsreise nach Südamerika zeichnete sich für Autor Schäfer und mich ab, ich wagte noch nicht, daran zu glauben. Erst einmal fuhr ich mit meiner Tochter aus Anlaß ihrer Jugendweihe für ein paar Tage nach Budapest, in die uns zugängliche Welt.

Doch die Reise in den Westen rückte näher, es sollte nicht nur nach Südamerika gehen, sondern auch nach Spanien und Frankreich, wo am spanischen Königshof und in Paris weitere Szenen des Films geplant waren.

In Atlanten und Reiseführern suchten wir nach einem Vulkan, der für das Schlußbild unseres Films geeignet wäre. Bei Humboldt war es der Chimborazo gewesen, aber konnte man dort drehen, war der nicht zu hoch für ein Filmteam? Wir dachten an Alternativen mit weniger hohen Bergen in Mexiko, Ecuador, Kolumbien oder Perú, doch schon bald konzentrierten wir uns auch aus Kostengründen auf Ecuador. Dabei kam uns entgegen, daß sich zwischen dem Filmverband der DDR und ecuadorianischen Dokumentaristen gute Beziehungen entwickelt hatten. ASOCINE, die Organisation ecuadorianischer Filmemacher, hatte einen Preis auf der Leipziger Dokumentarfilmwoche erhalten. Peter Ulbrich, der Sekretär des Verbandes, war im Jahr zuvor in Ecuador gewesen und konnte mir Tips geben. Karl-Heinz Menzinger, der Produzent der TORO-Film, hatte in Kolumbien gelebt und kannte auch diese Gegend. Die Namen der Vulkane Chimborazo, Cotopaxi, Cayambe, Antisana, Tungurahua waren mir nun schon geläufig, doch manchmal dachte ich, ich müßte gleich erwachen, und alles wäre nur ein Traum.

Es war auch noch nicht ausgestanden. Für eine solche Reise benötigten wir in unseren DDR-Pässen Visa-Stempel der Botschaften Ecuadors, Kolumbiens, Spaniens und Frankreichs. Auf dem üblichen Dienstweg war das kaum machbar, denn nur bestimmte Personen der Auslandsabteilung der HV Film durften nur an bestimmten Tagen zur Paßstelle für den Ausreisestempel der DDR gehen und wieder andere von dort zu den einzelnen Botschaften. Es war keinesfalls nur ein paranoider Verdacht, daß Subalterne durch Dienst nach Vorschrift die Reise scheitern lassen könnten. Fast kam es dazu. Auf offiziellem Wege hätte es Wochen gedauert, bis wir alle Stempel im Paß gehabt hätten, und dann wäre der erste schon wieder ungültig gewesen. Doch irgendwie brachte ich mich in den Besitz der »Reisedokumente«, nachdem der DDR-Stempel drin war, und trug sie persönlich zur ecuadorianischen Botschaft – ein schlimmes Vergehen – ich hätte die Botschaft gar nicht betreten dürfen, geschweige denn in Visa-Angelegenheiten. Botschafter Alfonso Barrera Valverde, ein Schriftsteller, der mich schon vorher freundlich beraten hatte, drückte den Stempel hinein und nahm es in die Hand, die

Pässe zur kolumbianischen und spanischen Botschaft bringen zu lassen, wo es genauso schnell ging, und der spanische Botschafter half uns bei den Franzosen. Ihm dankte ich auf ungewöhnliche Weise, er sollte später im Film den spanischen König synchronisieren.

Nun konnten wir reisen, die Tickets waren gebucht.

Da rief am Tag vor der Abreise Produzent Menzinger an: Pack mal deine Koffer noch nicht.

Natürlich standen sie längst bereit. Es sei nicht klar, wer die Kosten für die Reise trage, im Falle, daß das Projekt nicht zustande käme. Die TORO-Film mußte sie vorschießen und würde sie mit dem ZDF abrechnen, wenn der Film produziert würde. Aber wenn nicht?

Aus der Abreise wurde nichts. Ich weiß noch, daß ich am nächsten Morgen auf die Flugzeuge hörte, die über Potsdam brummten, in einem davon hätte ich gesessen, um nach Frankfurt zu fliegen und von dort nach Bogotá und weiter nach Quito, und mir bewußt wurde, was ich natürlich schon immer wußte, daß jeden Tag Tausende solcher Flieger unterwegs waren, mit Menschen drin, die niemanden fragen mußten, wohin sie reisen durften. Vorausgesetzt, daß sie das Geld für die Reise hatten. Horst Pehnert sagte zu, wenn der Film nicht gedreht würde, stünde die DDR in der Pflicht für die Reisekosten.

Erstmals nach Ecuador

Wir reisten tatsächlich nach Südamerika, Paul Kanut Schäfer, 65 Jahre alt, und ich, 46 Jahre. Unser gemeinsamer Film *Jadup und Boel* lag 1987 noch im Eisschrank. Mit uns reiste von westlicher Seite Karl-Heinz Menzinger, Produzent der TORO-Film.

Als wir uns Quito näherten, flogen wir nahe an schneebedeckten Vulkanen vorbei, am Cayambe, der sich direkt über dem Äquator erhebt, und am Antisana, dessen zerklüftete Flanken Humboldt bestiegen hatte. Der klassische Vulkankegel des Cotopaxi erhob sich, als wir gelandet waren, gleich hinter der Rollbahn. So schien es.

Eine erste Stadtrundfahrt, erste Rundgänge durch eine andere Welt – der Nachtflug, währenddem ich natürlich kein Auge zutun konnte, die Zeitumstellung, die Luft in fast 3000 Metern Höhe und die klare Sicht, die Nahes und Fernes gleichermaßen greifbar erscheinen läßt, versetzten mich in einen tranceartigen Zustand.

Mit Alejandro Santillán standen wir auf dem Panecillo-Hügel über der Stadt und sahen zu, wie sich die Dunkelheit über sie legte und Lichter und Sterne zu glühen begannen. Der Mond hing verkehrt herum über uns. Ich sah fremde Sterne. Aber ich fühlte mich nicht fremd. Mir war, als sei ich hier schon einmal gewesen.

Bereits am nächsten Tag fuhren wir zum Vulkan Pichincha, Quitos Hausberg. Wir stiegen hinauf bis zum Kraterrand des Guagua Pichincha, 4660 Meter hoch. (Der Vulkan sollte im Jahre 1999 mit einer kilometerhohen Rauch- und Aschewolke auf eindrucksvolle Weise ausbrechen und über der Hauptstadt einen Ascheteppich ausbreiten. Ich hatte Ecuador ein paar Tage vorher gerade verlassen und konnte das Schauspiel nicht miterleben. Es war glimpflich ausgegangen, seit Wochen hatte in Quito wegen der angekündigten Eruption Katastrophenstimmung geherrscht, viele saßen auf gepackten Koffern. Man befürchtete, glühende Lava- und Schlammlawinen könnten in die Stadt herunterbrechen.)

Wir sahen uns Filme unserer ecuadorianischen Kollegen an, am meisten beeindruckten mich *Los Hieleros del Chimborazo (Die Eisträger vom Chimborazo)* und *TIAG: Lo que hay lo que existe lo que aún queda es inagotable (TIAG: Was es gibt, was existiert, was noch bleibt – ist unerschöpflich)*, beide von Gustavo und Igor Guayasamín. Ich begriff, daß ich von der indianischen Welt nichts wußte, so viel ich auch darüber gelesen hatte bei José María Arguedas, Garcilaso de la Vega, Mario Vargas Llosa u. a. …

Ich verstand, daß ich mich dieser Welt nur mit größter Bescheidenheit nähern konnte und wie wichtig für das Gelingen des Films die Hilfe und Unterstützung der ecuadorianischen Kollegen sein würde.

Vor allem galt es, die Natur zu respektieren: *Pachamama* – die Mutter Erde. Ohne sie ist der Mensch nichts. Wer inmitten solcher Berge oder im Urwald lebt, weiß dies. Nur der Mensch der Städte kann sich mit Allmachtsphantasien betrügen.

Bevor wir uns den Bergen näherten, sei es ratsam, ihnen unsere Achtung zu bezeugen, sagte man uns. Seit uralten Zeiten rufen die *indígenas* die Berge an, *»shamui«* rufen sie auf quichua und »challieren«, indem sie einen Schluck Alkohol zu den Bergen prusten, um sie versöhnlich zu stimmen. Ich nahm diesen Brauch an und befolge ihn bis heute. Auch in den Film würde ich eine Anrufung der Berge aufnehmen.

Wir trafen uns mit dem Andinisten Ramiro Navarrete, der all die ecuadorianischen Berge kannte und uns Tips für ihre Besteigbarkeit geben konnte. Er verunglückte ein paar Jahre später tödlich bei der Besteigung des Annapurna im Himalaya, in fremden Bergen.

Wir besuchten den ehemaligen Landsitz des Marqués Selva Alegre, wo Humboldt gewohnt hatte, der aber als Drehort nicht in Frage kam, und wir besichtigten weitere Haziendas, Landsitze von Condes und Ex-Präsidenten, koloniale Pracht, livrierte Bedienstete, eine Welt, die ich bisher nicht kannte und die im extremen Kontrast stand zu den ärmlichen Gestalten, die mir in den Straßen von Quito begegneten.

Es ging weiter zum Cotopaxi. Am Eingang zum Nationalpark wurden Lamas gezüchtet und von kleinen Jungen gehütet, auf der Hochebene Limpiopungo stoben wilde Pferde vor unserem Jeep davon. Wir konnten bis 4600 Meter hochfahren und stiegen hinauf bis zum *refugio*, der Berghütte, in 4800 Meter Höhe. Ob wir hier drehen könnten?

Von Ambato aus näherten wir uns dem Chimborazo, wir fuhren um ihn herum, doch es regnete in Strömen, und wir fuhren schon bald im Nebel der Wolken. Am Straßenrand hockten reglos Chibuleos-Indianer, eingemummt wie Barlach-Gestalten. In einem Dorf leuchteten knallrote Ponchos. Die Kinder waren festlich gekleidet, es war der letzte Schultag. Auch zu Hause endete an diesem Tag das Schuljahr.

Vom Chimborazo war nichts zu sehen. Der Nebel war so dicht wie seinerzeit, als ich das erste Mal in den deutschen Westen fuhr. Ich war ungeduldig und begierig zu sehen und wußte doch, daß es gut ist, wenn die Dinge erst allmählich aus ihrer Verhüllung auftauchen.

Wir bogen von der Straße ab auf die Schotterpiste, die zurück um den Berg führt. Der Höhenmesser zeigte

4200 Meter. Zwischen vulkanischem Geröll wuchsen die orangegelben Blüten der stachligen Chuquirahua-Pflanze. Plötzlich riß es auf.

Da war er – *Tayta* Chimborazo. Eine gewaltige weiße Gipfelwelle. Als hinge die ganze Erdkugel an diesem Berg, als trüge er allein sie durch die Myriaden des Kosmos und der Unendlichkeit. Ein *apu* war am Wegrand aufgerichtet, eine kleine Pyramide aus Steinen. Jeder von uns legte einen Stein dazu. Der Berg verhüllte sich wieder.

Wir besuchten das Indianerdorf San Gerardo, und mir wurde immer deutlicher bewußt, daß wir diese andere Welt viel stärker in den Film einbauen müßten, als bisher beabsichtigt war. Karl-Heinz Menzinger hatte durchblicken lassen, daß mehr Geld vorhanden sei, als ich mir je erträumt hatte. Wir müßten uns nicht auf den Aufstieg zum Chimborazo als Schlußbild des Films beschränken.

Abseits des Weges, an einer Hütte aus Lehm und Stroh, stand ich einer alten Indianerin gegenüber. Ich fragte sie, ob ich fotografieren dürfte, und bemerkte, daß sie fast blind war.

»Woher kommst du, Söhnchen?«

»De Alemania.« Das sagte ihr bestimmt nichts.

Sie machte eine Geste, die ich verstand, als gäbe sie mir eine Art Segen. Diese kurze Begegnung inspirierte mich zu einer der wichtigsten Szenen des Films, in der eine alte Frau *Tayta* Chimborazo bittet, Humboldt, den Fremden, zu beschützen.

In Riobamba trafen wir den Bergführer Marco Cruz, der führte später auch Reinhold Messner auf den Chimborazo. Ich wollte testen, bis in welche Höhe wir beim Drehen mit dem Filmteam hinaufsteigen könnten. Baltazar Caiza, ein junger *indígena* in Marcos Diensten, begleitete mich am nächsten Tag. Wieder war der Morgen grau und vom Berg nichts zu sehen. Niemand konnte hier das Wetter vorhersagen, aber ich challierte und war guter Hoffnung.

Am Chimborazo kann man mit dem Auto bis zum *refugio* in 4800 Metern Höhe fahren. Als wir dort ankamen, riß es auf, und der Berg lag überraschend nahe vor mir. Kaum vorstellbar, daß der Aufstieg zum Gipfel von hier noch neun Stunden dauern würde.

Ich erinnerte mich an zwei meiner ersten Kinderbücher. *Bezwinger der Titanen* und *Bis zum Gipfel der Welt* hießen sie, und an die Faszination, mit der ich sie wieder und wieder gelesen hatte. Jetzt war ich hier!

Nachdem wir uns ein Weilchen akklimatisiert hatten, begann ich mit Baltazar den Aufstieg. Wir wollten bis zu den Agujas de Chamonix, einer Felsspitze in 5400 Metern, so hoch war ich noch nie gewesen. Von dort zog sich ein Grat bis zu jener Wand in 5700 Metern, wo Humboldt vermutlich umkehren mußte.

Langsam schritten wir los. Schon nach den ersten Metern merkte ich, wie mein Herz klopfte, und daß ich unabhängig davon, wie schnell Baltazar ging, meinen eigenen Rhythmus finden mußte, bedächtig Schritt für Schritt, zwar wurde es immer anstrengender, in immer kürzeren Abständen mußte ich mich auf die Skistöcke stützen und ausruhen, doch ich gewöhnte mich an die Herausforderung, und mit jedem gewonnenen Meter ging es mir besser. Es war, als ob ich in mir Grenzen sprengte.

Der Erfinder Stannebein hatte ein Luftschiff bauen wollen für die Erhebungen der Seele, warum war er nicht einfach in die Natur gegangen.

Als wir den Grat erreicht hatten, krochen und quollen Wolken vom Gipfel herunter, plötzlich waren sie da.

Nichts war mehr zu sehen. Nadelscharfer Schnee peitschte uns in die Gesichter und blieb da kleben. Wir vermummten uns, lehnten uns aneinander gegen den Sturm und warteten. Mir war aufgefallen, daß Baltazar mit Turnschuhen hochstieg, die schon fast zerfielen. Ich fragte ihn nach seiner Schuhgröße. Ich wollte ihm Bergschuhe mitbringen, wenn ich zum Filmen zurückkäme. Er freute sich, aber ich sah ihm an, daß er an solche Versprechungen nicht glaubte.

Nachdem wir den Abstieg begonnen hatten, riß es wieder auf, und hinter uns erschien der Berg in seiner ganzen Pracht. Immer wieder sah ich mich um, ich wollte diesen Anblick in mich aufnehmen, ich wollte ihn nie vergessen. Aber ich würde ja wiederkommen. Bestimmt würde ich wiederkommen.

Wir stiegen nicht die gleiche Route hinunter, sondern einen viel weiteren Weg bis ins Tal von Totorillas. An einem mit Asche bestäubten Gletscher vorbei, wo ins Eis gehauene Löcher anzeigten, daß bis hierher noch immer Eisholer aufstiegen, um das Gletschereis auf dem Markt von Riobamba zu verkaufen, obwohl dort längst die meisten Händler Kühlaggregate benutzten. Wir rutschten hinunter über steile schwarze Aschefelder. Der Aufstieg hatte etwa zwei Stunden gedauert, für den Abstieg brauchten wir fünf. Schon bald spürte ich meine Beine kaum noch. Sie trugen mich in riesigen nach unten wippenden Schritten wie von selbst, aber Vorsicht war geboten, man konnte stolpern, und nichts würde einem an dem Aschehang auffangen. Mir schien, daß ich taumelnd ankam. Aber ich weiß nicht, ob ich je zuvor so zufrieden war wie nach dieser Anstrengung, die mich an meine körperlichen Grenzen geführt hatte. Ach, hätte ich doch solche Berge viel früher besteigen können!

Ich nahm einen Schluck Rum und prustete ihn zum Berg. Danke, *Tayta* Chimborazo.

Hinter einem nahen Hügel lagen ein paar in die Erde gebaute Hütten aus *páramo*-Gras. Totorillas war die höchste Ansiedlung am Chimborazo. Einzelne Familien wohnten zeitweise hier, um Lamas und Schafe zu hüten und die kargen Felder mit Kartoffeln zu bestellen. Ein Mann in hochgezogenen Beinkleidern aus Fell kam uns seltenen Gästen entgegen, und eine Familie empfing uns freundlich. Hier wollte ich Humboldts letzte Rast vorm Aufstieg drehen und eine Szene, wo er von den *indígenas* Quichua lernt und sie von ihm Deutsch.

Auf der Rückfahrt nach Quito zeigten sich uns alle Vulkane, als wollten sie uns einladen – die Zacken des Carihuairazo dicht neben dem Chimborazo, der grau aus den grünen Weiten des Urwalds herauswachsende Sangáy mit einer Rauchfahne, der schwarze Aschekegel des Tungurahua, der gewaltige, zersprengte Capac Urcu, die Spitzen der Ilinizas und der schönste von allen, der Kegel des Cotopaxi.

Wir flogen nach Madrid zurück. Es gab ein herzliches Wiedersehen mit den Mannchens, den Produzenten vom *Luftschiff*, ein Wiedersehen mit den Goyas im Prado, und ich stand erschüttert vor Picassos *Guernica*, seinem Aufschrei gegen den Krieg. Das Bild war aus dem Exil nach Spanien zurückgebracht worden. Wir besichtigten den Palacio Real in Madrid und das königliche Sommerschloß in Aranjuez, wo Humboldt den spanischen König getroffen hatte und von ihm die Erlaubnis erhielt, alle »seine« Besitzungen in Amerika bereisen zu dürfen. Wie Humboldt es schaffte, diese ganz und gar ungewöhnliche

Generalvollmacht zu bekommen, ist bis heute nicht wirklich aufgeklärt.

Dann ging es nach Paris. Dort hatte Humboldt seinen Reisegefährten, den Arzt und Botaniker Aimée Bonpland, kennengelernt, und später hatte er viele Jahre in Paris gelebt.

Wie immer bei solchen Filmreisen stand das Problem, die Motivsuche zu verbinden mit der Besichtigung so vieler anderer Stätten, deren Besuch uns bisher unerreichbar gewesen war. Ich hatte Übung darin, in kürzester Zeit so viel wie möglich aufzunehmen. Drei Tage Paris, das mußte neben der Motivsuche reichen für Eiffelturm, Musée d'Orsay, Centre Pompidou, Champs Elysées, Montmartre, Quartier Latin. Den Louvre würde ich erst bei der nächsten Reise schaffen. Am Seine-Ufer gegenüber von Notre Dame wollten wir später drehen.

Es waren nur etwas mehr als drei Wochen vergangen, als wir wieder in Berlin ankamen. Es war klar, daß Schäfer und ich ein neues Drehbuch schreiben mußten. Die eine Handlungslinie beschrieb den Lebensweg des jungen Humboldt vom Aufbruch aus dem Elternhaus bis zum Antritt der Amerikareise. Nun sollte ein Handlungsstrang hinzukommen, der Humboldts Reise von der Hazienda bei Quito bis zur Besteigung des Chimborazo erzählen würde. Er sollte als Zeichen für die ganze Amerikareise stehen, die Humboldt in den Jahren 1799 bis 1804 über Venezuela, Kuba, Kolumbien, Ecuador, Perú und Mexiko bis in die Vereinigten Staaten geführt hatte. Natürlich mußte Humboldts naturwissenschaftlichen Leistungen Rechnung getragen werden, aber im Mittelpunkt stand für mich die Begegnung mit der anderen, der indianischen

Kultur. Wir würden die Handlung nicht chronologisch erzählen, sondern die beiden Ebenen ineinander verschränken.

Kuba

Im Dezember 1987 konnte ich, vom DDR-Filmverband delegiert, das Festival des lateinamerikanischen Films in Havanna besuchen. Es war die Gelegenheit, viele Filme aus diesen Ländern zu sehen und Leute kennenzulernen. Ich konnte Havanna mit Quito vergleichen, Kuba mit Ecuador. Es war höchst widersprüchlich. Freilich gab es auf den Märkten in Quito einen Überfluß von Waren, der nicht nur jeden Kubaner, sondern auch jeden DDR-Bürger vor Neid erblassen ließ. Doch ich hatte dort auch unvorstellbare Armut gesehen, Straßenkinder, die bettelten oder alle möglichen Waren und Dienstleistungen anboten, ob sie in die Schule gingen? In Kuba war das geregelt, der Analphabetismus war ausgemerzt. Doch was nützte die beste Bildung, wenn später der individuellen Entwicklung enge bürokratische Grenzen gezogen waren. Zwar verfielen in Havanna die Häuser, und es gab weniger moderne Neubauten als in Quitos wohlsituiertem Norden. Doch wie sich die Leute in diesem Verfall bewegten, kündete von einem ungebrochenen Lebenswillen und einem Optimismus, auf den westliche Apologeten der Lebensbejahung um jeden Preis nur neidisch sein können. Mag sein, daß Kuba deshalb in bestimmten Kreisen noch immer *in* ist.

Ich sprach mit vielen Kollegen aus lateinamerikanischen Ländern, alle betonten, wie wichtig für sie das

Modell Kuba sei, daß sie es nicht missen möchten. Aber ob sie da leben wollten oder gar in der DDR? Die mal bei uns gewesen waren, lobten zwar, was ihnen gefallen hatte, aber Sehnsucht, in dieser Art von Sozialismus zu leben, hatten sie keine.

Auf dem Festival lernte ich Klaus-Maria Brandauer kennen. Es waren nicht viele Filmleute aus Europa da. Brandauer war mit seiner Frau, der Regisseurin Karin Brandauer, angereist und wurde von Michael Gaissmaier, einem Westberliner Journalisten und Manager betreut, den ich kannte. Kurz vorher war *Jenseits von Afrika* herausgekommen, der Film sollte beim Festival gezeigt werden. Ganz Kuba wartete auf Robert Redford. Brandauer kannte keiner, für einen Star keine einfache Angelegenheit. Er klagte, daß er sich langweile, man kümmere sich zu wenig um ihn. Ich langweilte mich nicht, ich fuhr mit überfüllten Bussen von einem Ende der Stadt zum anderen und zu den Stränden im Osten, bevor am Nachmittag die Filme begannen. Ich schlug ihm vor mitzukommen.

Aber ich kann mich doch nicht einfach in einen Bus drängeln!

Warum nicht, es kennt Sie hier ja keiner.

Gaissmaier kicherte. Es blieb dabei, daß ich meine Exkursionen allein durchführte.

Wir sprachen von meinem Humboldt-Projekt, und Brandauer erzählte, daß man auch ihn wegen eines Humboldt-Films angesprochen habe und daß ihn eine solche Rolle sehr interessiere. Für meinen Humboldt war er leider schon zu alt.

Doch ich erzählte ihm von Fühmanns *Ödipus*-Novelle, nach der mein nächster Film gedreht werden sollte. Darin gab es die Rolle eines deutschen Offiziers, der während des Zweiten Weltkriegs seinen humanistischen Idealen treu bleiben wollte. In dieser Rolle konnte ich mir ihn gut vorstellen. Als es Ende 1989 konkret wurde, betonte Brandauer zwar weiterhin sein Interesse, versetzte uns aber ein ums andere Mal, bis Produzent Menzinger und ich es aufgaben.

Wenn man damals aus der DDR nach Kuba reiste, erkundigte man sich bei Freunden, was man mitnehmen sollte. Das galt nicht nur für Kuba, auch wenn man in die Sowjetunion reiste, nach Rumänien, Polen oder Bulgarien war es so und umgekehrt auch. Man kaufte in Taschkent Knoblauch, um ihn nach Berlin zu tragen, selbst in Minsk oder Irkutsk fand man etwas, was es in der DDR nicht gab, in Bulgarien kaufte man Tschubritza und in der Tschechoslowakei Dorschleber und Toilettenbecken. Wer mit dem Auto durch Rumänien fuhr, konnte einen Umweg über Korund machen und in dem Töpferort künstlerisch hochwertige Keramik kaufen oder gegen Kaffee tauschen. Ungarn hatte modische Kleidung zu bieten, die westlicher Ware ähnelte, und Musik, die es in der DDR nicht gab. Ungarn war konkurrenzlos spitze.

Seife, Shampoos waren in Kuba Mangelware, eigentlich war alles Mangelware, aber Kosmetika besonders. Da ich, nachdem der Bekanntenkreis versorgt war, noch Geschenke übrig hatte, gab ich sie ein paar schwarzen Frauen, die zwischen ihren Bretterbuden Wäsche und ihre Kinder wuschen – ohne Seife. Eine Frau goß sich den gesamten Inhalt der Shampooflasche über den Kopf. Eine andere drehte das Kofferradio laut, und es tanzte eine Schaumgeborene. *Jóven*, junger Mann, tanz, luden sie mich ein.

Für eine bekannte DDR-Journalistin mußte ich den Postillon d'amour spielen. Sie war in Havanna gewesen und hatte einen viel jüngeren Mann betört oder er sie, und der wollte nun von mir, der ich die Frau kaum kannte, Aufklärung über ihren über alle Zweifel ehrenwerten Charakter und beteuerte mir seine alle Dimensionen sprengende Liebe, beabsichtigte Heirat eingeschlossen. Ich trug eine feingliedrige, blätterförmige Koralle als Geschenk für sie mit nach Berlin, »sozialistische Menschengemeinschaft« – von Wladiwostok bis Havanna.

Die Besteigung des Chimborazo

Ich begann mit Probeaufnahmen und favorisierte bald zwei junge Schauspieler, die in Kino und Fernsehen bisher wenig bekannt waren. Tom Pauls vom Theater in Dresden und Jan Josef Liefers, der von der Berliner Schauspielschule gleich den Sprung ans Deutsche Theater geschafft hatte. Ich tendierte zu Pauls als Humboldt und Liefers als Bonpland. Doch Pauls kam nicht aus einem anderen Filmengagement heraus, und so entschied ich mich für Liefers als Humboldt. Bonpland wollte ich nun mit einem französischsprachigen Schauspieler besetzen, denn wir gingen davon aus, daß im Film deutsch, spanisch, quichua und französisch gesprochen würde. Ich fand den in Berlin lebenden französischen Tänzer und Schauspieler Olivier Pascalin für diese Rolle. Ich liebäugelte damit, die bis dato nur als Eisläuferin bekannte, aber an der Berliner Schauspielschule eingeschriebene Katharina Witt in der kleinen, stummen Rolle von Humboldts Berliner Freundin Henriette Herz zu besetzen. Doch Generaldirektor Mäde deutete geheimnisvoll an, für die Witt gäbe es in der DDR Sonderkonditionen, das sollte ich mir aus dem Kopf schlagen, die sei auf dem Sprung nach Amerika. Die Rolle spielte dann Claudia Michelsen, mit der ich gern noch weitere Filme gemacht hätte.

Im April 1988 flogen wir ein zweites Mal nach Ecuador, um die Vorbereitungen dort abzuschließen, mit mir die Produktionsleiter Dorle Hildebrandt und Karl-Heinz Menzinger, Roland Dressel, Alfred Hirschmeier und Kostümbildner Günter Heidemann. Wir flogen über Cayenne und dann nachts über die Amazonas-Tiefebene, das war unvorstellbar, wir flogen in relativ kurzer Zeit über einen Teil unserer Erdkugel, wo es vielleicht noch Menschen gab, die nichts von der Welt draußen wußten, die nur die Natur kannten und bis heute verschont geblieben waren von allem Schnickschnack, den wir »Zivilisation« nennen.

Es gab viel zu tun, alle Drehorte mußten festgelegt werden, es mußten die Details der historischen Ausstattung besprochen werden, welche Kostüme und Requisiten in Ecuador ausgeliehen oder angefertigt werden sollten, und die indianischen und kreolischen Rollen mußten besetzt werden. Zu den alten Bekannten kamen neue wichtige Mitarbeiter hinzu, die Produktionsleiterin Norma Coral, der Schnittmeister und Kameramann Pocho Alvarez, der für die Arbeit mit den indigenen Mitwirkenden verantwortlich sein würde, der Fotograf Pekas Coral und Klaus-Pedro Schütt, Deutsch-Bolivianer, der an der DFFB in Berlin Film studiert hatte und nun in Ecuador für den Deutschen Entwicklungsdienst arbeitete. Er sollte unser Hauptdolmetscher werden und Regieassistent dazu, eine der guten Seelen des Teams.

Die wichtigste kreolische Rolle war Humboldts Reisegefährte Carlos Montúfar. Wir besuchten in einer gut bewachten Hazienda in der Nähe von Quito einen heutigen Carlos Montúfar, einen Nachkommen aus der Familie der Schwester Rosa. Das überlebensgroße Bild des Vorfahren hing in der *sala*, ein stolzer junger Mann in spanischer Uniform. Unser aristokratischer Gastgeber gab seiner Freude Ausdruck, daß ein Mitglied seiner Familie in einem Film über den berühmten *Barón de* Humboldt verewigt werden sollte. Er lieh uns wertvolles Porzellan und andere historische Requisiten aus.

Humboldt hatte den 21 Jahre jungen Sohn der ihm Quartier gebenden Familie Selva Alegre in Quito kennengelernt. Montúfar würde Humboldt von nun an während der ganzen Amerikareise bis in die Vereinigten Staaten begleiten. Danach würde er in Spanien die Königliche Militärakademie absolvieren und auf seiten Spaniens gegen Napoleons Invasion kämpfen. 1806 schickte ihn der spanische König zurück, damit er als Führer einer Kommission mit den Rebellen in Südamerika verhandle. Doch entsetzt vom Leid, das die Spanier unter seinen Freunden aus der revolutionären Bewegung angerichtet hatten, wandte er sich von ihnen ab und stellte selbst ein Heer auf, um gegen die Spanier zu kämpfen. Die nahmen ihn gefangen und erschossen ihn 1816 in Kolumbien.

Humboldt hatte damals die Gesellschaft des jungen, wissenschaftlich nicht vorbelasteten Mannes der erfahrener Gelehrter wie Francisco José de Caldas vorgezogen, was zu verständlicher Enttäuschung und zu allerlei Gerede führte. Zwar waren die weiblichen Schönheiten, auch Montúfars Schwestern, von dem galanten, weltläufigen *Barón* verzaubert, doch Alexanders Interesse galt wohl mehr dem jungen Manne. Doch nichts Genaues weiß man nicht, und so versuchen viele bis heute Alexanders Neigungen wie gefährliche Klippen zu umschiffen. In Humboldts Jugendbriefen hatten Nachkommen der Familie von Bruder Wilhelm verdächtige Stellen schwärzen lassen. Doch mittlerweile gibt es Methoden, sie wieder leserlich zu machen. Was das Verdächtige noch verdächtiger macht. Es war kaum anzunehmen, daß Humboldts schwärmerische Gefühle für junge Männer wie zum Beispiel für den Freiberger Bergstudenten Carl Freiesleben und den preußischen Offizier Reinhard von Haeften rein platonisch waren. Warum sollten sie auch?

Für Paul Kanut Schäfer und mich war es klar, daß wir die homosexuellen Neigungen Humboldts nicht ausklammern würden, denn vieles in diesem Leben erklärte sich auch durch sie. Er war ein anderer. Freilich im einerseits machistischen, andererseits prüden Amerika ist das Thema bis heute wesentlich stärker tabuisiert als in Europa. Es ging uns auch gar nicht darum, Tabus zu brechen, wir wollten uns nur dem Menschen Humboldt nähern, so gut es ging. Da konnten wir an einer entscheidenden Stelle nicht einfach die Augen verschließen und ihn entsexualisieren. Wir konnten und wollten ihn nicht nur im Zwiegespräch mit Pflanzen und Steinen zeigen. In bezug auf Carlos Montúfar würden wir uns im Film nicht auf Spekulationen einlassen, doch das Verhältnis Humboldts zu Reinhard von Haeften sollte eine wichtige Rolle spielen. Für den wäre Humboldt immerhin bereit gewesen, all seine Zukunftspläne zu ändern, wenn er nur in seiner Nähe hätte bleiben können.

Wir sahen uns in Quito Probeaufnahmen an, die unsere ecuadorianischen Kollegen gedreht hatten. Aus Bogotá wurden Videos kolumbianischer Schauspieler geschickt. Ich probte mit dem jungen Schriftsteller Luis Miguel Campos, als Schauspieler hatte er kaum Erfahrung, aber in seinem Wesen und seiner Ausstrahlung hatte er vieles von einem Helden der sogenannten »heroischen Generation« des sich befreienden Amerikas. Mit seinem Selbstbewußtsein und seiner aristokratischen Eleganz konnte er dem Humboldt ein Partner sein und nicht nur ein jugendlicher Gespiele.

Wir fuhren zum Cotopaxi und zum Chimborazo. Klar, daß ich immer challierte und die Berge anrief, was mir den Spott von Roland Dressel einbrachte. Aber der würde sich noch wundern, als wir im Cotopaxi-Gletscher aufstiegen, überschätzte er seine Kräfte, und der *soroche*, die Höhenkrankheit, streckte ihn nieder. Das war allen eine gute Lehre, auch später fürs Drehen.

Wir suchten noch eine zweite Gemeinde, in der Humboldt im Film Station machte. Die Bewohner werden ihn dort wie einen König empfangen, doch eine alte Indianerin fragt ihn: »Warum hat der *señor* sein Zuhause verlassen? Gibt es da nichts zu essen und keine Frauen?«

Humboldt versucht es zu erklären, demonstriert an einem Kürbis: »Das ist unsere Erde. Überall auf ihr leben Menschen. Wir erforschen sie. Damit alle besser leben können, damit alle zu essen haben und gesunde Kinder.«

Die Frau: »Wir haben hier immer zu essen gehabt und viele Kinder und starke Männer. Dann aber ist der weiße Mann gekommen. Er ist gekommen wie du, und alles ist schlecht geworden.«

Humboldt: »Wie soll ich ihr erklären, daß ich nicht Pizarro bin? Ich suche kein Gold. Ich suche Wissen. Die Einheit der Welt in ihrer Vielfalt.«

Die Frau wendet sich flehend dem Chimborazo zu.

Humboldt fragt erstaunt: »Sie bittet für mich um Schutz?«

Er geht zu ihr und legt seinen Kopf in ihren Schoß.

Die Frau streicht darüber mit heftigen, robusten Bewegungen.

Bevor ich die indianischen Rollen besetzen konnte, mußten wir uns auf den Drehort einigen, denn dort mußten auch die Laiendarsteller ausgesucht werden, die konnten wir nicht aus anderen Dörfern holen. Unsere ecuadorianischen Kollegen schlugen La Moya vor, dessen urwüchsige Hütten in etwa 4000 Metern Höhe an den unteren Hängen des Chimborazo liegen. Das Dorf war von terrassierten, handtuchartigen Feldern umgeben. Schafe und Lamas weideten. Es gab vom Regen ausgespülte, cañonartige Wege, die von riesigen Kakteen gesäumt waren. Mit den Einwohnern waren schon *Die Eisholer vom Chimborazo* gedreht worden, was den Vorteil hatte, daß Filmarbeiten nicht etwas ganz und gar Unbekanntes waren.

Die Dorfbewohner eilten zusammen. Jemand hatte unsere Ankunft auf kuriose Weise verbreitet. »Die *aluminios* sind gekommen.« Entsprechend groß war das Interesse.

Aber Aluminiummenschen waren wir nun doch nicht, bloß *alemanes*, Deutsche.

Mir prägten sich erste Gesichter ein. Zeit für Proben hatten wir noch nicht, es wäre auch zu früh gewesen. Mit den Vertretern der Gemeinde würden unsere Kollegen in den nächsten Wochen vor dem Drehen alles genauestens besprechen, bevor die konkreten Arbeiten beginnen konnten. Erst dann konnten die indigenen Darsteller ausgesucht werden. Viel Einfluß blieb mir da nicht, ich mußte mich auf das Gespür meiner ecuadorianischen Freunde verlassen.

Humboldt in Ecuador

Ende Juni 1988 hatten wir den Film mit zwei Drehtagen in der Nähe von Potsdam begonnen. Anfang Juli flogen wir nach Ecuador. In La Moya und Totorillas fanden weitere stundenlange Gespräche mit der Dorfbevölkerung statt, die von uns nochmals bestätigt bekommen wollte, was die ecuadorianischen Kollegen betreffs der Bezahlung ausgehandelt hatten. Denn Versprechungen der Weißen werden in der Regel nicht eingehalten. Abgesprochen war, daß alle Mitwirkenden die gleiche Tagesgage bekämen, egal wie groß ihre Rolle war, und es war darauf zu achten, daß aus jeder Familie Akteure ausgesucht wurden, um keinen Neid aufkommen zu lassen. Eine größere Summe würde für ein kommunales Programm an die Gemeinde gezahlt, dem Bau einer Wasserpumpstation in La Moya und dem Bau einer Wasserleitung in Totorillas.

Wir saßen in der Schule von La Moya zusammen. Es wurde immer dunkler, wir sahen nur noch Silhouetten und später Schatten und hörten die Übersetzungen der Verhandlungen ins Quichua, manchmal unterbrochen von Kinderweinen, denn die Frauen trugen ihre *huahuas* auf dem Rücken, doch sobald sie weinten, gaben sie ihnen die Brust. Ältere Einwohner suchten nach Erklärungen, wie es möglich wäre, einen Film zu drehen über einen Mann, der vor 200 Jahren gelebt hatte. Ob es denn damals schon

Fernsehen gab und wie dieser Humboldt da hineinkäme? Die Jungen lächelten über solche Fragen. Als endlich alles Organisatorische besprochen war, sollte ich die »Schauspieler« aussuchen. Es war stockdunkel.

Die Autoscheinwerfer wurden eingeschaltet und blendeten die Gesichter. Auf diese Weise lernte ich *Tayta* Fortunato kennen, der den Schamanen spielen sollte, *Doña* María Silberia, die alte Indianerin, Pacho, den 15jährigen Pedro Sisa, der Humboldt bis zum Chimborazo begleiten würde, und all die anderen *caravaneros* der Expedition.

Die Dreharbeiten begannen in Las Herrerías, der Hazienda des Ex-Präsidenten Ponce, zwei Ponces würden als Statisten mitwirken, Javier, der Diplomat, und Gonzalo, der Journalist. Marco Cruz, der Bergführer, dessen Agentur auch für das Catering am Drehort zuständig war, hatte Zelte im Garten aufgebaut, hübsche Mädchen bedienten uns. Sie waren in rote Trachten gekleidet, einem vermeintlichen Touristengeschmack angepaßt, was mir ziemlich absurd vorkam. Normalerweise betreuten sie Bergsteiger aus Europa.

Aus La Moya kamen Pedro Sisa und Miguel Miñarcaja, der für uns als Quichua-Dolmetscher arbeiten sollte. Viele der älteren *indígenas* sprachen kein Spanisch oder nur schlecht, was wiederum meine Kommunikation mit ihnen erleichterte. Es gefiel ihnen, daß mir das Spanisch nicht so flott von der Zunge ging wie den ecuadorianischen Kollegen und ich ähnliche Fehler wie sie machte. Miguel würde schon bald eine Art weiterer Regieassistent sein. Worauf es beim Film ankommt, begriff er viel schneller als so mancher Assistent in Europa. Ich sah Pedros und Miguels Augen angesichts des Reichtums von Las Herrerías. So etwas hatten sie noch nie gesehen. Ich bemerkte auch ihre Unsicherheit, ihre Vorsicht. Wie sollten sie sich hier und mit uns bewegen? Es war eine total andere Welt für sie. Aber sie waren keine andere Welt für uns. Sie bekamen sehr schnell mit, daß unser ostdeutsches Team keinen Unterschied machte in der Behandlung von weißen und indigenen Ecuadorianern. Auf eine solche Idee wäre gar keiner von uns gekommen.

Als wir den Aufbruch von Humboldts Karawane drehten, kamen all die anderen aus La Moya dazu, die als Humboldts Träger und Begleiter mitspielen würden. Das Beladen der Esel, Maultiere und Lamas mit dem umfangreichen Expeditionsgepäck nahmen sie sachkundig in ihre eigene Regie, und einmal erklärt war klar, daß man jeden Tag beim Beladen auf die Anschlüsse vom Vortag achten müßte.

Wir näherten uns von Drehort zu Drehort dem Chimborazo. Wir drehten auf der Hochebene am Cotopaxi. Frühmorgens, wenn wir in der noblen *Hostería* »Rumipamba de las Rosas« bei Salcedo in eisig kühlen Räumen erwachten, war der Vulkan in ein furchtgebietend dunkles Wolkeninferno gehüllt. Ich challierte – unter den Blikken verwirrter Touristen.

Dann fuhren wir los und tauchten am Nationalpark ein in die Wolkensuppe. Schon rotierten in meinem Kopf die Gedanken, wie man den Drehtag kompensieren könnte, der wohl wegen des miserablen Wetters ausfallen müßte. Dann erreichten wir über der Baumgrenze die Hochebene und fuhren aus dem Wolkenspuk wie durch einen Vorhang. Strahlende Sonne.

In der klaren Höhenluft hatte Szenenbildner Hirschmeier mit seinen Gehilfen schon Humboldts blinkende Meßinstrumente aufgebaut, all die Sextanten, Quadranten, Theodolite, Inclinatorien, Fernrohre, Thermometer, Eudiometer, messingne Barometer und die entsprechend wertvollen Glasröhren, über deren Zerbrechlichkeit schon Humboldt geklagt hatte.

Tayta Fortunato bereitete das Ritual der Anrufung der Berge vor. Er selbst war kein Schamane, aber er kannte ein paar Gesänge und Zeremonien und wußte, welche Gegenstände dafür nötig waren. Die breitete er auf einem Tuch aus und befragte mich, ob ich damit einverstanden wäre, und ich mußte ihn überzeugen, daß moderne Utensilien wie Zigarettenschachteln und Colaflaschen nicht dabeisein durften. Es war ihm sehr ernst, daß er für uns alles richtig machte. Er zelebrierte ein stundenlanges Ritual, und das Kamerateam befürchtete, gerade im entscheidenden Moment die Kassette wechseln zu müssen. Aber es hat keinen Sinn, einen Schamanen zu unterbrechen. Er kann nicht so einfach spielen, gaukeln, sich verstellen, er benötigt größte Konzentration. So erlebte ich es immer wieder.

Die Probleme am Vulkan Cotopaxi begannen, als wir dort eine Szene drehen wollten, die eigentlich am Chimborazo spielte, wo sie aber drehtechnisch nicht zu realisieren war, die Szene des Aufstiegs im Gletscher, der am Cotopaxi einfacher zu erreichen ist. Wir kraxelten mit der ganzen Ausrüstung im Eisregen mühsam die Zickzackwege hinauf bis zum Fuße des Gletschers in knapp 5000 Meter Höhe. Selbst für die Tiere war es schwierig. Die schlauen Esel suchten sich ihre eigenen Wege und folgten nicht den von den Menschen vorgegebenen. Die Lamas blieben einfach stehen, wenn die Träger ihnen zu viel Last aufgebürdet hatten.

Doch den ganzen Tag rissen die Wolken nicht auf. Wir krochen in die aufgestellten Zelte, wärmten uns mit Tee und hofften, und ich challierte, den Berg bittend, doch ein Einsehen zu haben mit unseren Plänen. Ich bat auch um Verzeihung, daß wir ihn benutzten, Szenen zu drehen, die im Film am Chimborazo spielen würden, freilich kam das einer Lüge gleich, vielleicht war es eine Tabuverletzung.

Als wir an einem der folgenden Tage endlich drehen konnten, kam vom Berg eine Steinlawine herunter, die beinahe unseren Requisiteur erwischt hätte. Luis Miguel Campos klappte frostgeschüttelt zusammen. Die Funkgeräte gingen nicht mehr, und wir schrien uns in der Höhe die Seele aus dem Leib, um uns mit den Akteuren zu verständigen, als sie im Gletscher aufstiegen und wir es mit der Kamera aus der Ferne beobachteten. Aber Anweisungen waren sowieso überflüssig, da gab es nichts zu spielen, die körperliche Anstrengung dominierte alles. Als wir mit dem ganzen Material am Abend zum »Parkplatz« in 4600 Metern Höhe herunterkamen, überrollte ein Auto um ein Haar die Kamera und die belichteten Kassetten. Die Nerven aller waren zum Zerreißen gespannt.

Ich fuhr an diesem Abend in das Hotel nach Latacunga, wo die *indígenas* untergebracht waren. Wir tranken eine Flasche Rum miteinander, und ich erfuhr, wieviel sie bei uns verdienten, denn von seiten des westlichen Koproduzenten wurden die Honorare geheimgehalten. Was sie ihnen zahlten, war selbst für unsere geringen DDR-Gagen so wenig, daß ich den ganzen Film am liebsten hinschmeißen wollte, so schäbig kam ich mir vor. Doch unsere Akteure waren damit hochzufrieden, immerhin war es etwa das Doppelte, was sie sonst verdienen konnten, wenn überhaupt. Ich mußte mich überzeugen lassen, daß höhere *salarios* gefährlich wären, sie würden den Neid, der ohnehin nicht zu verhindern ist, ins Unermeßliche steigern, und das ganze soziale Gefüge der Gemeinden käme durcheinander. Leider stimmt das, und immer wieder ist es sehr schwer, einen einigermaßen vertretbaren Mittelweg zu finden.

Am Chimborazo

Marco Cruz hatte in der Nähe von Totorillas seine Zelte aufgebaut, seine Leute übernachteten dort, auch die Tiere waren dort untergebracht, und wir erhielten unsere Verpflegung und die für den Tag benötigte Ausrüstung, Seile, Skistöcke, Steigeisen. An diesem Tag sollte es zum ersten Mal zum Grat bei den Agujas de Chamonix hinaufgehen, wo ich im Vorjahr mit Baltazar gewesen war. Er gehörte auch zu Marcos Team und trug die neuen Bergschuhe, die ich ihm mitgebracht hatte.

Dieses Mal mußten aber nicht nur wir rauf, sondern die 35-mm-Technik mußte hochgeschleppt werden und dazu Sonnenblenden, Requisiten, Maskenkoffer etc. Nach der Hälfte des Aufstiegs, bei etwa 5200 Metern, wollten wir die erste Einstellung drehen. Pedro Sisa, dem Indianerjungen, ging es schlecht, er konnte sich kaum auf den Beinen halten. Ausgerechnet der Einheimische hatte sich die Höhenkrankheit eingefangen. Wir stiegen weiter bis zum Grat. Jeder war jetzt ganz auf sich selbst gestellt und ging sein eigenes Tempo, nichts wäre dümmer, als den jungen Trägern hinterhereilen zu wollen, die wie Gemsen mit dem schweren Gepäck auf dem Rücken nach oben liefen. Oben angekommen, zeigte sich uns der Gipfel vollkommen wolkenfrei. Pedro hatte sich hochgequält, sein Gesicht war aufgedunsen, die Augen blutunterlaufen, er sah aus, wie Humboldt es beschrieben hatte, und sank nieder, von stechenden Kopfschmerzen geplagt. Olivier Pascalin, unser Bonpland, kam gar nicht an. Niemand hatte sein Zurückbleiben gemerkt, die Träger liefen zurück und fanden ihn ohnmächtig zwischen Felsbrocken. Er mußte nach unten zum *refugio* getragen und nach Riobamba ins Hotel gebracht werden. Wir hatten bei den Dreharbeiten immer einen Arzt dabei, er war an jenem Tag noch nicht oben bei uns und konnte sich an der Berghütte um Olivier kümmern. Aber ich wollte, daß er danach heraufkäme, um Pedro zu helfen. Ein reger Funkverkehr entwickelte sich, und ich bemerkte, mit welcher Aufmerksamkeit die jungen Träger verfolgten, was Klaus-Pedro Schütt in meinem Auftrag nach unten signalisierte. Irgendwann gab er auf, der Arzt war mit Olivier nach Riobamba gefahren. »Ach, Rainer«, sagte er, »du weißt noch nicht, daß ein Weißer hier niemals einem Indio hilft, wenn es einem anderen Weißen schlecht geht.«

Wir drehten Einstellungen, die ohne Bonpland möglich waren, jemand brachte seinen Poncho herauf, so daß wir ihn in den Totalen doubeln konnten. Pacho erholte sich einigermaßen, doch im Film sieht man, wie schlecht es ihm an diesem Tage ging. Er war erkältet und beim Aufstieg zu schnell gegangen, um nicht hinter den Fremden zurückzubleiben, das hatte sich gerächt. Zwar lebte er in 4000 Metern Höhe, aber weiter hoch stiegen die *indígenas* nur, wenn sie Gletschereis holten oder um Touristen zu begleiten. Welchen Sinn hätten solche Aufstiege sonst?

Dann drehten wir in La Moya. Das Dorf empfing uns wie einst Humboldt. Alle, die uns schon seit ein paar Tagen begleitet hatten, waren mächtig stolz auf ihre Arbeit und wurden von ihren Familien wie Helden empfangen. Pedro Sisas Selbstbewußtsein war beträchtlich gewachsen, das war kein geduckter, ängstlicher Indio mehr, wie am ersten Tag in der Hazienda. Jetzt war er beinahe ein kleiner Star, die Anerkennung ließ ihn aufblühen, und er benahm sich auf liebenswerte Weise so, wie ich es oft bei Kinderdarstellern erlebt hatte.

Auf der *plaza* wurden Ansprachen gehalten, vom gewählten Gemeindevorsitzenden, der auch der Anführer unserer Karawane war, vom Sekretär der Gemeinde und von einem jungen Vertreter der Evangelisten – und ich bekam das erste Mal mit, daß die Gemeinde in zwei Gruppen dividiert war, in jene, die dem katholischen Glauben anhingen, den ihre Vorfahren angenommen hatten, nachdem die Spanier gekommen waren – es blieb ihnen gar keine andere Wahl –, und jene, die sich in den letzten Jahren von Predigern nordamerikanischer Evangelisten hatten »bekehren« lassen, die winkten mit Geld, bauten Basketballfelder aus Zement in die Dorfmitte und schnappten sich die intelligentesten der jungen *indígenas* und machten sie zu Verkündern ihrer Ideen.

Später erfuhr ich, daß es schon zu jener Zeit Konflikte in der *comunidad* gab, doch unser Film hatte beide Parteien sich annähern lassen, denn die Akteure waren aus beiden Lagern ausgewählt worden.

Nach den Reden tanzten die Männer einen Bändertanz um einen neben der alten, windschiefen katholischen Kirche auf dem neuen Basketballplatz aufgerichteten Baumstamm. Das Arrangement der Tänze verlief so, daß die oben am Stamm befestigten regenbogenfarbenen Bänder in kunstvollen Verschlingungen auf- und wieder abgewickelt wurden. Ein kleiner Junge, in Fell gekleidet und mit diabolischer Perücke, umsprang sie peitschenknallend, er hatte böse Eindringlinge fernzuhalten. Das ist ein Tanz, mit dem die *indígenas* ihre Götter um Regen und Fruchtbarkeit bitten. Schon bald wurden wir von den Frauen in den Tanz einbezogen. Mit *Tayta* Fortunato challierten wir, wir prusteten den *puro* zum *Tayta* Chimborazo. Danke und auf weiteres gutes Gelingen!

Wir drehten vier Tage in La Moya, Humboldts Ankunft, wo die ganze Gemeinde einbezogen wurde, das Gespräch mit der alten Indianerin, die Szene einer Geburt und die Drangsalierung der *indígenas* durch einen *mayordomo*. *Tayta* Juán Guamán, der schon als Eisholer im Film der Guayasamíns mitgewirkt hatte und für uns ein Lied an den Chimborazo sang, erzählte, wie er am eigenen Leib noch Peitsche und Züchtigungen der Haziendabesitzer und ihrer Knechte zu spüren bekommen hatte. Das war noch nicht lange her. Jetzt waren sie zwar keine Leibeigenen mehr, doch der Hunger und die tägliche Fron auf den kargen Feldern waren geblieben.

Im Film übersetzte ein Priester für Humboldt das Quichua ins Spanische. Ihn spielte Pedro Torres, selbst katholischer Priester, ein Anhänger der Theologie der Befreiung aus dem Umfeld des Erzbischofs Proaño von Riobamba, der damals noch lebte und sehr viel zur Befreiung der *indígenas* und zur Linderung der größten Not geleistet hatte. Für solche Theologen war es kein Problem, daß die *indígenas*, auch wenn sie offiziell Katholiken waren, nie den Glauben an ihre alten Götter aufgegeben haben. Die Verehrung für *Pachamama*, die Mutter Erde, für *Inti*, die Sonne, für heilige Tiere und Pflanzen und die Toleranz gegenüber jedem Lebewesen war überall zu bemerken.

Auch uns hatte man gleich zu Beginn aufmerksam gemacht, daß es nicht anginge, eines besseren Bildes wegen eine Pflanze auszureißen, ohne um Erlaubnis zu bitten, ein Tier mit Schlägen zu verjagen oder gar ein Kind anzuschreien. Wir hielten uns daran, und unsere Arbeit verlief in großer Harmonie, diszipliniert und zuverlässig. Die in Lateinamerika sonst beinahe selbstverständliche Unpünktlichkeit gab es hier nicht. Die Karawanentiere waren bereits beladen, wenn wir früh zum Drehort kamen. Die Kinder waren gleichberechtigt in die Arbeit einbezogen wie die Erwachsenen. Man hörte weder Streit noch Geschrei zwischen ihnen, wenn mal ein kleines weinte, wurde es sofort getröstet.

Abends wurde getanzt, und obwohl wir uns in 4000 Metern Höhe befanden und einen anstrengenden Drehtag hinter uns hatten, spürte ich keine Müdigkeit, sondern das Gefühl einer inneren Zufriedenheit. Vielleicht lag es auch daran, daß man sich hier nie verstellen mußte. Man konnte sein, wie man war – und wurde toleriert. Weil jeder so ist, wie er ist. Warum sollte er sich anstrengen, sich selbst darzustellen oder gar als ein anderer zu erscheinen. Wie absurd ist ein solches Spiel der Verstellung. Die Dreharbeiten in La Moya gehören zu den schönsten Erinnerungen an meine Filme, zweifellos auch, weil das Leben dabei nicht vom Film getrennt war und ein Filmregisseur nichts anderes war als ein *campesino*, nur daß er eine andere Aufgabe hatte.

Wir drehten weiter am Rio Puela am Fuße des Vulkans Tungurahua. Humboldts Karawane mußte einen reißenden Gebirgsfluß durchqueren. Das war nicht ungefährlich und erforderte von allen höchste Konzentration. Proben hatten keinen Sinn, es mußte beim ersten Mal klappen. Deshalb würden wir mit zwei Kameras arbeiten. Wolfgang Ebert, der Kameraassistent und Filmfotograf, mit dem Roland Dressel und ich schon viele Filme gemacht hatten, sollte die zweite Kamera bedienen. Mit einer Seilwinde, die normalerweise nur für Lastentransporte gedacht war, wurde er über den Fluß befördert. Doch es hatte nachts am Tungurahua geschneit, der Fluß war gestiegen, drehen nicht möglich.

Roland hatte sich für den nächsten Tag etwas Besonderes einfallen lassen: Der Disziplin und Konzentration am Drehort wegen hatte er veranlaßt, daß keine weiblichen Stabmitglieder am Set zu erscheinen hätten, und ich hatte dem nicht widersprochen. Die feministische Fraktion der Ecuadorianerinnen nahm es bitterübel und drohte mit Streik. Und wie in solchen Fällen üblich, widersetzte sich eine Kollegin – und marschierte prompt beim Drehen ins Bild.

Zu Humboldts Zeiten ließen sich Aristokraten von Indios über solche Hindernisse tragen. Rodrigo, ein junger Angestellter von Marco Cruz, sollte unseren Schauspieler Raúl Guarderas auf der Schulter durch den Fluß schleppen. Doch der Fluß war so reißend, daß er die schwere Last schon nach ein paar Metern nicht mehr halten konnte, der Schauspieler rutschte herunter, wurde in die Fluten gerissen, tauchte unter, gerade daß ihn Marco und ein paar Helfer noch retten konnten, bevor er zwischen die Stromschnellen gerissen wurde. Beide Kameras hielten den Zwischenfall fest, und Roland war so begeistert, daß er Rodrigo eine Flasche Rum spendierte.

Am 10. August war Nationalfeiertag und Amtsantritt des neu gewählten Präsidenten Rodrigo Borja, mit dem sich viele Hoffnungen verbanden. Er konnte sie nicht erfüllen, aber er versuchte es wenigstens. Es begannen die

Jahre, wo die *indígena*-Bewegung gewaltig an Kraft gewann, die ersten *indígena*-Märsche auf Quito fanden statt, und Borja empfing die Protestierenden, anstatt auf sie zu schießen. Das war sein Verdienst. Alle Präsidenten, die nach ihm kamen, führten das Land immer tiefer in die Krise. Der Korruption und Bereicherung der Reichen waren keine Grenzen mehr gesetzt und dem Elend der Armen auch nicht. Die Verarmung erreichte weite Teile des Mittelstandes.

Wir wollten an jenem Tag in Totorillas drehen, doch es hatte so heftig geschneit, daß der Schnee bis herunter ins Dörfchen liegenblieb und der Chimborazo ein vollkommen anderes Bild abgab. Als die Sonne kam, taute es schnell, aber die wichtige Szene, in der Humboldt mit den *indígenas* Sprachkenntnisse austauscht, bekamen wir nicht in den Kasten. Wir hatten nur noch einen einzigen Tag, dann mußte der Stab zurück nach Quito, die Rückflugtermine waren nicht zu verschieben. Ich konnte nur challieren und *Tayta* Chimborazo um seine Gunst bitten. Er gewährte sie uns, es wurde ein wunderschöner Tag.

Wir drehten mit zwei Kameras und ohne zu proben. Humboldt fragte nach den Quichua-Worten für Auge, Nase, Mund, Hand, Mann, Frau, Kind, Familie, und die *indígenas* fragten ihn nach deutschen Worten. Jan Josef Liefers wußte genausowenig wie die Laiendarsteller, welcher Dialog sich entwickeln würde, und mußte improvisieren wie sie. Es würde die schönste Szene des Films werden und für mich eine der besten aus allen meinen Filmen.

Am Abend reiste der Stab nach Quito, nur das Kamerateam und ich blieben, denn wir wollten noch eine weite Totale von unten drehen, in der die vier Männer winzigklein oben auf dem Grat zu sehen wären, die Schauspieler sollten dabei von Marcos Leuten gedoubelt werden. Ich fuhr mit ihnen früh drei Uhr los, denn ich wollte noch einmal mit ihnen bis auf 5700 Meter aufsteigen. Aus dem Sternenteppich fielen Sternschnuppen, zu viele, als daß alle Wünsche in Erfüllung gehen könnten. Bei Sonnenaufgang stiegen wir hinauf, und ich ging weiter bis zu der roten Felswand, die wahrscheinlich auch für Humboldt den Aufstieg beendet hatte. Fern rauchte der Vulkan Sangáy, und ich ahnte, daß Roland unterwegs anhalten würde, um einen Zwischenschnitt zu drehen, eine Totale vom Sangáy fehlte uns noch. Die Doubles hatten sich auf dem Grat im Schnee ausgestreckt und schliefen.

Endlich bekamen wir Funkkontakt. Wolfgang Ebert meldete, ja, sie seien im Anmarsch, Roland hätte noch schnell den Sangáy gedreht. Als sie die Kamera aufstellten, hüllte uns *Tayta* Chimborazo in Wolken ein, und wir mußten absteigen, ohne daß gedreht werden konnte.

Es war ein trauriger Abschied von Pedro, Miguel, *Tayta* Fortunato, María Silberia und all den anderen aus La Moya und Totorillas. Sie wußten, daß Weiße, die einer Arbeit wegen hierherkamen, allen Versprechungen zum Trotz niemals zurückkommen. Auch unsere Abschiedsgeschenke konnten dieses Gefühl nur lindern. Was ist ein toter Gegenstand im Vergleich zu einem Menschen, den man liebgewonnen hat. Ich versprach, daß ich bestimmt wiederkäme – wenn ich Rentner wäre, das verstand natürlich keiner.

Die Besteigung des Chimborazo hatte im September 1989 im Berliner »International« Premiere, zwei Monate bevor die Mauer fiel, zwar erschienen viele südamerikanische Diplomaten und auch Nachkommen der Familie

Wilhelm von Humboldts, aber die Leute in der DDR hatten in jener Zeit ganz anderes im Sinn, als sich für Alexander von Humboldt zu interessieren. Doch ich konnte schneller nach Ecuador zurückkehren als gedacht.

Das erste Mal Ende 1990. Ich hatte unseren Film auf dem Lateinamerikanischen Filmfestival in Havanna gezeigt und war dann nach Quito gereist. Noch vor der Premiere in der Hauptstadt fanden in La Moya und Totorillas Videovorführungen statt. Schon als wir zwischen Weihnachten und Neujahr nach La Moya reisten, um die Aufführungen vorzubereiten, war der Empfang überwältigend. Zwischen den Feiertagen waren fast alle Einwohner im Dorf, auch jene, die ihr Geld als Fremdarbeiter in den Städten verdienten. Pedro, nun 17 Jahre alt, gehörte auch dazu. Während der Dreharbeiten hatte er davon geträumt, »etwas mit Computern zu studieren«. Jetzt arbeitete er für 80 Dollar Monatslohn in Quito auf dem Bau, wie auch sein Vater Damian und andere aus der Gemeinde. Er konnte es nicht glauben, daß ich wirklich wiedergekommen war, die jungen Leute kamen von einer Versammlung aus einem Nachbardorf angerannt. Sie waren außer Atem, und wir umarmten uns. Es regnete in Strömen, was die Leute noch froher stimmte, denn *Tayta* Fortunato gab bekannt, daß er in der Nacht geträumt hatte, daß ich käme und den Regen mitbrächte. Es wurde getanzt und gesungen und ein *»Viva!«* nach dem anderen gerufen. Selbstgebrannter *puro* machte die Runde, was dazu führte, daß mein Vorname Rainer bei den trunkenen Hochrufen in *rey*, König, abgewandelt wurde. Es blieb mir nichts übrig, als die zweifelhafte Ehre zu erdulden. Aber ich sah auch traurige Augen, wenn die Jungen fragten, wieviel ein Flug nach Deutschland koste und sie die astronomisch hohe Summe hörten.

Eine solche Menge Geld würden sie nie in ihrem Leben in den Händen haben.

Anfang Januar fanden die Vorführungen statt. Mit großem Interesse verfolgten die Kinder den Aufbau von Videoleinwand und Apparaturen. Wieder wurden Reden gehalten. Die *casa del agua*, das Pumpenhaus, das von dem Geld für den Film gebaut wurde, war halb fertig, aber offensichtlich gab es Probleme, im Hintergrund wurde über Geld gestritten, zwischen den Anführern, die zu unserer Zeit im Amt waren, und den heutigen neuen Chefs, die den Evangelisten angehörten.

Natürlich freuten sich alle, wenn sie selbst im Film auftauchten, aber auch die Szenen, die im fremden, fernen Europa spielen, interessierten sie. Ich hatte befürchtet, daß vielleicht die beiden ineinander montierten Handlungsebenen zu Verständnisschwierigkeiten führen könnten. Aber nein, das wurde ganz selbstverständlich hingenommen, da gab es nichts zu rätseln, das war einfach so.

»Warum hast du den Umbold nicht mitgebracht?« fragten sie, »den Bonpland und all die anderen?« Wenigstens war Pedro hier, der den Pacho gespielt hatte, Humboldts Bruder nannten sie ihn, weil er mit ihm auf den Chimborazo gestiegen war.

Damian fragte: Hast du nicht eine neue Rolle für meinen Sohn, der seine Arbeit doch so gut gemacht hatte. Und überhaupt, wann wir wiederkämen, den nächsten Film mit ihnen zu drehen.

Wir wurden zum Essen in die *casa del agua* geladen, wir hatten *chancho al horno*, im Ofen gebratenes Schwein mitgebracht, und die *indígenas* servierten uns *cuy*, zartes Meerschweinchen. Nach dem Essen wurde getanzt. Doch merkwürdigerweise tanzten an diesem Abend nicht die

Frauen, sondern nur die kleinen Mädchen mit uns. Auch auf unsere Aufforderungen reagierten die Frauen nicht. Erst Jahre später kam ich hinter die Gründe. Nach der ausgelassenen *fiesta*, als wir die Vorführung angekündigt hatten, mit *muchos tragos y borrachos*, viel Schnaps und Betrunkenen, mit Tänzen und Challieren zum Berg, waren die Evangelisten in die Offensive gegangen und hatten sich solch heidnisches Treiben verbeten. Doch andererseits wollte man mich nicht düpieren, indem man Musik und Tanz und Alkohol absagte. So einigte man sich auf ein *agreement*, es durfte getanzt werden, aber nur den kleinen Mädchen war es gestattet. Die Bekehrten durften auch keinen Alkohol trinken, aber *Tayta* Fortunato und die alten »Wilden« tranken dafür umso mehr.

Die Premiere im »Cine Republica« in Quito fand ein paar Wochen später statt. Eine Delegation aus La Moya reiste an, María Silberia, *Tayta* Fortunato, Pedro, Miguel und viele der *caravaneros*, die Frauen mit den Babys auf dem Rücken. Die meisten kamen barfuß und in abgerissenen Ponchos, wie sie auf ihre Felder gingen. Sie besaßen nichts anderes. Miguel Miñarcaja nutzte die Ansprache, vorm Premierenpublikum auf das harte Leben in seinem Dorf hinzuweisen und die Ungerechtigkeit und Ignoranz der Welt der Weißen anzuklagen.

Nach der Vorführung fand eine Premierenfeier im Haus von ASOCINE statt, und es geschah etwas, was ich kaum für möglich gehalten hatte, in einem Raum feierten die Weißen, unser ecuadorianischer Drehstab, Filmleute, Journalisten, Premierenschickeria, Diplomaten, im anderen blieben die *indígenas* unter sich, selbst vom Drehstab fand sich kaum jemand, der die Schwelle überschritt. Natürlich wurde getrunken.

Nur eine trank nicht, María Silberia. Zu fortgeschrittener Stunde überschritt sie die Grenze und forderte mit heftigen Worten eine Schule für La Moya und bessere Lebensbedingungen. Ihr Poncho war zerrissen, *Pachamamas* Erde hatte sich in ihr Gesicht, ihre Hände und Füße gegerbt, sie war vom Leben gezeichnet. Peinlich berührte Gesichter, die sich kaum Mühe gaben, ihren Ekel zu verbergen, man sah ihnen an, was sie dachten: Was für eine Zumutung, anläßlich einer Premierenfeier eine stinkende, dreckige India ertragen zu müssen, die noch dazu stockbetrunken war. Die Gutwilligen versuchten mit Beschwichtigungen und Versprechungen den Skandal einzudämmen, wollten die Frau zurückdrängen, wo sie hingehörte. Die anderen *indígenas* schwiegen mit versteinerten Gesichtern, warteten wohl auch, wie ich mich verhalten würde.

Mir wurde plötzlich klar, daß María Silberia die Trunkenheit nur spielte, weil sie wußte, das würde die Weißen besonders schockieren. Ich erklärte, daß ich all ihre Forderungen für berechtigt hielt. Wir kehrten hinter die Schwelle zurück. Plötzlich war sie vollkommen nüchtern. Sie nahm meinen Kopf und strich darüber mit ein paar rauhen, kräftigen Bewegungen, wie sie es im Film mit Humboldt gemacht hatte.

Im Herbst 1992 fuhr ich wieder nach Ecuador. Es war die Zeit vor dem 500. Jahrestag der Ankunft Kolumbus' in Amerika. Die Situation war angespannt, denn für die *indígenas* war dieses Ereignis, das ihnen Völkermord, jahrhundertelange Kolonialisierung und den Versuch, ihre Kultur auszurotten, gebracht hatte, kein Tag zum Feiern.

Ich wollte einen Kinderfilm schreiben, *Florian und das Lächeln des Mondes*. Ein kleiner Junge aus Deutschland, der allein nach Ecuador zu Bekannten reist, wird am Flugplatz nicht abgeholt und findet in der Silvesternacht in Quito ein indianisches Baby. Ein geheimnisvoller alter Mann gibt ihm den Rat, das Kindchen zum Fluß zu bringen, wo der lächelnde Mond aufgeht. Und Florian macht sich auf den Weg von Quito durch die Anden bis in den Urwald und bemerkt, daß das Baby sich verwandeln kann, in einen Puma, ein Meerschweinchen oder eine Schildkröte zum Beispiel. Alle lobten die poetische Geschichte, aber eine Finanzierung für den Film fand ich nicht. Wiedermal spielten die Fernsehredakteure nicht mit. Ein sich verwandelndes Baby schien die Möglichkeiten ihrer Phantasie zu übersteigen. Ich hatte vor, die Szenen in einem Andendorf, wo Florian Zeuge eines Streits zwischen Katholiken und Evangelisten wird und das Baby sich in einen Eisblock verwandelt, der zu tauen droht, mit meinen Freunden in La Moya zu drehen.

Als Alejandro Santillán und ich ankamen, empfingen uns die alten Bekannten vorsichtiger als sonst. Dann schallte donnernd ein Lautsprecher übers Dorf. Die Stimme sprach in Quichua, aber einige spanische Worte waren zu verstehen, die es in der Indianersprache nicht gab, *diablo* zum Beispiel, Teufel. Unsere Bekannten guckten betreten. Alejandro meinte zu verstehen, daß sie meine Ankunft als die des Teufels ausriefen.

Wir hatten wie üblich zu essen und zu trinken mitgebracht. Die Frauen freuten sich darüber und bereiteten es im Gemeindehaus zu. Sie sagten, es wäre das erste Fleisch, was ihre Kinder seit sieben Monaten bekämen. Der Zufall wollte es, daß es zu regnen begann, und ein paar alte Männer dankten mir, daß ich wieder den Regen mitgebracht hätte, aber sie waren irgendwie verunsichert, weil sich mein Kommen nicht in ihren Träumen angekündigt hatte. Wir gingen ins Haus, während die meisten jungen Männer draußen blieben. Als die *Taytas* Fortunato und Juán schon reichlich betrunken von einer Hochzeitsfiesta zurückkamen, stimmte man draußen christliche Gesänge an.

Drinnen begann der neue *presidente de la comunidad* auf der *bocina*, dem Andenhorn, zu spielen, *Tayta* Juán sang dazu ganz leise in mein Ohr, es war ein lieblicher Ton, wie ich ihn nur von Schamanen kenne, und jemand übersetzte mir ins Spanische, was die Klänge der *bocina* und der Gesang bedeuteten.

Alejandro plagte das schlechte Gewissen, weil sie, die Ecuadorianer, nur nach La Moya fuhren, wenn ich aus dem fernen Europa kam. Das hatten alle hier verstanden. Deshalb betrank auch er sich. Zwischen den Parteien begann Streit, es wurde auch handgreiflich. Die Gesänge draußen wurden lauter und fanatischer. Natürlich hielt mich das nicht ab, mit *Tayta* Fortunato und den Alten zum Chimborazo zu challieren und dem Berg meine Verehrung darzubringen. Ein paar junge Männer kamen als eine Art *guardias* herein, sie sollten mich beschützen und aufpassen, daß ich nicht zwischen die Fronten käme. *Tayta* Fortunato schlug vor, daß ich die Nacht im Dorf bliebe. Bei ihnen fände ich immer ein Zuhause – wenn die Reichen aus den USA und Europa sich gegenseitig längst mit ihren Bomben vernichtet hätten, sagte er.

Ein paar Jahre vergingen, bis ich wieder nach La Moya kam. Im Januar 1998 war es.

Wir fuhren an einem Sonnabend hin, weil dies der Tag ist, wo man nach der *feria* in Riobamba viele Leute antreffen kann. Nachmittags war das Dorf noch leer. *Tayta*

Fortunato war da, aber er war ein halbes Jahr zuvor in eine Felsspalte gefallen, konnte nur noch schlecht gehen, und sein Geist blieb verwirrt. Doch er erkannte mich und klagte über die Trockenheit und hoffte, daß ich auch dieses Mal den Regen mitbrächte.

Allmählich kehrten die anderen aus Riobamba zurück und luden uns in eines der neuen Häuser an der *plaza* ein. Sekretär der Gemeinde war jetzt ein junger Mann, der in unserem Film als kleiner Teufel beim Bändertanz herumgesprungen war. Die Kinder waren Erwachsene geworden, und die Kinder von heute kannten das Ereignis von damals nur aus den ausgeschmückten Erzählungen ihrer Eltern.

Pedro Sisa war verheiratet, hatte eine Tochter und arbeitete noch immer als Maurer in Quito, nur am Monatsende kam er nach La Moya, wo er für seine Familie ein Haus baute. Auch Miguelito Miñarcaja, unser ehemaliger Dolmetscher und Regieassistent, arbeitete als Maurer und hatte mittlerweile vier Kinder. *Tayta* Alfonso, der Älteste schon bei den Dreharbeiten, kam über den Platz gehumpelt, welch eine Freude, ihn wiederzusehen. Ich hatte nicht geglaubt, daß er noch lebte.

Der Empfang war so herzlich, als wäre ich erst gestern weggegangen.

Wir erfuhren, daß es im Dorf den Plan gab, traditionelle, runde Filzhüte herzustellen, das könnte eine Einkommensquelle sein, doch man brauchte dazu Startkapital. Meine Freunde aus Quito konnten da bessere Berater sein als ich. Aber ich warnte vor den hier so leichtfertig abgegebenen Versprechungen, sie werden selten eingehalten. Ein Radio wurde gebracht, ich traute meinen Augen nicht, ein Anführer der Evangelisten stellte die Musik an, und ein anderer schenkte *puro* aus. Zwar tranken sie selber nichts, aber hatten nichts dagegen, wenn die anderen tanzten und einen Schluck nahmen. Ich bemerkte, daß auch Pedro nichts trank, und befürchtete schon, daß er Evangelist geworden sei, aber es war wegen einer Krankheit.

Ich traf mich später noch einmal mit ihm in Quito, und er erzählte mir, daß man sich im Dorf zusammengerauft habe, Entwicklungshelfer vom spanischen Roten Kreuz hätten ihnen dabei geholfen, lange Versammlungen seien notwendig gewesen. Man akzeptiere sich jetzt und bekämpfe sich nicht mehr. Aber immer noch sei es schwierig, gemeinsame Projekte anzugehen, weil so lange palavert würde, bis niemand mehr zu einer Entscheidung fähig sei.

Doch welch eine Freude war es, daß die Konflikte sich gelindert hatten und ein Hauch von Aufbruch und Hoffnung in La Moya eingezogen war. Nicht nur eine Hutmanufaktur, auch ein Fußballstadion wollte man errichten.

Anfang 2001, nachdem wir *Der Ruf des Fayu Ujmu* gedreht hatten, war ich dann wieder am Chimborazo. Ich hatte im »Tal der Hundertjährigen« in Vilcabamba im Süden Ecuadors meinen 60. Geburtstag verbracht, in einer Landschaft, wo ich mir gut vorstellen konnte, 100 zu werden. Auf dem Rückweg reiste ich über Riobamba und ließ mich von zwei jungen Männern zum Chimborazo fahren. Die Piste war jetzt bis zur Einfahrt zum Nationalpark asphaltiert, und es kostete Eintritt, weiter hinaufzufahren. Aus dem Nebel der Wolken tauchten grazile *vicuñas* auf, die man vor ein paar Jahren aus Bolivien importiert und hier in freier Wildbahn ausgesetzt hatte. Hinter der Berghütte war eine Pyramide für Humboldt und Simón Bolívar errichtet. Ich stapfte zur Whymper-Hütte in 5000 Metern Höhe hinauf. Es lag auf dem ganzen Weg kein Schnee, die Schneegrenze hatte sich in den letzten Jahren immer weiter nach oben verschoben, das war mir schon aus der Ferne aufgefallen.

Auf dem Rückweg machten wir Halt in Totorillas, die jungen Chauffeure aus Riobamba waren noch nie in solch einem Indianerdorf gewesen, das gleich vor ihrer Haustür lag. Totorillas hatte sich verändert, neben den Erdhütten gab es ein paar Steinhäuser, und neben jeder Hütte stand senkrecht ein weißgetünchtes Klohäuschen, wie ich sie schon vielerorts in Ecuador gesehen hatte, eine Errungenschaft der Entwicklungshilfe. Wie immer waren nur wenige Leute hier oben, aber eine Familie, die im Film mit Humboldt Deutsch gelernt hatte.

Die Gemeinde hatte *alpakas* gekauft und baute eine Zucht auf, ebenso züchtete man Meerschweinchen zum Verkauf und bot Touren in die Berge an. Zwar fehlten den jungen, agilen indianischen Bergführern die Ausrüstung und die Ausbildung, Bergsteiger bis zum Gipfel zu führen, aber sie boten Routen zu Höhlen und Gletschern an und zu ursprünglichen andinen Wäldern, die es sonst in keinem Touristenprogramm gab.

Am Sonntag würde es eine *fiesta* geben, und sie luden mich ein.

So fuhr ich schon ein paar Tage später wieder zum Chimborazo, mit Frank Sputh, mit Pocho Alvarez, Pekas Coral und dessen Söhnchen Miguelito, und mein *ahijado* Pachacutic begleitete mich. Es regnete die ganze Strecke und die Scheibenwischer des Jeeps funktionierten nicht. Erst als wir von der *Panamericana* auf die holprige alte

Straße nach La Moya abbogen, klarte es auf. Der Chimborazo leuchtete.

Ich freute mich, ich war meinem Ruf gerecht geworden und hatte wieder den Regen gebracht. Doch der das zu würdigen gewußt hätte, *Tayta* Fortunato, war nicht mehr. Ein halbes Jahr zuvor war er gestorben. *Tayta* Juán Guamán sang und betrank sich schnell und drängte darauf, daß ich Taufpate der Tochter seiner Nichte werden sollte. Aber die lebte weit weg in einem Dorf im Tiefland.

Von den Projekten, von denen 1998 die Rede war, war keines realisiert worden, das alte Problem, versprochene Hilfe kam nicht, und das »basisdemokratische« Palaver um jede Kleinigkeit verhinderte, daß Entscheidungen getroffen werden konnten.

Pedro Sisa stand kurz vor Beendigung eines Fernstudiums, und danach will er in einer *indígena*-Organisation arbeiten. Er war jetzt unangefochten einer der Führer der Gemeinde. Es freute mich, ihn so selbstbewußt zu sehen.

Am nächsten Tag war *fiesta* in Totorillas. Die Kapelle saß auf dem Grasdach einer Erdhütte. Die Männer versammelten sich zum Bändertanz. Frauen hatten sich mit Mehl beschmiert. Pachacutic wich nicht von meiner Hand. Es war erstaunlich, ihm, dem kleinen Indianerjungen aus Tigua, doch in der Hauptstadt Quito aufgewachsen, war das archaische Treiben seiner Landsleute vom Chimborazo umheimlich. Der fünfjährige Miguelito fotografierte mit der Digitalkamera seines Vaters.

Der Fall Ö.

Noch bevor die Wende kam, war die Verfilmung von Fühmanns *Ödipus*-Novelle als Koproduktion zwischen DEFA und ZDF in den Jahresplan für 1990 aufgenommen worden. *Der Fall Ö.* sollte meine letzte Arbeit bei der DEFA werden. Danach gab es sie nicht mehr.

Unter der deutschen Besatzung waren in Griechenland zwar Kriegsverbrechen begangen worden, aber es fanden, als das Land erst einmal besetzt war, dort kaum noch Kampfhandlungen statt. Diese ungewöhnliche Kriegssituation mit ihrer trügerischen Ruhe ermöglicht es einem deutschen Offizier, der von Beruf Altphilologe ist, mit seinen Soldaten sowie griechischen Schauspielern und Laien frei nach Sophokles die *Ödipus*-Legende einzustudieren, bei Fühmann für eine Theateraufführung, in Plenzdorfs Bearbeitung für einen 16-mm-Film – in humanistischer, völkerverbindender und das Gewissen des Offiziers beruhigender Absicht. Der junge Soldat, der den Ödipus spielt, verliebt sich in die griechische Darstellerin der Iokaste, der Hauptmann ebenso. Er tritt selbst als der weise Seher Tereisias auf. Die Realität von Krieg, Besatzung und Partisanenwiderstand schiebt sich in das antike Szenario und wird den schönen Plan zunichte machen.

Wir drehten im Frühjahr 1990 in den Ruinen von Delphi und der bizarren Felslandschaft von Meteora. Bis vor kurzem wäre ein Film mit solchen Schauplätzen noch der absolute Traum für alle DEFA-Mitarbeiter gewesen. Jetzt aber waren alle mit den Gedanken in der Heimat, denn alle machten sich Gedanken, wie es mit unserer Arbeit weitergehen würde, was aus den kleinen Ersparnissen würde, die man sich von den niedrigen Gehältern anlegen konnte, und viele sorgten sich um ihre Wohnungen, auf die Besitzansprüche aus dem Westen gestellt werden könnten. Zwar waren wir alle noch begeistert von den neuen Freiheiten, doch die Euphorie, die unmittelbar nach dem Fall der Mauer herrschte, bekam schon ihre ersten Dämpfer, als bei den Wahlen in der DDR nicht etwa die Bürgerrechtsbewegung gewann, die ganz maßgeblich die Wende herbeigeführt hatte, sondern die Blockflöten aus der DDR-CDU.

Nun nahm die Geschichte ihren Lauf, und der Einzelne hatte keinen Einfluß mehr, ebensowenig wie jener deutsche Offizier mit humanistischer Erziehung, den es in einen Krieg verschlagen hatte. Matthias Habich spielte ihn. Er konnte nur noch versuchen, seinen Idealen treu zu bleiben. Aber wem half das, wenn das fremde Land vom Terror der Besatzer überzogen war, wenn der vermeintliche Sieger unschuldige Zivilisten umbrachte, weil er sie verdächtigte, Partisanen zu sein. Sebastian Hartmann, der spätere Theaterregisseur, spielte den Gefreiten, den der Hauptmann als Ödipus auserkoren hatte. Klaus Pönitz brillierte in der beklemmenden Studie eines Hauptfeldwebels, der fern jeder Ideologie im Krieg die Chance wahrnimmt, seine primitiven Machtgelüste zu befriedigen. Jan Josef Liefers war der Kameramann des Films im Film, der des Hauptmanns Motivation durchschaut, aber auch die Vergeblichkeit all dieser Bemühungen ahnt. Dazu kamen großartige griechische Akteure, Tatiana Lygari als Iokaste, Christos Tsangas als Kreon, George Moshidis und Nicos Papakonstandinou. Wir drehten viele Szenen in langen Einstellungen, und es entstanden einige der schönsten Arrangements, die es in meinen Filmen gibt. Roland Dressels Kamera ließ selbst an den herrlichsten

Drehorten die ständige Bedrohung ahnen, und Friedrich Schenkers Musik bereitete bedrückend auf das unabwendbare tragische Ende vor.

Als *Der Fall Ö.* zur Aufführung kam, begann gerade der erste Irakkrieg. Kriegsgefahr drohte auch beim Auseinanderbrechen der Sowjetunion. Da erschien es mir sehr aktuell, über die Rolle und die Verantwortung des Einzelnen in solchen Krisenzeiten zu reflektieren. Aber ich wußte damals noch nicht, daß in den neuen Zeiten Kunst und besonders Film als Mittel der Reflexion und Bestimmung des eigenen Standorts keine Funktion mehr hatte. Nachdem der Film so gut wie gar nicht in die Kinos kam, erinnerte ich mich, was ich einmal von Heinrich Böll gehört hatte, als wir uns vor dem *Eulenspiegel*-Film bei Christa und Gerhard Wolf trafen und ihm von all den Querelen um das Projekt erzählten: »Seid doch froh, daß die euch so ernst nehmen, ich kann alles schreiben, und es hat nicht den geringsten Einfluß.« Na ja, ein bißchen übertrieb er da. Zumindest bei Leuten, die Bücher lesen, besteht noch eine Hoffnung, daß sie der Verblödung durch die Massenmedien etwas zur Verteidigung ihrer Menschenwürde entgegenzusetzen haben.

Der Film kam zu spät. Für meine Zukunft als Filmemacher im wiedervereinigten Deutschland wäre es hilfreicher gewesen, wenn ich damals eine deutsche Wiedervereinigungskomödie gedreht hätte. Ich hatte sogar ein Exposé bereit, *Quartett zu fünft*, geschiedener Ost-Vater fährt mit seinen vier Kindern aus unterschiedlichen Ehen oder Beziehungen das erste Mal in den Westen auf Urlaub. *Go, Trabi, go* war schneller und entsprach wohl auch mehr der deutschen Fernsehmentalität.

Kurz bevor es mit der DDR zu Ende war, hatte ich mich verführen lassen, wieder einen Gegenwartsstoff in Angriff zu nehmen. Im Frühjahr 1989 las ich das Jugendbuch *Umberto* von Günter Saalmann, es war 1987 nach jahrelangem Hinundher erschienen und für mich eine ähnliche Überraschung wie einst Schäfers *Jadup*. Saalmann beschrieb die Kindheit eines etwa zwölfjährigen Jungen, der mit seiner Mutter, deren Saufbrüdern und der kleinen Schwester in einer sächsischen Kleinstadt am Rande der Gesellschaft lebt, in einem Milieu, das man als asozial bezeichnen könnte. Ich hatte nichts Vergleichbares an Milieuzeichnung in der DDR-Literatur gelesen. Saalmann beschrieb etwas, was es offiziell nicht geben durfte. Er bezog sich dabei auf einen Jungen, der Ende der siebziger Jahre im sächsischen Mittweida bei seiner Frau in die Schule gegangen war. Später war die Mutter mit den Kindern in den Westen ausgereist, und letzte Nachrichten meldeten, jener »Umberto« hätte als junger Mann in der Gegend von Marseille Wälder angezündet und säße in Frankreich im Gefängnis.

Bevor die Projektentwicklung richtig in Gang kam, fiel die Mauer, und wir entschieden uns, nicht dieses Buch zu verfilmen, denn das würde nun niemanden mehr interessieren, sondern das Schicksal Umbertos in der neuen Zeit weiterzuerzählen, eine Art freie Fortsetzung des Buches. Umberto würde bei uns 16 Jahre alt sein und sein Halbschwesterchen Bianca fünf, ihr afrikanischer Vater hatte in der DDR studiert, war aber längst wieder weg. Umbertos Traum ist das *Ferne Land Pa-isch* in Afrika, wo Biancas Vater lebt, dort will er hin und die kleine Schwester will er mitnehmen.

Nach der Wende zieht Mutter Ilona (Renate Krößner) mit den Kindern aus der desolaten ostdeutschen Kleinstadt, gedreht in Hainichen, in den Westen. Hamburg glänzt verführerisch, die Einkaufspassagen, der Hafen, sogar Afrika gibt's hier – in »Harrys Hafenbasar«. Ilona schlägt sich durch, indem sie Männer in ihrer Wohnung empfängt, zu Preisen, die unter dem »Tarif« liegen. Es entgeht Umberto nicht, und er flippt aus. Er sucht Trost bei Tschibo (Yvette Dankou), der Tochter einer Nachbarin (Domenica), deren Hautfarbe ähnlich dunkel ist wie die Biancas. Doch als er bemerkt, daß die neue Freundin auch als Prostituierte jobt, klaut er das Motorrad von ihrem Zuhälter. Er will nun endgültig weg, mit Schwesterchen Bianca vor sich auf dem Tank, ins gelobte ferne Land.

Neben der DEFA, die in den letzten Zügen lag, interessierte sich auch Joachim von Vietinghoff als Produzent für den Stoff, er holte eine Redakteurin vom ZDF mit ins Boot und ermutigte mich, es »ganz groß« zu machen. Die Millionen, von denen schon bald die Rede war, schienen keine Rolle zu spielen. Wenn der reale »Umberto« bis nach Frankreich gekommen war, warum dann nicht auch die Filmgeschichte so weitererzählen und in Marseille, den Hafen mit den Schiffen für die Überfahrt vor Augen, tragisch enden lassen. Es sollte als Koproduktion mit Frankreich realisiert werden. Saalmann und ich fuhren nach Marseille, fanden dort großartige Motive und spannen die Handlung weiter bis zum Waldbrand.

Zu Hause wurden Fördergelder bei verschiedenen Filmförderungen gesammelt. Das war zwar mühselig und voller bürokratischer Hürden, aber es ging voran, kurz nach der Wende hatten ostdeutsche Projekte noch ganz gute

Chancen. Bald hatten wir zwei Millionen D-Mark zusammen, das schien mir viel, zu DDR-Zeiten hätte man den Film damit realisieren können. Aber es war noch lange nicht genug. Als das Drehbuch fertig war, stieg das ZDF aus, die Gründe erfuhr ich nicht. Umso besser, dachte ich, dann bleiben die Fernsehrechte beim Produzenten, und wir haben größere Chancen im Kino. Vietinghoff kannte natürlich die Spielregeln besser und wußte, daß er ohne Fernsehbeteiligung selbst den Eigenanteil für die Produktion einbringen müßte (etwa 30 Prozent der Gesamtkosten) und daß er den nicht hatte oder nicht investieren wollte.

Ich aber blieb optimistisch, denn gerade kauften die Franzosen die DEFA. Inzwischen waren wir schon im Jahre 1993. Wir rauschten wie im ICE durch die neue Zeit. Zwar war der Käufer nicht etwa eine Filmfirma, sondern ein Wasserkonzern, aber sie versprachen, daß für zehn Jahre in Babelsberg weiter Filme produziert werden sollten, und ich hatte einen Stoff für eine Koproduktion mit Frankreich, ein zeitgenössisches Thema mit einem jugendlichen Helden in abenteuerlichen Lebensumständen, das müßte doch für sie ein idealer Einstieg sein.

Mit den Franzosen kam der prominente Regisseur Volker Schlöndorff als Geschäftsführer in die ehemalige DEFA. Schon bald trafen wir uns zu einem freundlichen Gespräch. Er las das Drehbuch, und ich erzählte ihm von den Fördergeldern, die wir schon hatten. Ja, aber wo sollte das restliche Geld herkommen? Immerhin waren für die Koproduktion etwa sechs Millionen veranschlagt worden. Nein, das mit Frankreich könne ich mir aus dem Kopf schlagen, so Schlöndorff, das würde nichts. Wir bräuchten das Geld aus Deutschland und außerdem einen

Fernsehsender, der sich beteiligte. Warum sollte der Film denn statt in Marseille nicht in Nordrhein-Westfahlen enden, wo die Filmförderung viel Geld habe.

Wir schrieben also um, Umbertos Suche nach dem *Fernen Land Pa isch* endete nun im Ruhrgebiet. Aber Geld aus Nordrhein-Westfahlen bekamen wir keins. Warum sollten die auch die Projekte der Konkurrenz in Brandenburg unterstützen? Niemandem in Deutschland gefiel ein potenter Produzent in Babelsberg, am wenigsten aber der Konkurrenz in Bayern, Nordrhein-Westfalen und West-Berlin. Ein paar neue kleine Ost-Produzenten ohne Kapital, okay, mehr aber bloß nicht! Die hätten so zu strampeln, daß sie an die Töpfe kämen, um zu überleben, die würden niemandem gefährlich werden. Aber ein großes europäisches Filmstudio in Babelsberg, diese Idee war nur gut für Sonntagsreden.

Die kostengünstigste Variante für unseren Film war, wenn Umbertos Reise in Berlin endete. Gesagt – getan, frei nach Picasso: Wenn ich kein Rot habe, nehme ich Blau. Umbertos Traum würde in einem fiktiven Kreuzberg und auf einer Müllhalde in der Nähe von Potsdam enden, wo er statt eines Waldes eine alte Hütte abbrennt. Es wurde neu kalkuliert, knapp dreieinhalb Millionen würde der kleine Film immer noch kosten.

Ich hatte mit Schlöndorff auch über andere Projekte gesprochen, unter anderen über Michel Tourniers Roman *Der Erlkönig*. Ich hatte ihn schon 1984 gelesen und war fasziniert. Auf diese Weise hatte sich noch keiner mit der Welt des Faschismus auseinandergesetzt. Dieser Blick ging tiefer – er führte zu den unwägbaren Motivationen von Tätern und Opfern, denn die Ideologie ist immer nur der äußere Schein. Ich erzählte damals Andreas Scheinert davon, und er meinte, daß wir es versuchen sollten. Ich erfuhr, daß Tournier nach Ostberlin zum Aufbau-Verlag kommen würde, und wir trafen uns. Tournier stand meiner Absicht aufgeschlossen gegenüber. Er erzählte, daß er bisher gezögert habe, die Filmrechte an einen westlichen Produzenten zu vergeben, weil er befürchte, da würde sein Buch mit einem falschen Blick auf den Nationalsozialismus interpretiert. Wenn der Film von einem Regisseur aus der DDR gedreht würde, sehe er diese Gefahr weniger. Er wäre bereit, mit der DEFA über die Filmrechte zu verhandeln. Ich bekam von der Gruppe »Johannisthal« einen Exposé-Vertrag, das Manuskript wurde abgenommen. Doch Mäde lehnte ab, Tourniers Sicht auf den Faschismus sei für die Kulturpolitik der DDR nicht annehmbar.

Nach der Wende hatte ich wieder Verbindung mit dem Autor aufgenommen.

Schlöndorff erzählte mir, daß auch ihn Tourniers Roman seinerzeit interessiert hätte und schickte mich nach Paris, um die Lage zu sondieren. Als ich zurückkam und berichtete, daß Tournier einer Verfilmung seines Buchs gegenüber aufgeschlossen sei, meinte Schlöndorff, ja, aber wie bekäme man das Geld für ein solch teures Projekt zusammen mit einem Regisseur aus dem Osten?

Ich versuchte zu jener Zeit mit meinen Filmvorschlägen auch mit Produzenten wie Junckersdorf und Sievernich, Hürmer, Sauer, Haase und Regina Ziegler ins Gespräch zu kommen, von den kleineren Produzenten ganz abgesehen. Damals dachte ich noch, die müßten doch froh sein über die interessanten Stoffe, die andere Sicht und die erfahrenen Regisseure, die aus dem Osten kämen. Zwar war der deutsche Film noch nicht so heruntergewirtschaftet wie heute, aber gut ging es ihm schon damals nicht.

Nicht nur Tourniers *Erlkönig*, auch *Girolamo Benzoni – die Entdeckung der neuen Welt* geschrieben von meinem ecuadorianischen Freund Alejandro Santillán, *Crossword* von Evelyn Holloway aus Wien und später *Das Kassandramal* nach dem Roman von Tschingis Aitmatow waren Stoffe für großes Kino.

Doch erst einmal mußte *Fernes Land Pa-isch* gedreht werden. Fernsehgeld war keins zu erwarten. Dann müßten die Produzenten ihren Anteil dazugeben, meinte ich, wozu nennen sie sich denn Produzent, wenn sie in Wirklichkeits nichts anderes tun, als Geld bei anderen zu acquirieren und selbst jedes Risiko scheuen? »Studio Babelsberg« entschloß sich schließlich zur Produktion, wohl vor allem, weil ein Abbruch und eine Rückgabe von zwei Millionen Fördergeldern zu jener Zeit ein Skandal gewesen wäre. Später erfuhr ich, daß als Eigenanteil des Produzenten das Preisgeld verwendet wurde, das Roland Gräfs mit dem Deutschen Filmpreis ausgezeichneter Film *Der Tangospieler* erhalten hatte.

Im Sommer 1993 drehten wir. Schon bald war mir klar, daß ich den Darsteller für Umberto nicht über Casting-Agenturen oder in normalen Schulen finden würde. Ich suchte selbst in sächsischen Jugendheimen und ähnlichen Institutionen und fand in Crimmitschau Jens Schumann, der seit seinem achten Lebensjahr in Heimen gelebt hatte und einige Voraussetzungen mitbrachte für unseren Helden, vor allem die Sehnsucht nach Liebe, die Sehnsucht, aus der Misere seines Alltags auszubrechen, und den authentischen Gestus eines Jugendlichen aus solchen Kreisen. In

Szenen, wo man mir vorwarf, ich würde übertreiben, sagte Jens trocken: »Das is gar nischt, de Wirklischkeit is viel brutaler.« Er war durch nichts zu erschüttern, nur, daß er zum ersten Mal erlebte, daß eine ganze Gruppe von Menschen ihn mochte und seine Arbeit anerkannte. Das war nach all den schlimmen Erfahrungen schwer für ihn zu glauben.

Für die kleine Bianca fanden wir die Tochter einer Familie amerikanischer Jazzmusiker, die gerade erst nach Deutschland gekommen waren, die kleine Macca Malik sprach schon etwas Deutsch, ihre Eltern noch nicht. Zwischen dem 18jährigen Jens und der sechsjährigen Macca entwickelte sich eine wunderbare Freundschaft, die zu den schönsten Erlebnissen dieser Filmarbeit gehörte, denn sie stand in krassem Gegensatz zu den Sprüchen gegen »Neger« und Ausländer, die sich Jens vorher angeeignet hatte, weil eben alle so redeten, in Crimmitschau und anderswo. Jens provozierte mich mit solchen Sätzen, um zu sehen, wie ich darauf reagierte, und zugleich verbrachte er beim Drehen jede freie Minute in aller Herzlichkeit mit seiner kleinen Freundin Macca.

Nach unserem Film hat Jens versucht, noch weiter bei Film und Fernsehen Fuß zu fassen, ist einer betrügerischen Agentur auf den Leim gegangen und hat ein paar winzige Rollen gespielt. Aber es hat mich sehr gefreut, daß es ihm gelang, sich ein eigenes Leben aufzubauen, mit allen Konflikten, die das Leben bereithält.

Im Film spielten auch einige berühmte Gäste mit, Domenica, Ulf Kirsten, Nana Abrokwa und die Hochseilartisten Traber. Dazu bekannte Schauspieler wie Renate Krößner und Meret Becker. Gute Voraussetzungen für einen erfolgreichen Kinostart, dachte ich. Ende 1993 begannen die Verhandlungen mit verschiedenen Verleihfirmen. Doch die waren anderer Meinung. Der Film war nicht lustig, er ist sperrig und schönt nicht das Leben im wiedervereinigten Deutschland, er war auch nicht von dieser Art krudem Fernsehnaturalismus, er spaltete die Gemüter. Rezensenten schrieben, ich hätte schon bessere Filme gemacht. Es gibt aber Zeiten, wo ein Filmemacher nicht das Florett benutzen kann, sondern wo es ihn drängt, mit dem Säbel zu fechten, wo es nicht um feinsinnige Stilübungen geht, sondern Wut eine durchaus berechtigte Motivation ist. Ästhetische Kategorien sind nicht das einzige, weshalb man sich künstlerisch ausdrückt. Auch die Berliner Filmfestspiele lehnten ab und zeigten in jenem Jahr u. a. eine Art Fernsehkrimi mit Manfred Krug im Wettbewerb.

Schlöndorff lobte zwar den Realismus des Films, ließ aber auch durchblicken, daß es ohne entsprechenden Erfolg noch schwieriger mit dem *Erlkönig* würde. Auch er hätte als wenig bekannter deutscher Regisseur einst in den USA nicht die Filme realisieren können, die er wollte, die seien von namhaften amerikanischen Regisseuren gedreht worden.

Ich hatte vorgeschlagen, den Erlkönig mit Gérard Depardieu zu besetzen, Tournier gefiel die Idee. Schlöndorff vermutete, der französische Star würde doch nicht mit einem Regisseur aus dem Osten drehen, den er nicht kenne. Der Zufall wollte es, daß Depardieu in jenem Jahr einen Film im Studio Babelsberg drehte, wir trafen uns kurz zwischen Garderobe und Atelier, mit Schlöndorff als Dolmetscher. Nach den wenigen Worten wußte Depardieu natürlich nicht mehr über mich als vorher. Produktionsleiterin Dorle Hildebrandt, die damals noch im Studio tätig war, das alle künstlerischen Mitarbeiter aus dem Osten längst hatten verlassen müssen, ließ Fernseher und Videorecorder und Kassetten meiner Filme in Depardieus Garderobe bringen. Ich weiß nicht, ob er sie sich ansah, aber über seinen Agenten ließ er mir ausrichten, daß er eine Zusammenarbeit mit mir natürlich nicht ablehne und schlug vor, nach dem geschriebenen Drehbuch zu entscheiden, wer den Film inszenieren solle.

Schlöndorff kommentierte, was sollen wir dir weiter Hoffnung machen und dich ein Drehbuch schreiben lassen, wenn wir doch wissen, daß wir mit dir als Regisseur das Geld für diesen Film nicht zusammenkriegen. Für die getane Arbeit fand er mich ab.

Schlöndorff ließ von Starautor Jean-Claude Carrière das Drehbuch schreiben und inszenierte den Film selbst, unter dem Titel *Der Unhold*. Depardieu war aus dem Projekt ausgestiegen, ich glaube aus gesundheitlichen Gründen. John Malkovich wurde besetzt, das war für diese Rolle glatt der falsche Mann. Als wir uns später einmal trafen, sagte Schlöndorff: »Ach, was habe ich doch für einen schlechten Film gedreht, du hättest ihn sicher viel besser gemacht.«

Im Herbst 1994 tingelten wir mit dem *Fernen Land Pa-isch* dank Fördermitteln durch ein paar Städte in Ost- und Westdeutschland. Dann verscherbelten die neuen Fach-Leute vom »Studio Babelsberg« den Film an einen kleinen Hamburger Fernsehvertrieb, der versuchte ihn irgendwie beim Fernsehen unterzukriegen, um einen Kinoverleih ging es gar nicht. Auf diese Weise wurde der Film jahrelang blockiert. Bei meiner Retrospektive in Südamerika konnte er nicht gezeigt werden, weil nun eine Menge Geld für den Verkauf der nichtkommerziellen Rechte verlangt wurde. Erst im Jahre 2000 holte der Produzent auf mein unermüdliches Drängeln die Rechte zurück, und der PROGRESS Filmverleih übernahm den Film und konnte ihn an VOX verkaufen. Von der Produktion zur Premiere dauerte es wieder sieben Jahre wie im Falle *Jadup und Boel* – ohne Zensur und ohne Stasi –, und noch weniger Zuschauer bekamen den Film zu sehen.

Als ich Filmregisseur wurde, ging ich davon aus, daß menschliche Konflikte, die mich beunruhigen, auch andere erregen müßten. Traumfabrik, den Zuschauer zu manipulieren, hat mich nie interessiert. Das gesellschaftliche Klima in der DDR kam mir, so absurd das klingen mag, dabei entgegen. Doch die eitle Selbstzufriedenheit im heutigen Deutschland ist für diese Art Filme tödlich. Wir sind wieder dabei, das Fragen aus dem öffentlichen Bewußtsein zu verbannen – wie *Jadup* es formuliert hatte –, weil wir ums Verrecken so tun müssen, als wüßten wir alles. Weil eine Schwäche zu zeigen den Konkurrenten einlädt, zuzustechen. Auf einem Schlachtfeld sich schwach zu zeigen, ist wirklich tödlich.

Es scheint mir noch sehr aktuell zu sein, was ich 1987 sagte, als mich die Akademie der Künste mit dem Konrad-Wolf-Preis auszeichnete:

»Medienmacher in aller Welt haben einen Weg gefunden, Menschen und Dinge oder Menschen als Dinge so ins Bild zu setzen, daß der große Teil der Zuschauer auf diese unsere kleine Welt, schwebend am Abgrund vieler Katastrophen, schaut wie auf einen fernen Planeten. Vage mitfühlend, aber eigentlich unbeteiligt und bloß nicht mitdenkend …

Man muß den Zuschauer, sich u. a. an Brecht erinnernd, herausreißen aus dem Sog wollüstiger Gefühle, aus seiner ihm von Natur aus gegebenen Bequemlichkeit. Man muß ihn zur Reflexion befähigen. Das ist die größte Herausforderung, der sich der Filmemacher heute stellen muß, und es ist die größte Irritation, die er seinem Partner, dem Zuschauer, zufügen kann. Gesehenes soll nicht verdaut, es soll durchdacht und geprüft werden. Dem Zuschauer die Chance geben, seinen eigenen Standpunkt zu den vorgeführten Bildern zu finden. Den Zuschauer zum Austausch der Gedanken einladen. Angebote machen, die der Zuschauer auch verwerfen kann. Der Künstler, der sich selbst in Frage stellt, um der Mündigkeit des Zuschauers willen. Im Filmgeschäft eine Utopie? …

Die schmerzhaftesten Konflikte im Leben des Einzelnen wie im Leben einer Gesellschaft sind die, wo noch keine Lösung in Aussicht ist. Der Künstler kann mit ihrer Gestaltung nicht warten, bis er eine Antwort weiß. Er muß gerade auch die noch nicht beantwortbaren Fragen menschlicher und damit gesellschaftlicher Existenz aufwerfen. Er muß in jedem Fall den Finger auf die Wunde legen. An verdrängten Konflikten kann nicht nur der Einzelne krank werden, sterben, so kann es auch einer Gesellschaft ergehen, der ganzen Menschheit …

Es liegt in der Macht des Künstlers, die Würde des menschlichen Individuums ins Bild zu setzen. Und es liegt in seiner Macht, die Frage aufzuwerfen, die zwischen diesen Bildern steht: Die Frage, wie lange die Welt damit leben kann, daß der eine Teil der Menschheit verreckt und der andere droht, im Überfluß zu verkommen? Unsere Bilder können diese Realität nicht verändern, aber sie müssen das Bewußtsein dafür wach halten, und vielleicht können sie Toleranz schaffen, Verständnis und eine gegenseitige gemeinsame Verpflichtung …«

Der Ruf des Fayu Ujmu – Eine Legende der Chachi-Indianer Ecuadors

Ein alter Mann und zwei Jugendliche gingen in den Urwald, um Kautschuk zu zapfen und Taguakerne zu holen. Das zog den Fayu Ujmu an, und er folgte ihnen, um sie anzugreifen.

»Fa-yu! Fa-yu! Fa-yu!« hörten sie es verführerisch rufen.

Der Alte kannte den bösen Geist und schmierte den ganzen Körper mit Tabaksaft ein, um sich zu schützen, und die Jugendlichen machten es genauso.

Der Fayu Ujmu sieht aus wie ein Mensch, doch aus dem Gesicht wächst ihm der kräftige Schnabel eines Tukans. Er greift Leute an, die weit hinein in den Dschungel gehen. Erst verfolgt er sie, lockt sie und schwächt sie, bis sie nicht mehr gehen können, dann hackt er ihnen mit dem Schnabel den Kopf auf, um ihnen das Gehirn herauszusaugen.

Der Alte sagte: »Schlagen wir uns mit ihm! Wir sind drei! Los, Jungs, Verprügeln wir ihn!«

Als der Fayu Ujmu kam, griff ihn der Alte: Teng! Teng! »Da hast du's, du Biest!«

Aber der Fayu Ujmu warf ihn zu Boden und wollte ihm schon den Kopf aussaugen. Die Jugendlichen schlugen kräftig zu, doch ein Schlag besiegte auch sie.

Der Alte rief: »Laßt nicht zu, daß er mich frißt! Holt die *machete*!«

Teng! Teng! Teng! Sie hackten den Fayu Ujmu kurz und klein und trugen die Stücke weit weg über einen Hügel bis zu einem Erdloch und schmissen sie dort hinein.

Doch nach einem Weilchen verfolgte der Fayu Ujmu sie schon wieder.

»Fa-yu! Fa-yu! Fa-yu!« rief es.

Denn der Fayu Ujmu stirbt nicht, selbst dann nicht, wenn man ihn zerstückelt. Seine Teile fügen sich immer wieder zusammen. Nur mit Maisblättern kann man ihn verbrennen.

»*Caramba!* Was machen wir jetzt? Verprügeln wir ihn noch mal«, sagte der Alte.

Sie waren schon müde und griffen ihn doch: Teng! Teng! Teng!

Einer nahm einen Knüppel, und der andere hielt den Kopf des Fayu Ujmu. Pau! Pau! Pau! Sie schlugen ihn auf den Schnabel, bis er es nicht mehr aushielt und zurückwich. Sie folgten ihm und schlugen weiter mit dem Knüppel zu.

»Uuuuh«, schrie der Fayu Ujmu wie ein Mensch.

Sie scheuchten ihn weg und kehrten nach Hause zurück.

Manche Leute, die jagen gingen und den Fayu Ujmu trafen, schnitten ihm ein Stück vom Schnabel ab, steckten es in den Lauf des Gewehrs und schossen es in die Luft. Weil dieses Stück umherflog, dauerte es länger, bis der Fayu Ujmu sich wieder zusammensetzen konnte, und sie konnten fliehen. Doch die Teile des Fayu Ujmu fanden immer wieder zusammen, wie von einem Magneten angezogen.

Am nächsten Tag gingen der Alte und die beiden Jungen denselben Weg. Sie ernteten grüne Bananen, schälten sie und wollten sie kochen, das Wasser brodelte zwar, doch es kochte nicht. *Carajo!* Was war das? Warum kochte es nicht? Das Wasser brodelte, aber die Bananen blieben roh. Der Alte, der ein Schamane war, kaute Tabakblätter und suchte das Rätsel zu lösen. »Jungs, hier ist noch jemand und wartet auf uns, gehen wir nicht weiter! Gehen wir woanders hin!« Als er das sagte, begann gerade das Wasser im Topf zu kochen.

Es dauerte zwei Tage, bis sie ins Dorf zurückkamen.

So retteten sie sich vor dem Fayu Ujmu, der sie töten wollte.

Drehen im Urwald – bei den Zápara- und Chachi-Indianern

Als ich 1998 mit Frank Sputh und Alejandro Santillán nach Llanchamacocha im ecuadorianischen Amazonasgebiet zu den Zápara-Indianern flog, stand uns nur etwas Geld von einer Filmvorbereitungsförderung zur Verfügung. Wir hatten zwar die Kamera mit, aber nicht vor, gleich zu drehen. Wir wollten erst mal recherchieren, ob es die Záparas überhaupt noch gab, denn in manchen Quellen wurden sie schon als ausgestorben bezeichnet.

Doch in Quito erzählten uns Freunde, eine kleine Gruppe lebe noch. Wir fuhren nach Puyo, der Stadt am Rande des Urwalds, und trafen uns mit ihrem jungen Anführer Bartolo Ushigua, einem Sohn ihres letzten Schamanen Manari Ushigua, der eine Autorität in dieser Region Amazoniens gewesen war. Er war 1997 gestorben.

Bartolo, dem ein großer rotblauer *guacamayo* auf der Schulter saß, erzählte uns, was er in der letzten Nacht geträumt hatte: »Drei schwarze Vögel kamen zu uns. Ich habe mein Gewehr genommen und wollte sie schießen, aber das Gewehr schoß nicht. Und als ich das Blasrohr meines Papas suchte, konnte ich es nicht finden. Da wußte ich, daß die, die da kommen werden, stark sind.« Er fragte nach unseren Träumen. So lernten wir uns kennen. Unsere Träume öffneten uns den Weg nach Llanchamacocha. Freilich waren wir nach ihnen eher zu beurteilen als nach der Kleidung, der Uhr oder der Frisur, die wir trugen.

Bartolo wollte sich mit seiner Mutter und der Familie im Urwald beraten, ob sie einverstanden wären, daß wir zu ihnen kommen, und wir sollten in Quito auf die Antwort warten. Doch schon nach ein paar Tagen tauchte er überraschend in der Hauptstadt auf, denn er hatte geträumt, ein Flugzeug wäre abgestürzt, und befürchtete, wir könnten drin gewesen sein. Das veranlaßte ihn zu der weiten Reise. Er war froh, daß wir wohlauf waren, und brachte uns die Nachricht, wir seien bei ihnen willkommen. Am gleichen Abend verunglückte ein Flugzeug der »CUBANA« in Quito, es gab viele Tote.

Als wir zwei Wochen später mit einer kleinen Cessna auf der holprigen Piste von Llanchamacocha landeten, empfing uns Bartolos Bruder Ricardo Ushigua. Er führte uns zu einer halb zerfallenen Hütte, einer rundum offenen, einen Meter hohen Plattform mit einem Dach darüber.

»Hier könnt ihr eure Rucksäcke und Moskitonetze lassen, hier werdet ihr schlafen. In einer Stunde empfangen wir euch mit einer *fiesta*, da könnt ihr filmen.«

Eigentlich wollten wir die Kamera erst nach ein paar Tagen auspacken, um niemanden zu erschrecken, wir wollten nicht bei ihnen einfallen, sondern allmählich Vertrauen aufbauen, um später filmen zu können. Nun blieb uns gar nichts anderes übrig, als das zu tun, was wir vermeiden wollten.

Die Frauen empfingen uns mit frischer *chicha*, dem Getränk aus gestampfter *yuca*, das zum Gären gebracht wird, indem kleine Stückchen von den Frauen gekaut und wieder zu der *yuca*-Masse dazugegeben werden. Sie setzten uns schüsselgroße Keramikschalen an die Lippen und warteten, daß wir möglichst alles austranken; was übrigblieb, bekamen wir über den Kopf gekippt. Wir konnten gerade noch Kamera, Tonbandgerät und Fotoapparat retten. Sie lachten und beobachteten, wie wir auf diese Begrüßung reagierten.

Nach der *fiesta*, als wir in ihrem großen offenen Gemeinschaftshaus zusammensaßen, wo Mukutsagua, die Witwe des Schamanen, lebte, erzählte ich ihnen von einem eigenartigen Traum, den ich in der Nacht vor dem Flug zu ihnen gehabt hatte:

»Ich war im Urwald und mit mir ein vierzehnjähriger Junge, den ich nicht kannte. Ich meinte, er sei ein Zápara, ein Bruder Bartolos. Wir kamen zu einer Höhle. Als es dunkel wurde, entfachten wir ein Feuer. Denn wir wußten beide, daß nachts der Jaguar käme, um uns zu verschlingen. Wir legten uns hin und schliefen ein. In der Nacht gab es ein fürchterliches Unwetter. Der Regen löschte das Feuer. Wir wußten, daß jetzt der *tigre* kommen würde. Wir hörten ihn schon fauchen und konnten nichts tun. Wir verwandelten uns, ich wurde der andere, und er wurde ich. Dann fand man uns, ich erwachte in meinem Traum und sah eine Menge fremder Leute vor mir stehen, die uns verwundert betrachteten. Wir lagen in einem See von Blut. Aber wir waren beide unverletzt.«

Während meiner Erzählung war es ganz still geworden, fast alle hatten sich versammelt. Sie standen als stumme Schatten vor der dunklen Kulisse des Waldes. Ich schaute mich um, da stand auch jener Junge, den ich im Traum gesehen hatte. Er war tatsächlich Bartolos jüngster Bruder und hieß Joaquín. Am nächsten Tag war er verschwunden, und niemand gab mir Auskunft darüber.

Es war für Urwaldverhältnisse ungewöhnlich spät, als wir schlafen gingen. Riesige *cucarachas* huschten in unserem Domizil umher. Ich konnte das Moskitonetz noch so fest unter die Isomatte stecken, die *cucarachas* fanden immer einen Eingang und krabbelten mir nachts übers Gesicht, und wenn es gelang, eine zu erwischen, kamen danach die Ameisen und stürzten sich auf den Insektenkadaver, aber auch auf mich. Frank hatte es vorgezogen, in einer Hängematte zu schlafen, doch da fiel er eines Nachts heraus, als Vampir-Fledermäuse ihn attackierten. In der ersten Nacht wurden wir alle drei von einem sehr lauten Brüllen munter. Wir sagten uns, es seien Brüllaffen, und schliefen weiter.

Am nächsten Morgen fragte Ricardo: »Habt ihr diese Nacht den Jaguar gehört?«

Wir erschraken: »Das war wirklich ein Jaguar, so nahe?«

»Das war unser Papa, er wollte sehen, wer gekommen ist.«

Der verstorbene Schamane hatte sich in einen Jaguar verwandelt, auf diese Weise war er noch immer in ihrer Nähe. Als er noch lebte, erzählten sie, hatte er sein Kanu von der Boa ziehen lassen. Ein Onkel der Familie kehrte hin und wieder als Reh zu ihnen zurück. Ein Kind, das im Urwald verschwunden war und nie wieder auftauchte, war von der Jungfrau der Kaskaden geholt worden, und alle Versuche, es von ihr zurückzubekommen, scheiterten. Wenn nachts der Himmel in lautlosen Lichtgewittern blitzte, rauften sich die Geister um die Eier der Schildkröten, dann wußten die Záparas, daß nun die Zeit war, wo man Schildkröteneier finden konnte.

Nächtelang erzählten sie uns ihre Legenden, deren komplexem Weltverständnis hatten wir nicht viel an westlicher Weisheit entgegenzusetzen. Der Mensch war Teil der Natur, nicht mehr und nicht weniger als Pflanze, Tier, Stein und Fluß, und entsprechend respektvoll verhielt er sich der Natur gegenüber. Gejagt und gefischt wurde nie mehr als notwendig. Streng eingehaltene Tabus regelten das Zusammenleben.

Sie holten uns zum Drehen ab. Die Mutter ging mit den Mädchen *yuca*-Wurzeln ernten. Bevor sie damit begannen, ließ sich Mukutsagua von einer ihrer Töchter den *paju* von den Armen streifen, die Kraft, welche die *yuca*-Pflanze wachsen läßt, und als die kleinen Mädchen die neuen Reiser in die Erde steckten, sang Mukutsagua, damit der *paju* auf die neuen Pflanzen übergehen konnte.

Wir fuhren im Kanu mit Ricardo und seinen Cousins Melchior und Marcelo, die den Urwald noch nie verlassen hatten, auf Blasrohrjagd. Sie imitierten Vogelstimmen, um die Tiere anzulocken. Doch Jäger, denen drei Ausländer mit Kamera und Mikrofon im Nacken sitzen, haben kaum eine Chance etwas zu schießen. Affen und andere größere Tiere jagten sie, wenn wir nicht dabei waren. Eine ihrer ganz speziellen Delikatessen waren Würmer, die unter der Rinde eines Baumes gediehen. Sie wurden roh oder geröstet verspeist.

Wir hatten Glück, als wir drehten, fand kein Schulunterricht statt, denn es gab keinen Lehrer. Dadurch erlebten wir ihren Tagesablauf, wie er ursprünglich war. Die Kinder waren immer dabei, die Kleinen lernten von den jeweils Größeren und diese von den Erwachsenen.

Das größte Problem der Záparas bestand darin, daß es nach dem Tod von Manari Ushigua bei ihnen keinen Schamanen mehr gab. Ohne Schamanen aber fühlten sie sich den feindlichen Einflüssen von außen schutzlos ausgeliefert. Es gab niemanden, der sie beschützen und der den Kontakt zu den Geistern und zu den Verstorbenen herstellen konnte. Manari hatten sie es zu verdanken, daß sie, im Gegensatz zu vielen anderen Urwaldindianern, ihre traditionelle Kultur erhalten konnten. Er hatte dem Drängen der Missionare nicht nachgegeben, eine Kirche und einen Friedhof zu bauen. Die Missionare hatten sich gerächt, denn als Manari 1997 erkrankte, schickten die Evangelisten, denen die Fluglinie für die Hilfsflüge gehört, trotz aller Bitten der Familie zwei Wochen lang kein Flugzeug, um den kranken Mann ins Hospital zu holen. Sie kamen erst, als der Schamane tot war.

Einst waren die Záparas eines der mächtigsten Völker Amazoniens. Doch während des Kautschukbooms wurden sie beinahe ausgerottet. Nur etwa fünfzehn reine Záparas gäbe es noch, und nur fünf Alte kannten noch die Zápara-Sprache, erzählten sie. Doch ungefähr hundert *indígenas*, angeheiratete Quichua-, Achuar- und Shuar-Indianer und ihre Nachkommen, lebten in drei Gemeinden noch im Stile der Zápara-Kultur.

Die Záparas hatten die Chance erkannt, mit einem Film zu zeigen: Seht her, es gibt uns noch.

Es war, als ob sie einen Drehplan für uns hätten. Wir richteten uns nach ihren Vorschlägen und meldeten auch eigene Wünsche an. Wir hätten gern gedreht, wie sie aus Baumrinde ihre traditionelle Kleidung, die *llanchama*, herstellen. Doch der Baum, der dafür gefällt werden müßte, durfte nur in einer bestimmten Mondphase geschlagen werden. Ein solches Gebot konnte auch für uns nicht außer Kraft gesetzt werden.

Wir wunderten uns, daß wir in jedem der sieben Häuser von Llanchamacocha gastlich empfangen wurden, nur von einem schien man uns fernzuhalten. Am Abend vor unserer Abreise erfuhren wir den Grund, dort war ein Kind geboren worden, und Mutter und Kind durften erst nach einer Woche wieder in den Kreislauf des Alltagslebens zurückkehren, dann wurde das Baby mit einem Sud aus Heilkräutern gewaschen, und auch Mutter, Vater, die

Geschwister und andere Verwandte nahmen an der rituellen Waschung teil. Wir durften sie am letzten Morgen vor unserer Abreise drehen. So beginnt unser Film.

Auf diese Weise entstand *Mit Fischen und Vögeln reden*.

Der Abflug war nicht einfach, denn der Flieger konnte von der kurzen Holperpiste nicht uns alle drei auf einmal ausfliegen. Also flog ich als erster mit dem schweren Gepäck bis zur nächsten längeren Urwaldpiste, wo ich auf die anderen warten sollte. Keine Menschenseele war zu sehen, nur ein paar Papageien saßen in den Bäumen. Vor drei Wochen waren hier mehrere Erdölarbeiter entführt worden, hatte ich vorher in der Zeitung gelesen. Ich fotografierte, spazierte herum und spürte, daß man mich beobachtete. Vor der Glut der Mittagssonne zog ich mich unter das Dach von einer Art Wartehäuschen zurück. Ein paar Kinder näherten sich. Ich suchte die wenigen Quichua-Worte zusammen, die ich kannte, und sagte ihnen, wer ich sei und woher ich komme.

Sie lächelten und antworteten: »Du kannst ruhig spanisch mit uns sprechen, und daß du bei den Záparas einen Film gedreht hast, wissen wir längst.«

Während wir drehten, war Mukutsagua an einem Fieber erkrankt, sie vermuteten, es sei Malaria, und wir versprachen ihnen, sofort das Flugzeug für die Hilfsflüge zu schicken, um die kranke Frau ins Hospital zu holen. Gemeinsam mit Bartolo, der uns in Puyo empfing, gingen wir zum Büro der Fluglinie. Von einem jungen Arzt bekamen wir zu hören: »Diese Indios sind nicht krank, die wollen nur in die Bars von Puyo.« Wir erklärten ihm, daß es sich um eine 60jährige Frau handle und wir selbst ihren Zustand bezeugen konnten. Sie ignorierten uns einfach. Wir beschwerten uns bei der Gesundheitsbehörde in

Puyo. Die sagten uns: »Ja, das wissen wir, die Evangelisten fliegen nicht gerne für Leute, die nicht ihres Glaubens sind.« Obwohl es einen Vertrag mit der Regierung gibt, der sie verpflichtet, in Notfällen Hilfe zu leisten, ohne von den *indígenas* Geld zu verlangen. Darauf wiesen wir hin. Nach zweitägigen Auseinandersetzungen, in die sich schließlich auch nordamerikanische Angestellte der Fluglinie einschalteten, sagten sie uns: »Wenn ihr es bezahlt, fliegen wir, und wenn die Frau wirklich krank ist, bekommt ihr das Geld zurück.«

Mukutsagua kam endlich in Puyo an. Der Arzt stellte ein rheumatisches Fieber fest und schrieb für uns ein Attest. Das ausgelegte Geld erhielten wir nicht zurück.

Zu meiner Überraschung tauchte in Puyo auch Joaquín wieder auf. Bartolo erklärte es mir. Nachdem ich meinen merkwürdigen Traum erzählt hatte, entschied die Familie, Joaquín wegzuschicken. Auf Urwaldpfaden war er in einem Marsch von mehreren Tagen bis nach Puyo gegangen. Denn sie seien sich damals, am ersten Tag unserer Ankunft, noch nicht sicher gewesen, wer wir wären, und Joaquín sei der einzige von Manaris Söhnen, der eines Tages zum Schamanen initiiert werden könnte.

Das ist inzwischen geschehen, denn ein Jahr später, nachdem zwischen Perú und Ecuador Frieden geschlossen wurde, konnten sich die Záparas endlich wieder mit ihren peruanischen Verwandten treffen, und ein peruanischer Schamane hat Joaquín und weitere junge Leute in seine Lehre genommen. In der Schule vermitteln die Alten den Kindern jetzt wieder die eigene Sprache.

Auch eine Organisation haben die Záparas inzwischen gegründet, die ihnen eine Stimme gibt in der Familie der indianischen Völker Ecuadors. 2001 wurde ihre Kultur von der UNESCO als Weltkulturerbe anerkannt. Als ich mich 2003 mit ihnen traf, saßen Bartolo, Ricardo, Joaquín im Büro ihrer Organisation in Puyo an Computern. Ricardo erzählte mir, daß er als Vertreter Ecuadors am indigenen Weltkongreß in Südafrika teilgenommen hatte, und präsentierte mir stolz Fotos mit Nelson Mandela.

Wir waren mit dem Material für einen Dokumentarfilm nach Deutschland zurückgekehrt, den wir beinahe ohne Geld gedreht hatten. Wir begannen einen Fernsehsender zu suchen und hatten Glück, der ORB brachte ihn bei arte unter.

Weil auf normalem Wege für solche Projekte Geld nicht zu finden ist, wenn man keine Beziehungen zu Fernsehsendern im Westen hat, die für solche Themen Sendeplätze haben, und weil der fertige Film ans Fernsehen verkauft werden konnte, aber vor allem weil er von den *indígenas* selbst mit großem Interesse aufgenommen wurde, sei es bei den Vorführungen in Ecuador oder auf ihrem *»VI. Festival americano de cine y video de pueblos indígenas«*, das 1999 in Quetzaltenango in Guatemala stattfand, oder bei allen möglichen Vorführungen in anderen Ländern Süd- und Mittelamerikas, entwickelte ich ein nächstes Projekt.

Ich bemühte mich bei der DEFA-Stiftung und bei der Stiftung Kulturfonds um Fördergeld, um mit Frank Sputh und Alejandro Santillán eine Videowerkstatt im Urwald durchführen zu können. Ich wollte zu Alfredo Viteri, den ich seit 1991 kannte und der den Kontakt zu den Záparas hergestellt hatte. Ich wollte in die Quichua-Gemeinde Yanayacu, um mich über Alfredos ungewöhnliches Urwaldprojekt zu informieren, wo junge Leute zu Schamanen ausgebildet werden. Aber als wir nach Ecuador kamen, erfuhren wir, daß eine Arbeit in Yanayacu zu diesem Zeitpunkt nicht möglich war. Wir mußten ganz schnell umdisponieren.

Schon vor Jahren hatte ich den Chachi-Indianer Samuel Añapa kennengelernt. Als er sein Söhnchen aus dem heißen Esmeraldas ins kalte Quito ins Krankenhaus bringen mußte, kam er zu Alejandro, um eine Decke zu erbitten, denn die mußte man ins Hospital mitbringen.

Samuel ist Forstingenieur, hat als Lehrer gearbeitet und war zeitweilig für verschiedene Organisationen tätig, damals war er gerade mal wieder ohne Arbeit. Er hatte mich oft gefragt: Warum kommst du nicht mal zu uns, um bei uns einen Film zu drehen? Nun war die Gelegenheit da. An Samuel hatte mir immer schon sein Selbstbewußtsein gefallen, daß er nicht unterwürfig war, man sah ihm an, was er dachte, und er sagte, was er dachte. Es brachte ihm nicht nur Freunde ein, auch bei den eigenen Leuten.

Wir trafen uns in Esmeraldas an der Pazifikküste. Ein paar Tage später fuhren wir im Kanu vom wüsten Flußhafen Borbón den Rio Cayapas hinauf, wo die Chachi-Indianer leben, im Tiefland auf der westlichen Seite der Anden. Etwa fünf Stunden braucht das Motorkanu bis zu den Gemeinden Loma Linda und San Miguel. In Loma Linda wohnen die Chachilla, am anderen Ufer in San Miguel Afroecuadorianer, Nachkommen entlaufener schwarzer Sklaven, die vor Jahrhunderten in den Dschungel geflohen sind und seitdem in einer nicht konfliktlosen Nachbarschaft mit den Indianern leben. Aber heute müssen beide Seiten verstehen, daß sie zusammenhalten und das Land gemeinsam verteidigen müssen – gegen den Raubbau am Wald durch die Holzfällerkompanien und gegen eindringende weiße Siedler, die Weideland anlegen wollen. Oft sind es die Ärmsten der Armen, die hier eine Überlebenschance suchen und dabei das Überleben der Einheimischen bedrohen. In San Miguel gibt es ein mit deutscher Entwicklungshilfe gebautes spartanisches Hotel, deshalb übernachteten wir dort. Immerhin war das bequemer, wenn auch weniger abenteuerlich als auf der Isomatte unterm Moskitonetz bei den Zápara-Indianern.

Jaguare gab es hier schon lange nicht mehr.

Wir drehten den *Ruf des Fayu Ujmu* auf ungewöhnliche Weise.

Samuel rief die Einwohner in der Schule von Loma Linda zusammen, und wir erklärten unser Vorhaben, bei ihnen eine Video-Werkstatt durchzuführen und dabei vielleicht einen Film zu drehen. Mir schwebte ein nächster Schritt vor, ich wollte dieses Mal keinen Dokumentarfilm herstellen, sondern möglichst eine ihrer Legenden für den Film bearbeiten. Vor allem die Alten begannen uns zu erzählen. Von einigen der bösen Geister wurde strikt abgeraten, mit denen war nicht zu spaßen, die durfte man nicht ins Bild setzen. So kam der Fayu Ujmu ins Spiel, und mich beeindruckte sofort, daß in dieser Legende ein böser Geist versucht, den *indígenas* das Gehirn auszusaugen.

Nun galt es, die Legende in eine filmische Form zu bringen. Wir entwarfen gemeinsam eine Szenenfolge, der Schamane Don Tenorio beriet uns, wie mit dem Fayu Ujmu umzugehen sei, wir suchten die Drehorte, und Samuel half uns, die Akteure zu finden.

Er selbst würde den Vater spielen, der mit seinem Sohn im Urwald ist, um ein Kanu zu bauen. Der Junge entfernt sich von den Männern und folgt verlockenden, unbekannten Rufen. Vater und Großvater finden ihn schließlich bewußtlos unter einem Baum. Groß ist die Aufregung der Familie, von Mutter und Großmutter, als der Junge wie tot nach Hause gebracht wird.

Am Abend fahren sie alle zum Schamanen, und der sieht bei einem Reinigungsritual, daß es der Fayu Ujmu war, der das Kind angegriffen hatte. Aber der Junge hatte sich gewehrt, und deshalb gelang es dem bösen Geist nicht, ihm das Gehirn auszusaugen. Es bestand noch die Chance, ihn zu retten. Wir drehten diese Szene nachts, zur Beleuchtung wurden Kerzen und Taschenlampen verwendet. Der Schamane sang eine Stunde lang, wedelte mit seinem Blätterfächer über das bewußtlose Kind und prustete Alkohol über es. Wir wunderten uns, daß der Junge die ganze Zeit nicht einmal mit der Wimper zuckte. Er war vom Gesang des Schamanen fest eingeschlafen. Normalerweise hatte uns Don Tenorio gesagt, würde er bei einem solchen Ritual den Sud der heiligen Pflanze *ayahuasca* trinken, um in die andere Welt vorzudringen und zu einer Vision zu gelangen. Da es sich nur um einen Film handle und das Kind nicht wirklich krank sei, wäre das in diesem Fall aber nicht nötig.

Don Tenorio beauftragte den Vater, den bewußtlosen Sohn zu einem Ort zu bringen, wo die Geister ihre Kräfte sammeln, an eine Kaskade. Der Geruch des Jungen würde den Fayu Ujmu wieder anlocken, und dann könnte der Vater ihn überwältigen.

Doch als der böse Geist, in Blätter gewickelt und über einem Pfahl gehängt wie ein erlegtes Tier, ins Dorf geschleppt wird, um dort in einem Kessel verbrannt zu werden, erscheint beim Auswickeln ein freundlicher Weißer, der Geschenke verteilt und zum Tanzen einlädt, und alle vergessen darüber, daß der Junge noch immer bewußtlos ist. Die Großmutter holt den Schamanen, und als der den Fremden mit Stab und Fächer berührt, verwandelt sich der scheinbar so harmlose Gast zurück in das Ungeheuer. Es wird zum Fluß geschleppt, auf ein Floß gebunden und in den Fluß geschoben, und der Junge kehrt ins Leben zurück.

Doch, wie die Legende sagt, kann der Fayu Ujmu immer wiederkommen.

Der Schauspieler Christian Kuchenbuch, mit dem ich kurz zuvor bei einer Theaterinszenierung in Potsdam zusammengearbeitet hatte, war auf eigene Kosten mit uns nach Ecuador gekommen. Ihn konnten wir als Fayu einsetzen.

Mir wurde der dreizehnjährige Humercindo Añapa für die Hauptrolle vorgeschlagen, er lebte ohne Eltern bei Verwandten. Sein Vater war gestorben, die Mutter mit einem anderen auf und davon. »Mico«, so nennen ihn alle, war ein wildes und spontanes Kind, das nur seinem Herzen folgte, zur Schule ging er nicht. Zwei Drittel des Films ist er ohnmächtig zu sehen, aber es machte ihm nichts aus, stundenlang bewegungslos in diesem Zustand liegenzubleiben. Am ersten Drehtag waren seine Nerven vor Wachsamkeit angespannt. Wer waren wir? Was wollten wir? Doch er faßte ganz schnell Zutrauen, kam mit ins Hotel und interessierte sich für die schicken Sachen, die wir dabeihatten. In Anbetracht unserer Freundschaft war es für ihn selbstverständlich, daß er von diesen Dingen etwas mitnehmen konnte, ein schönes Messer, eine Solartaschenlampe. Wir konnten uns ja mit unserem Geld so etwas wiederbeschaffen. Die Sache komplizierte sich, weil ich Mico aufgrund unserer herzlichen Beziehungen gegen jeden Verdacht verteidigte und dadurch die *negros* aus San Miguel in Verdacht gerieten. Als alles herauskam, war sich

Mico gar keiner Schuld bewußt, er tat mir leid, er hatte ja recht. Entgegen den Regeln westlicher Pädagogik haben wir ihm am Schluß geschenkt, was ihm so begehrenswert schien.

Wir drehten den ganzen Film in der Chapalachi-Sprache, erklärten den Mitwirkenden die Szenen, und sie improvisierten. Erst als uns Samuel in Quito die Dialoge ins Spanische übersetzte, verstanden wir, wie ausgezeichnet sie sich auf die Situationen eingestellt hatten. Innerhalb von drei Wochen hatten wir das Material für einen 45minütigen Film zusammen. Fehlte nur noch jemand, der uns den Film abkaufen würde.

Ein Jahr später schrieb mir Samuel in einer Mail, daß Luis, einer der Kanubauer im Film, ein noch junger Mann, gestorben war, weil er nicht rechtzeitig medizinische Hilfe erhalten hatte, ebenso ein Cousin Micos, noch keine 20 Jahre alt. Mico war aus der Gemeinde verschwunden, niemand wußte, wo er sich aufhielt. Der Fayu Ujmu hat sich längst eine viel gefährlichere Maskerade zugelegt, er bedroht die Ureinwohner in Form der Krankheiten und Verlockungen der Weißen.

Dank der DEFA-Stiftung ist es uns schließlich gelungen, den Film zu Ende zu bringen, verkaufen konnten wir ihn noch nicht, aber wir haben ihn 2003 in Quito und am Rio Cayapas gezeigt (und später auch in Deutschland). Die Vorführungen übertrafen noch jene auf den Inseln der Kuna-Indianer. In einer Gemeinde gab es einen Fernseher, in einer anderen einen Videorecorder und in einer dritten einen Generator, das transportierten wir im Kanu von Ort zu Ort, und die Vorführungen, zu denen sich die gesamte Einwohnschaft versammelte, fanden statt, wo gerade ein trockenes Plätzchen zu finden war, denn meist überschütteten uns an den Nachmittagen tropische Regengüsse. Ein Wunder, daß die Technik das überstand.

Samuel hielt die Ereignisse mit der Videokamera fest. Einen Tag vor der Premiere fanden wir Mico, der in der Nähe von Quito in einer Gärtnerei arbeitete, wie so manch anderer junger Chachi-Indianer, inzwischen war er 16 Jahre alt. Er war gesund, es ging ihm einigermaßen gut, und er war glücklich, daß wir ihn nicht vergessen hatten und ihn mitnahmen zu den Aufführungen in seinen Heimatdörfern.

2004 habe ich den Film gemeinsam mit Samuel Añapa auf dem *»VII. Festival americano de cine y video de pueblos indígenas«* in Santiago de Chile vorgestellt, auf dem »Festival del Ríu« in Tortosa in Spanien wurde er mit dem Preis der Jury ausgezeichnet.

Ende 2003 fuhr ich mit Alejandro Santillán für ein neues Projekt zu den Secoya-Indianern, die im fernsten Winkel des ecuadorianischen Urwalds, in der Nähe der Grenze zu Perú und Kolumbien, eine neue Gemeinde gegründet haben. Auf der Flucht vor den Verwüstungen, welche die Erdölkompanien hinterlassen, ist eine Gruppe von ihnen, dank der Hilfe der dänischen Entwicklungshilfeorganisation IBIS, in ihr ehemaliges Stammesgebiet zurückgekehrt, um dort wieder, gemeinsam mit ihren peruanischen Verwandten, nach den Werten der eigenen Kultur zu leben. Eine reichliche Woche kam ich mir vor wie im Paradies. Doch das Paradies ist bedroht, von peruanischer Seite ist die absurde Behauptung aufgestellt worden, Ecuador bereite mit Hilfe der Secoyas eine Invasion vor. Mein Exposé heißt *Copal – der Traum von einer Zukunft*. Ob der Traum der Secoyas in Erfüllung gehen wird?

Das erste Mal war ich hinunter ins Tiefland von Amazonien gefahren, als wir in Ecuador *Die Besteigung des Chimborazo* gezeigt hatten. Alejandro Santillán, Wolfgang Schmidt und Selso Fiallas begleiteten mich damals. Wolfgang arbeitete seit Jahren für Entwicklungshilfeorganisationen, hatte aber eigentlich Philosophie studiert und wußte mehr über die lateinamerikanische Welt als so mancher Einheimische. Jahre später segelte ich mit ihm und seiner Lebensgefährtin durch Kuna Yala. Selso Fiallas hatte in der kubanischen Sierra Maestra an der Seite von Che gekämpft und wurde später mit Abimael Guzman, dem peruanischen *compañero*, zu Mao eingeladen. Ping-Pong spielten sie da, erinnert er sich. Nach der Rückkehr aus Peking gründete Guzman den *»Sendero luminoso«*, Selso aber konvertierte zum Schamanismus.

In Puyo trafen wir uns im Büro der »Organisation der indigenen Völker der Provinz Pastaza« mit einem ihrer jungen *dirigentes*, Alfredo Viteri. Ein antikes Moskwitsch-Taxi brachte uns in ein Dörfchen im Urwald mit dem eigenartigen Namen Union-Base, wo markierte Betonpflöcke herumstanden und ein verwahrlostes »griechisches« Amphitheater, Überbleibsel der spanischen *Nazca*-Fernsehserie.

In einem Ausbildungscamp sahen sich Alfredo und seine *compañeros Die Besteigung des Chimborazo* an. Danach sagte Alfredo: »Das ist kein *gringo*-Film.« Und lud mich für den Abend zu einem Schamanen ein. Sie wollten ein Ritual mit mir machen. Ich hatte keine Ahnung, worauf ich mich einließ.

Der Schamane *Tayta* Ernesto war ein bescheidener,

freundlicher Mann, sein Alter schwer zu schätzen, vielleicht war er etwas älter oder etwas jünger als ich. Er empfing uns in einer kleinen Bretterhütte am Rande von Puyo. Ein paar Kerzen brannten. Es wurde gelacht und alles mögliche erzählt. *Tayta* Ernesto vergewisserte sich, ob wir alle wegen einer *limpia* gekommen seien, einer Reinigung. Er gab uns eine schwarze Flüssigkeit zu trinken, den Sud, der aus einer Liane gekocht wird, die eine heilige Pflanze ist – *ayahuasca*. Der Schamane nahm es als erster und rülpste und schüttelte sich. Der Trunk wurde von einem zum anderen gereicht. Alle reagierten ebenso. Ich kam als letzter dran und war auf das Schlimmste gefaßt. Aber es schmeckte nur wie eine sehr bittere Medizin.

Der Schamane blies die Kerzen aus, ich konnte nur noch Schemen erkennen, durch ein breites Fenster oben in der gegenüberliegenden Holzwand sah ich vor glitzernden Sternen die Silhouetten gewaltiger Bäume.

Selso setzte sich auf einen Hocker vor den Schamanen. *Tayta* Ernesto begann mit einem Fächer aus Blättern zu rascheln und in Quichua zu singen. Sein Gesang, so hatte man mir vorher erklärt, wende sich in vier Kreisen an die Götter, an den Himmel und die Luft, an die Erde, die Tiere und Pflanzen und an unser Inneres.

Es verging nicht viel Zeit, als ich das Gefühl bekam, daß meine Beine immer breiter würden und meine Arme immer länger. Das muß eine Täuschung sein, dachte ich und schloß die Augen. Abstrakte Muster erschienen direkt aus meinem Gehirn, manche erinnerten an Zeichnungen, die ich auf vorkolumbianischer Keramik gesehen hatte, sie stürzten zusammen und bauten sich wieder auf, wie in einem Kaleidoskop, das man schüttelt. Ich zog es vor, die Augen wieder zu öffnen. In dem Fenster, das einer Kinoleinwand ähnelte, verwandelten sich die Umrisse der Bäume in Gesichter. Ich wurde mir immer unsicherer. Was konnte ich tun? Mich diesen eigenartigen Empfindungen hingeben? Oder sie kontrollieren wollen?

Der Gesang wurde intensiver, ich konnte mich nicht dagegen wehren, daß sich Selso vor meinen Augen in Nichts auflöste, obwohl ich wußte, daß das nicht sein konnte. Dann verwandelte ihn der Fächer des Schamanen in einen farbenprächtigen großen Vogel, der mit gleichmäßigen Schwingenschlägen durch das Fenster in die Nacht davonflog. Ich sah ihn noch hinter den Bäumen. Doch als ich zum Schamanen blickte, war Selso wieder da, viel größer als ich, denn ich bemerkte, wie ich, von meinen Händen ausgehend, immer kleiner wurde. Wohin würde das führen? Würde ich ganz verschwinden? Und was dann? Es schien mir sehr riskant, und ich schloß die Augen. Doch nun belagerte mich eine peinigende Fülle geometrischer Muster, manchmal kristallscharf oder kantig wie Särge, dann wieder verführerisch schillernd wie die Federn eines Pfaus, paradiesisch – gleich darauf der Sturz ins Inferno, polypenartige Tentakel, die sich schlangenartig umeinander wickelten. Das war nicht auszuhalten.

Ich öffnete die Augen und sagte mir, wovor hast du denn Angst? Du sitzt hier in einer Hütte und weißt genau, wer du bist und was mit dir geschieht. Aber wie lange würde ich das noch wissen? Etwas anderes lenkte meine Aufmerksamkeit ab, Wolfgang und Alejandro mußten raus, und ich hörte sie mörderisch kotzen. Mir schien, daß der Schamane mich auch zum Erbrechen veranlassen wollte. Ich fragte meinen Magen, wie es ihm ginge, und er antwortete: Gut. Doch nun merkte ich, daß mein Darm sich entleeren wollte. Selso flog wieder davon, der

Schamane war ein Felltier, hinter seinem Fächer sah ich sein Jaguargesicht. Das schien mir jedoch eher interessant als beängstigend. Ich wußte ja, daß das der Schamane war. Selso kippte immer mehr vornüber, erbrach sich zwischendurch und röchelte. Der Fächer des Schamanen gebar eine Vielzahl von wundersamen Gebilden. Blieb die Frage, wie war es besser auszuhalten, mit geöffneten oder geschlossenen Augen? War es das Paradies, war es die Hölle? Oder gab es da gar keinen Unterschied? Wer war ich? Ein Wesen. Ein Wesen, dessen Därme scheißen wollten, ich konnte weder das Paradies noch die Hölle genießen. Ich mußte raus.

Als ich mich erhob, bemerkte ich, daß ich mich wie ein Roboter bewegte. Ich tapste die drei Schritte zur Tür. Die Lichter draußen, von einem Haus nebenan und von den Sternen flogen wie rasende Meteore auf mich zu. Ich hörte überlaut vorbeifahrende Autos. Ich verschwand zwischen Bäumen und Gestrüpp – und es brach aus mir, mir schien der Dreck, der sich in meinem ganzen bisherigen Leben in mir angesammelt hatte, käme aus mir heraus, ich fühlte mich wie befreit, ich fühlte mich wie ein anderer.

Ich kehrte in die Hütte zurück und setzte mich vorsichtshalber auf den Platz neben der Tür. Der Schamane war noch immer mit Selso befaßt, ich ahnte kaum, daß er noch da war, sah ihn sich wie ein Tier am Boden krümmen, und der Einfluß des Schamanen wurde immer unwiderstehlicher, ich sah ihn wie in einem sich ständig verändernden Behältnis, einem Korb, einem Käfig, einer Kapsel aus fluoreszierenden Wellen.

Ich empfand eine neue Realität, von der ich vorher nichts gewußt hatte. Ich ahnte, daß sie wichtig war, wenngleich ich auch befürchtete, es nicht ertragen zu können, vollkommen hineinzutauchen und meine bisherige Welt total zu verlieren.

Im Fenster tauchte ein riesiger schwarzer bulliger Männerkopf auf. Schemenhaft wie auf einem nicht völlig entwickelten Negativ sah ich in dem Kopf einen fratzenhaft breiten Mund und eine Ahnung von Augen und Nase. Wer war das, mein Vater, mein Großvater, die ich beide nicht kannte? Was wollten sie von mir? So sehr ich mich bemühte, ich kam nicht dahinter. Ich war auch auf dem völlig falschen Weg, ich suchte damals eine psychoanalytische Auflösung, doch ich befand mich auf archetypischen Spuren, die aus fernsten Welten kamen, Erfahrungen, die normalerweise nur noch unser Unterbewußtes beeinflussen.

Selsos Reinigung erreichte ihren Höhepunkt, der Schamane besang jetzt unser Inneres. Die Rülpslaute waren kaum noch zu ertragen, ich hielt wieder Zwiesprache mit meinen Eingeweiden, und sie antworteten mir, daß sie in Ordnung seien. Ich hörte eine feine, ganz leise gepfiffene Melodie, die von Alfredo kam, sie half mir, ich legte den Kopf auf die Arme. Wenn ich aufblickte, sah ich den Männerkopf im Fenster, der wohl doch der Umriß eines Baumes war, aber eben nicht nur. Ich ahnte, daß der Schamane mich als nächsten zur Reinigung bitten würde. Ich kämpfte mit der Entscheidung, etwas mit mir tun zu lassen, wovon ich nicht wußte, wohin es mich führen würde und was danach mit mir wäre – oder mich kraft meines Willens zu behaupten –, und wußte, daß gerade die Entscheidung das Dilemma war, warum konnte ich es nicht einfach geschehen lassen? Mit der Fähigkeit des Menschen zur Entscheidung beginnt das Dilemma, nun kann er nicht mehr einfach nur *sein*. Ich befürchtete auch, daß sich bei der *limpia* mein Darm weiter entleeren würde. Ich hatte Angst und Ekel davor, in der eigenen Scheiße und in fremdem Erbrochenen zu liegen.

Immer Alfredos Pfeifen, in dessen leeren Händen Gegenstände erschienen, mit feinen Mustern versehene *chicha*-Schalen, dessen Unterarme wuchsen. Aber er konnte mir bei der Entscheidung, die zu treffen war, auch nicht helfen.

Schon hörte ich, wie der Schamane rief, mich zu ihm zu setzen.

Ich sagte nur: *»No puedo.«* Ich kann nicht. Das hieß, ich wollte nicht.

Man bedrängte mich nicht. Alfredo kam als nächster dran.

Das Pfeifen war nicht mehr da, und ich fühlte mich schutzlos, obwohl der Schamane nun wieder von vorn begann, mit dem lieblicheren Teil der Zeremonie. Ich wollte raus und sagte mir, verdammt noch mal, dann tu, was du willst, und ich tat, was ich eigentlich nicht wollte. Mir schien, daß die Wirkung des Tranks etwas nachließ, und ich ging raus.

Die Lichter schossen um mich, an Weggehen war gar nicht zu denken, ich tappte ein paar Schritte in die Dunkelheit, bis ich ein Brett unter einem Baum fand, auf dem ich mich wie auf einer Bank ausstreckte. Ich hörte von drinnen den Singsang. In den Ästen erschienen mir die wunderschönsten Visionen. Eine kindgroße Negerpuppe saß auf einem weißen, kunstvoll geschmiedeten Schlitten, ein venezianischer Harlekin umfing eine andere Puppe, eine Baumkatze verwandelte sich in in einen unsagbar lieblichen, unvorstellbar schutzlosen Embryo, Totenköpfe hingen da, das Gesicht meiner Mutter entstand aus einem Schädel und verwandelte sich wieder in ihn zurück, aber das erschreckte mich nicht.

Irgendwann entschloß ich mich, zum Hotel zu gehen. Ich konnte mich jetzt einigermaßen kontrolliert bewegen, obwohl mir bei jeder schnellen Bewegung des Kopfes war, als ginge ich durch schwirrende Vorhänge von Lichtwellen. Es konnte noch nicht spät sein, doch nur wenige Leute waren auf der Straße. Ich kannte mich in Puyo nicht aus und bemerkte, daß mein Weg mich aus der Stadt in den Wald führte. Ich müßte die Richtung ändern, sagte ich mir, aber wohin? Überlaut ertönte ein Vogelschrei. Ich sah mich um und erblickte über der Stadt das Hotel wie eine ferne Erscheinung. Kreuz und quer ging ich durch mir völlig unbekannte Straßen und stand plötzlich, aus einer Richtung kommend, die ich nicht geahnt hatte, davor. Hotel »Europa International« hieß es.

Ich war froh, als ich auf dem Zimmer war. An schlafen war nicht zu denken. Später hörte ich, wie die anderen ankamen, und konnte jedes Wort verstehen, das sie zwei Stockwerke unter mir am Empfang wechselten.

Es ging mir sehr gut am nächsten Tag und noch Tage, Wochen, Monate später.

Ich suchte Jahre später *Tayta* Ernesto noch zweimal auf, einmal, nachdem wir mit den Záparas gedreht hatten. An jenem Abend, als wir Mukutsagua ins Krankenhaus gebracht hatten, kamen wir wie zufällig an *Tayta* Ernestos Haus vorbei. »Geh rein!« sagte Bartolo. Ein weiterer seiner Brüder, Felipe, begleitete mich. In jener Nacht hörte ich die ersten Worte, die meine Mutter nach meiner Geburt zu mir gesagt hatte, und zum ersten Mal in meinem Leben hatte ich das Gefühl, einen Vater zu haben. Es war dieser 19 Jahre alte Felipe. Als ich es ihm hinterher erzählte, antwortete er: »Wenn du es so gesehen hast, dann ist es so.«

Beim dritten Mal begleiteten mich Raúl und Pachacutic.

Nun war ich bereit, solche Reinigungen bis zum Ende durchzustehen.

Tayta Ernesto ist im Jahre 2002 gestorben. Er hat mir die Pforten zu einer anderen Welt geöffnet.

März 2004: Einen Tag vor meiner Abreise aus Ecuador ist Ricardo Chugchilán gestorben, 27 Jahre alt. Am Abend vor meiner Abreise haben wir den toten jungen Mann, in blaue Plastiksäcke eingewickelt, auf einem Lieferwagen vom Hospital nach Hause gebracht, wo uns die Verwandten, Freunde, Nachbarn erwarteten. Im Dunkeln haben wir in Quitos armem Süden ein Sarggeschäft gesucht, aber ich mußte draußen bleiben, denn meine Anwesenheit hätte den Preis verdorben. Ich stand etwas abseits neben der Tür und hatte den halbjährigen Sebastián auf dem Arm, der freundlich mit den Ärmchen zappelte und mich anlächelte.

Nach einer zweiten Hirnoperation war sein Papa nicht mehr aufgewacht.

Der Tumor war nach der Operation von vor zwei Jahren wieder gewachsen.

Als die Ärzte mir die Röntgenaufnahmen zeigten, konnte ich es nicht glauben, daß man mit einem so großen Tumor überhaupt noch leben kann. Wir ahnten alle, daß es kaum noch eine Chance gab, Ricardo wußte es auch. Doch wir wollten selbst die geringste Chance nutzen, Ricardos Leben zu retten. Als wir ihn ins Krankenhaus brachten und auf den überfüllten Gängen warteten, sagte er zu mir: »Ich kann es nicht mehr ertragen«, die Kopfschmerzen, die Schlaflosigkeit, vielleicht auch die Blindheit. Sein Kopf war schon kahlgeschoren für die OP. Er fragte mich, wie ich seine neue Frisur fände, und seine Mutter berührte sanft und beinahe verschämt seine Kopfhaut.

Als wir einen Moment allein waren, sagte er: »Du bist für mich wie ein Papa.«

An diesen letzten Tagen war Ricardo sanft wie ein Kind. Ich durfte ihn noch einmal oben im Krankenzimmer besuchen, immer zu zweit ließ man uns hinauf, damit wir uns vor der Operation verabschieden konnten, und ich war durch Zufall mit einem jungen Mann bei Ricardo, den ich nicht kannte, einem Cousin seiner Frau, der mir beim Warten erzählt hatte, er schlage sich seit seinem achten Lebensjahr allein durchs Leben.

Ricardo saß im Schlafanzug auf seinem Bett. Wir umarmten uns lange und doch viel zu kurz, und ich sagte ein paar Worte, die Hoffnung auf ein Leben nach der Operation ausdrücken sollten, und glaubte selbst nicht daran. Aber Ricardo wohl auch nicht. Ich umarmte ihn ein zweites Mal und hätte ihn gern so festgehalten. Als ich das Zimmer verließ und mich noch einmal umschaute, sah ich seine aufgerissenen blinden Augen, es war mir, als sähe er mich. Als wollte er mich so in Erinnerung behalten. Diesen Blick werde ich nie vergessen.

Vier Tage vergingen, und wir warteten auf eine Nachricht. Jeden Tag ging jemand von der Familie ins Hospital, sie durften Ricardo sehen, der nach der Operation auf der Intensivstation an Maschinen hing und ohne Bewußtsein blieb.

Dann kam der Sonntag, ich hatte keine Ruhe, fuhr ins Krankenhaus, wo ich Rubén traf. Der Stationsarzt sagte uns, die Situation sei sehr ernst, normalerweise müßte Ricardo bereits aufgewacht sein, es müßte sich innerhalb der nächsten 24 Stunden entscheiden.

Am Montagmorgen rief ich bei ihnen zu Hause an, und die Mutter sagte mir, es sei ein Anruf vom Krankenhaus gekommen, und Raúl und Blanca wären weggerannt, ohne ihr etwas zu sagen. Ich fuhr auf schnellstem Wege ins Hospital, traf dort Francisco, den Vater, Raúl und

Blanca, die Geschwister, die auf ein Gespräch mit dem Arzt warteten, der sie bestellt hatte. Francisco ging noch mal auf die Intensivstation und sagte, die Situation sei unverändert, Ricardo an den Schläuchen, er atme.

Dann teilten uns die beiden Chirurgen mit, daß in der Nacht der Hirntod eingetreten sei, und nun nichts weiter mehr geschehen könne, als auf den Moment zu warten, bis das Herz aufhöre zu schlagen. Die Ärzte sprachen, wie auch bei den vorangegangenen Untersuchungen, mehr zu mir als zur Familie, als verstünde sie nicht. Ich fand das ganz unangemessen.

Wir gingen hinaus, setzten uns auf eine Bank vor dem Krankenhaus, unfähig, etwas zu sagen. Es fiel mir schwer, diese Nachricht zu verstehen. Obwohl ich sie erwartet hatte. Alles andere wäre ein Wunder gewesen. Francisco war wie versteinert. Blanca hielt seinen Arm umklammert. Raúl lehnte sich an mich und begann zu weinen. Eine freundliche Frau kam vorbei, sprach beruhigend auf ihn ein, wollte ihn trösten, schickte ihn in die Kapelle des Krankenhauses.

Raúl sagte schroff und schluchzend: »Ich glaube nicht an diesen Gott. Dieser Gott hat gerade meinen Bruder sterben lassen.« Die Frau strich ihm über den Kopf und sprach ihr Beileid aus.

Auch mir liefen Tränen übers Gesicht.

Ich weiß nicht, wieviel Zeit verging.

Dann kam Rubén aus der Universität. Wir informierten ihn. Sie gingen hinein.

Ich wartete, sah die Menschen um mich herum. Vielen sah man ihre Sorgen an. Jeder, der jemanden in dieser Spezialklinik für Krebs- und Tumorerkrankungen hatte, mußte das Schlimmste befürchten.

Als sie wieder herauskamen, sagte Rubén: »Er ist jetzt tot.« Dann konnte er die Tränen nicht mehr zurückhalten. Er setzte noch hinzu: »Ich glaube, die Ärzte haben es schon nach der Operation gewußt, daß er sterben wird.«

Francisco sprach leise in Quichua mit seinen Söhnen. Rubén sagte mir, sie wollten sich wegen der Formalitäten erkundigen, damit sie Ricardo nach Hause bringen könnten. Wir gingen zur Intensivstation. Wir warteten schweigend. Rubén hatte sich abgewandt, er kämpfte mit dem Schmerz und der Verbitterung. Die Tür der Intensivstation öffnete sich, auf einer Trage wurde ein in blaue Plastiksäcke gehüllter Leichnam herausgefahren, es war Ricardos Körper. Rubén und Francisco folgten der Bahre wie unter einem Zwang die wenigen Meter, bis sie hinter einer Flügeltür verschwand.

Später erkundigten sich Raúl und Rubén wegen der Papiere, wegen des Totenscheins, und wieviel nach der erfolgten Anzahlung noch zu bezahlen sei, denn das mußte sofort geschehen, sonst konnten wir den Verstorbenen nicht mitnehmen. Das aber wollten sie unbedingt.

Später verschwand Blanca, sie fuhr nach Hause, um die Familie vorzubereiten.

Dann kam ein ganzer LKW voller *indígenas*. Ich fragte Rubén, ob das Freunde seien. Rubén sagte, die meisten kenne er kaum, Nachbarn, Bekannte, vielleicht auch ein paar Freunde von Ricardo. Auch José, ein Bruder von Francisco, kam mit seiner Frau und mit dem zweijährigen Sohn Cristian.

Im Krankenhaus begannen die Verhandlungen, die sogenannten Sozialärzte wollten viel Geld für die Operation. Der Missionar solle zahlen, sagten sie, damit war ich gemeint. Verwandte und Bekannte begleiteten die Familie zu den Verhandlungen, die von Rubén und Raúl geführt wurden. Ich bewunderte sie, daß sie trotz ihres Schmerzes dazu in der Lage waren.

Ich blieb als einziger draußen, weil das Hospital bei meiner Anwesenheit mehr Geld verlangt hätte, und beaufsichtigte den kleinen Cristian, der eine leere Flasche den Weg hinunterrollen ließ. Ich kaufte von einer Verkäuferin ein paar getrocknete Bananenscheiben, er zerkrümelte sie auf einer Bank und aß das Zerkrümelte mit seinen schmutzigen Händen vom Boden. Daß ich allein war mit diesem fremden Kind, lenkte mich etwas ab. So schmerzlich es war, es war gut, daß das Leben weiterging.

Dann wurde der Totenschein ausgestellt. Unterdessen war es später Nachmittag.

Wir gingen zu einem hinteren Ausgang in der Nähe der Intensivstation, in einem Abstellraum lag der Leichnam. Krankenhausangestellte hoben ihn von der Trage und legten ihn auf den Boden, denn die Trage würde uns das Hospital für den Transport nicht ausleihen. Ricardo sollte, nur in die Plastiksäcke gehüllt, auf den LKW geschoben und nach Hause gefahren werden. Mein Schmerz und meine Wut kannten keine Grenzen. Ich eilte mit Rubén zur Sozialabteilung, die diensttuende Ärztin war unerbittlich, ein Weib aus Stein. Wir drangen zum Direktor des Krankenhauses vor, den man mit General ansprach. Rubén trug den Fall vor. Mit Blick auf mich und verwundert zu hören, daß Rubén, ein *indígena*, an der Universität studiere, gestattete der General kraft seines Amtes die Ausnahme. Die Bahre wurde uns ausgeliehen.

Doch inzwischen war so viel Zeit vergangen, daß Ricardo längst in Decken eingewickelt auf den LKW gehoben worden war, einem LKW mit hochgezogenen Wänden, wie zum Transport von Tieren bestimmt, man sah nur die Köpfe derer, die darauf mitfuhren, Francisco fuhr mit seinem Sohn. Ich saß in der *camioneta* seines Bruders, neben mir Raúl, und ich hatte den kleinen Cristian auf dem Schoß, der immer mal wieder einen Spaß mit uns versuchte und nicht verstand, warum wir so eigenartig reagierten.

Es wurde schon dunkel, als wir zu Hause ankamen. Ganz viele Leute waren schon da, Nachbarn, Bekannte. María, die Mutter, fiel mir um den Hals, Suco, der kleine Bruder, und Ricardos Söhnchen Iván preßten sich an mich. Blanca umarmte mich, *»mi ñaño, mi ñaño«*, mein Brüderchen, mein Brüderchen, jammerte sie schluchzend. Dann entdeckte mich aus der Menge Ricardos Frau Mercedes, sie trug Sebastián auf dem Rücken, und Töchterchen Jessica war an ihrer Seite. Sie klammerten sich an mich. *»Padrino, padrino.«* Dann kam Pachacutic, mein eigentliches Patenkind, aber längst waren sie es alle und mir ans Herz gewachsen.

Ricardo wurde in sein Haus getragen, das er neben dem der Eltern gebaut hatte. Dort wurde er aufgebahrt. Die Menge drängte hinein, jemand, den ich nicht kannte, sprach ein paar Worte, manche murmelten Gebete. Suco, Iván und Jessica hatten sich zum Kopfende durchgedrängelt, guckten staunend auf den eingewickelten Körper und den verhüllten Kopf, aber nur Iván schien ungefähr zu begreifen, was geschehen war. Später sah ich ihn allein und still und hilflos weinend hinter einem LKW stehen. Es begannen schon Gespräche über die Beerdigung, da würde ich schon in Deutschland sein. Ich mußte mich von der Familie verabschieden. Sie sagten: Wir sind sehr froh, daß du bei uns warst. Auch ich war froh darüber. Ich versprach Mercedes, daß ich nicht vergessen würde, für sie und für die Kinder Unterstützung zu suchen.

In der Nacht war ich bei den Chugchiláns in Ecuador. Meine ganze Familie war mit mir gereist, um in Quito das *»año viejo«* zu feiern, den Jahreswechsel. Meine Mutter war dabei, meine Tochter Jana, meine Tanten, meine Cousinen mit ihren Familien. Ich war besorgt, wir könnten die Chugchiláns mit dieser unangemeldeten Invasion in Verlegenheit bringen, aber ihr Haus war größer, als ich es in Erinnerung hatte, wenngleich kaum Möbel darin standen. »Sorge dich nicht, es ist ja noch neu«, erklärte Raúl. »Wenn wir Geld haben, werden wir Möbel kaufen, *padrino*«, sagte Rubén. Es überraschte sie – und mich auch, als Jana mit ihnen quichua sprach. Die kleinen Kinder bestaunten die fremde Person, Suco kicherte und der kleine Kevin verbesserte einige Redewendungen. Dann erschien mein Namensvetter Rainerli. Ich wunderte mich, daß er noch nicht größer war als beim letzten Besuch. Er warf meiner Mutter einen kleinen Ball zu. Mit einem Stock angelte sie den Ball unter einem Stuhl hervor und stieß ihn mit dem Fuß zu Rainerli, so wie sie früher mit Jana Ball gespielt hatte. Endlich kam auch María, sie hatte sich in ihre schönste, rot leuchtende Stola gehüllt. Sie lächelte und wies die Kinder an, etwas für uns zu essen vorzubereiten. Vater Francisco hatte einen größeren Raum organisiert. Dort briet schon ein Schwein. »Das ist mein Cousin«, stellte mir Raúl einen Jugendlichen vor, er sah wie ein Zwillingsbruder Ricardos aus. Der junge Mann streckte mir die Hand hin und sagte: »Bonjour.« »Sprichst du französisch?« fragte ich, und er antwortete mir in einem französisch klingenden Redeschwall, von dem ich kein Wort verstand. »Wir haben ihm von Paris erzählt«, sagte Raúl. »Draußen gibt's Feuerwerk«, rief Blanca, »und dann möchte ich mit dir tanzen, *padrino*.«

Wir drängten alle nach draußen. Fern über der Stadt sah ich eine Akropolis wie die von Athen, erhellt von den Lichtexplosionen gigantischer pyrotechnischer Spiele. Jetzt bemerkte ich, daß Mercedes fehlte und die Kinder von ihr und Ricardo. »Schnell, schnell, holt sie«, schickte Raúl Suco und Pachacutic weg. Ich sah mich nach dem französisch sprechenden Cousin um, war es vielleicht Ricardo? Aber er war verschwunden. Rubén erriet, wen mein Blick suchte, und sagte: »Er kernt die Orangen aus, mit denen wir den Braten füllen werden, keiner kann das so gut wie er.« Meine Mutter unterhielt sich mit María, sie lachten wie alte Freundinnen. Ich sah Mercedes aus ihrem Haus kommen, sie trug ein hellblaues Seidentuch, die Kinder folgten ihr, Jessica hatte ein über und über geblümtes Sommerkleidchen an, und von Blüte zu Blüte flatterten Schmetterlinge. An der Hand zog sie den kleinen Sebastián hinter sich her, der schon laufen konnte. Mercedes umarmte mich. Ich sagte: »Du siehst sehr schön aus«, und stellte sie meinen Verwandten vor. Iván verbeugte sich vor jedem und begrüßte alle, als wäre er ein deutsches Kind. Dann stand er Arvid gegenüber, dem Enkelsohn meiner Cousine. »Wenn du wirklich ein Indianer bist, dann sollten wir was jagen«, sagte Arvid. Da rannten sie los, und alle Kinder folgten ihnen, Pachacutic als letzter, denn er wußte nicht so genau, ob er noch zu den Kindern zählte. Sie rannten in die Berge, die gleich hinter den Häusern begannen. Iván kam noch mal zurück. »Die Raketen, wo sind die Raketen?« rief er außer Atem seiner

Oma zu. María gab ihm einen Packen Feuerwerkskörper: »Die hat noch mein Sohn Ricardo gekauft«, sagte sie, »es gibt Nächte, da ist er hier bei mir.« Meine Mutter sagte: »Wir Toten sind immer bei euch, solange ihr uns nicht vergeßt.«

Filmographie

1966 FREUNDE VOM WERBELLINSEE
– Dokumentarfilm
Regie: Rainer Simon; *Buch*: Rainer Simon; *Kamera*: Franz Thoms, Manfred Heim; *Musik*: Peter Rabenalt; *Darsteller*: Mariama Diallo Sadio, Bazarsad, Roland Lamer

1968 WIE HEIRATET MAN EINEN KÖNIG
– Märchenfilm nach »Die kluge Bauerntochter« der Gebrüder Grimm
Regie: Rainer Simon; *Buch*: Günter Kaltofen, Rainer Simon; *Kamera*: Claus Neumann; *Szenenbild*: Hans Poppe, Jochen Keller; *Musik*: Peter Rabenalt; *Darsteller*: Cox Habbema, Eberhard Esche, Käthe Reichel, Alfredo Lugo

1969 GEWÖHNLICHE LEUTE
– Kurzspielfilm nach der gleichnamigen Erzählung von Werner Bräunig
Regie: Rainer Simon; *Buch*: Manfred Freitag, Jochen Nestler, Rainer Simon; *Kamera*: Claus Neumann; *Szenenbild*: Joachim Otto; *Musik*: Peter Rabenalt; *Darsteller*: Manfred Karge, Heidemarie Wenzel

1970 MÄNNER OHNE BART
– nach dem Roman »Das Klassenfest« von Uwe Kant
Regie: Rainer Simon; *Buch*: Inge Wüste, Rainer Simon;

Kamera: Claus Neumann; *Szenenbild*: Georg Wratsch; *Musik*: Peter Rabenalt; *Darsteller*: Hermann Beyer, Manfred Böhm, Käthe Reichel, Dieter Franke

1971 SECHSE KOMMEN DURCH DIE WELT
– nach dem gleichnamigen Märchen der Gebrüder Grimm
Regie: Rainer Simon *Buch*: Manfred Freitag, Jochen Nestler, Rainer Simon; *Kamera*: Roland Gräf; *Szenenbild*: Georg Wratsch; *Musik*: Peter Rabenalt; *Darsteller*: Jiří Menzel, Günter Schubert, Jürgen Gosch, Friedo Solter, Christian Grashoff, Olga Strub, Jürgen Holtz, Margit Bendokat

1974 TILL EULENSPIEGEL
– Filmkomödie nach *Deutsches Volksbuch* und Filmerzählung von Christa und Gerhard Wolf
Regie: Rainer Simon; *Buch*: Rainer Simon, Jürgen Klauß; *Kamera*: Claus Neuman; *Szenenbild*: Gerhard Hellwig; *Musik*: Friedrich Goldmann; *Darsteller*: Winfried Glatzeder, Franciszek Pieczka, Eberhard Esche, Jürgen Gosch, Cox Habbema

1978 ZÜND AN, ES KOMMT DIE FEUERWEHR
– Filmkomödie
Regie: Rainer Simon; *Buch*: Manfred Wolter, Rainer Simon; *Kamera*: Roland Dressel; *Szenenbild*: Hans Poppe; *Musik*: Reiner Bredemeyer; *Darsteller*: Winfried Glatzeder, Renate Krößner, Rolf Ludwig, Kurt Böwe, Günter Junghans, Jürgen Gosch, Katrin Martin, Klaus Brasch

1980 JADUP UND BOEL
– nach dem Roman »Jadup« von Paul Kanut Schäfer

Regie: Rainer Simon; *Buch*: Paul Kanut Schäfer, Rainer Simon; *Kamera*: Roland Dressel; *Szenenbild*: Hans Poppe; *Musik*: Reiner Bredemeyer; *Darsteller*: Kurt Böwe, Katrin Knappe, Gudrun Ritter, Käthe Reichel, Timo Jacob
– nach Verbot erst 1988 aufgeführt
– 1989 DDR-Kritikerpreis und Wettbewerbsbeitrag beim Moskauer Filmfestival 1989

1982 DAS LUFTSCHIFF
– Spielfilm nach dem gleichnamigen Roman von Fritz Rudolf Fries
Regie: Rainer Simon; *Buch*: Fritz Rudolf Fries, Rainer Simon; *Kamera*: Roland Dressel; *Szenenbild*: Hans Poppe; *Musik*: Friedrich Goldmann, Karl-Ernst Sasse; *Darsteller*: Jörg Gudzuhn, Elisa Montes, Victor Carvajal, Johanna Schall, Daniel Roth

1984 DIE FRAU UND DER FREMDE
– Spielfilm nach der Erzählung »Karl und Anna« von Leonhard Frank
Regie: Rainer Simon; *Buch*: Rainer Simon; *Kamera*: Roland Dressel; *Szenenbild*: Hans Poppe; *Musik*: Reiner Bredemeyer, Leopold Mozart, Johann Strauß; *Darsteller*: Kathrin Waligura, Joachim Lätsch, Peter Zimmermann
– 1985 »Goldener Bär« der Berliner Filmfestspiele
– 1986 DDR-Kritikerpreis, Heinrich-Greif-Preis

1986 WENGLER & SÖHNE
– Spielfilm
Regie: Rainer Simon; *Buch*: Manfred Bez, Rainer Simon; *Kamera*: Roland Dressel; *Szenenbild*: Alfred Hirschmeier; *Musik*: Reiner Bredemeyer, Richard Wagner; *Darsteller*:

Christoph Engel, Carl-Martin Spengler, Kathrin Waligura, Peter Prager
– 1987 Konrad-Wolf-Preis der Akademie der Künste
– 1988 DDR-Kritikerpreis

1988 DIE BESTEIGUNG DES CHIMBORAZO
– Spielfilm über Alexander von Humboldt
Regie: Rainer Simon; *Buch*: Paul Kanut Schäfer, Rainer Simon; *Kamera*: Roland Dressel; *Szenenbild*: Alfred Hirschmeier; *Musik*: Robert Linke; *Darsteller*: Jan Josef Liefers, Olivier Pascalin, Luis Miguel Campos, Götz Schubert
– 1990 Berlinale-Panorama-Beitrag, Festival Havanna
– 1991 Spezialpreis beim Internationalen Filmfestival auf Teneriffa

1990 DER FALL Ö.
– Spielfilm nach der Erzählung »König Ödipus« von Franz Fühmann
Regie: Rainer Simon; *Buch*: Ulrich Plenzdorf; *Kamera*: Roland Dressel; *Szenenbild*: Hans Poppe; *Musik*: Friedrich Schenker; *Darsteller*: Matthias Habich, Sebastian Hartmann, Jan Josef Liefers, Tatiana Lygari

1992 BRÜDERCHEN UND SCHWESTERCHEN
– Kurzspielfilm nach dem gleichnamigen Märchen der Gebrüder Grimm
Regie: Rainer Simon; *Buch*: Katrin Lange; *Kamera*: Roland Dressel; *Musik*: Boris Vásquez; *Darsteller*: Melanie Nanke, Florian Huth

1993 FERNES LAND PA-ISCH
– Spielfilm

Regie: Rainer Simon; *Buch*: Günter Saalmann, Rainer Simon; *Kamera*: Sebastian Richter; *Szenenbild*: Hans Deponte; *Musik*: Friedrich Schenker, Klaus Knapp, Gruppe Saraba; *Darsteller*: Jens Schumann, Macca Malik, Renate Krößner, Meret Becker, Domenica

1994 DIE FARBEN VON TIGUA
– Dokumentarfilm
Regie: Rainer Simon; *Buch*: Rainer Simon; *Kamera*: Marcus Winterbauer; *Mitarbeit:* Alejandro Santillán; *Musik*: Boris Vásquez, Gerardo Yánez
– 1996 Teilnahme am »V. Festival Americano de Cine y Video de los Pueblos Indígenas« in Bolivien

1998/99 MIT FISCHEN UND VÖGELN REDEN
– Dokumentarfilm über die Zápara-Indígenas in Ecuador
Regie: Rainer Simon; *Buch*: Rainer Simon; *Kamera*: Frank Sputh; *Mitarbeit:* Alejandro Santillán; *Produktion:* Simon/Sputh;
– 1999 Teilnahme am »VI. Festival Americano de Cine y Video de los Pueblos Indígenas« in Guatemala

2002 DER RUF DES FAYU UJMU
– Halbdokumentarischer Spielfilm nach einer Legende der Chachi-Indígenas Ecuadors
Regie: Rainer Simon; *Buch*: Rainer Simon; *Kamera*: Frank Sputh; *Mitarbeit:* Samuel Añapa, Alejandro Santillán; *Produktion:* Simon/Sputh; *Darsteller*: Samuel Añapa, Humercindo Melchor Añapa, Christian Kuchenbuch
– 2004 Teilnahme am »VII. Festival Americano de Cine y Video de los Pueblos Indígenas« in Santiago de Chile und Jury-Preis beim »Festival del Ríu« Barcelona

Bildnachweis

Filmmuseum, Potsdam 4 (Foto: Pathenheimer), 5 (Foto: Goldmann), 8, 9, 11, 12, 14, 17 (Fotos: Ebert), 15, (Foto: Kleist)
Archiv des Autors 1, 2, 3, 6 (Foto: Goldmann), 7, 16 (Fotos: Ebert), 10, 13 (Foto: Rabau), 18, 19, 20, 21, 22, 23

Trotz intensiver Recherchen konnten nicht alle Rechtsinhaber ausfindig gemacht werden. Berechtigte Ansprüche bitten wir an den Verlag zu richten.

3sat | ZDF ORF SRG ARD
Filmreihe Konrad Wolf
ab Oktober 2005 in 3sat
anders fernsehen
3sat

Rainer Simon

Regenbogenboa

Roman

Gregorio, der Deutsche, hat sich am Amazonas im Urwald Ecuadors niedergelassen. Nach seinem Tod bekommt seine Tochter Anna eine Kassette mit merkwürdigen Aufzeichnungen. Nichts ist darin so, wie es scheint. Erinnerungen mischen sich mit Träumen, Sehnsüchte mit Erfahrungen, Außen- und Innenwelten durchdringen einander. Wenn man die heilige Kaskade der Achuar-Indianer hinabgleitet, kann man nach oben tauchen in der Waschküche des fernen deutschen Geburtshauses. Die Beschränkungen von Zeit und Raum sind außer Kraft gesetzt, und das Wesen des ursprünglichen Menschen scheint auf.

»Simons Text gehört zu den wenigen deutschen belletristischen Werken, die seit Anna Seghers' Zeiten die Lateinamerika- und indigene Thematik aufgreifen und sie modernisierend erweitern durch die Problematik der ›Dritten Welt‹ sowie, höchst aktuell, der ethnischen Fremdheit.«

Hans-Otto Dill